小学语文课程与教学

XIAOXUE YUWEN KECHENG YU JIAOXUE

易 进 ◎ 主编

北京师范大学出版集团
BEIJING NORMAL UNIVERSITY PUBLISHING GROUP
北京师范大学出版社

图书在版编目(CIP)数据

小学语文课程与教学/易进主编. —北京：北京师范大学出版社，2021.8（2023.12重印）

全国高等院校小学教育专业精品教材

ISBN 978-7-303-26962-4

Ⅰ.①小… Ⅱ.①易… Ⅲ.①小学语文课—教学研究—高等学校—教材 Ⅳ.①G623.202

中国版本图书馆CIP数据核字(2021)第083190号

图书意见反馈：gaozhifk@bnupg.com 010-58805079

营销中心电话：010-58802755 58800035

北京师范大学出版社教师教育分社微信公众号 京师教师教育

XIAOXUE YUWEN KECHENG YU JIAOXUE

出版发行：北京师范大学出版社 www.bnupg.com

北京市西城区新街口外大街12-3号

邮政编码：100088

印　　刷：唐山玺诚印务有限公司

经　　销：全国新华书店

开　　本：787 mm×1092 mm 1/16

印　　张：16.25

字　　数：310千字

版　　次：2021年8月第1版

印　　次：2023年12月第2次印刷

定　　价：46.00元

策划编辑：王剑虹　　责任编辑：杨磊磊

美术编辑：焦　丽　　装帧设计：陈　涛　焦　丽

责任校对：康　悦　　责任印制：马　洁　赵　龙

丛书编委会

总 序

高等院校小学教育专业精品教材是我们承担的教育部人文社会科学重点研究基地重大项目“中国教师教育课程质量研究”(项目编号：17JJD880002)的阶段性成果，是由北京师范大学小学教育研究中心、北京师范大学课程与教学研究院、北京师范大学出版社联合策划，数十所高等师范院校的众多专家携手研发而成的教师教育教材。

20 世纪初至今，我国已经走过了一百多年教师教育教材建设的探索历程，建立了包括中专、大专和本科三个不同层次，适应不同学科方向的教师教育教材体系，取得了很大的成就。当前，在党和国家大力加强教师教育建设的大好形势下，教师教育教材建设面临着前所未有的新机遇和新挑战。探索新时代教师教育教材建设的新机制，努力编写和出版适应时代要求的高质量的教师教育教材，是时代赋予我们的使命。

教材建设无小事。理论和实践表明，教材建设是教育改革发展的基础性工程，是提升人才培养质量的关键环节。教科书“是读者最多、最特殊，又最被读者信赖、最耗费读者精力和时间、对读者影响最为深远持久的文本。……在一定意义上，有什么样的教科书，就有什么样的年轻人，也就有什么样的国家的未来”①。因而，编写出版好教材，自觉选用好教材，是至关重要的大事。对于教师教育来说，把好教材质量关，更是意义重大。教师教育教材直接影响教师培养的质量，而教师质量又影响千千万万学生的学习和发展，可谓牵一发而动全身。当前，我国教师教育教材品种众多，但良莠不齐，优质教材还相对较少。进一步增加优质教材供给，可谓时不我待。

教材建设是一项与时俱进的工作。随着时代发展，教材的内涵、外延和质量标准也在不断地丰富和完善。通常来说，教材是依据课程标准编写的供师生使用的教学用书，还包括与教科书配套的辅助教学材料，如练习册(习题集)、参考读物、影像材料等。进入 21 世纪，我国教材发展呈现出数字化和优质化两大核心趋势。所谓教材数字化，主要是指信息技术与课程教材深度融合，不断改变、创新教材形态的过程。其中，又有两条路径：一是以纸媒教材为依托，集成相关数字化课程资源，如开发支持纸媒教材的网络化学科资源库、学科教学光盘，在纸媒教材上通过二维码链接微课和其他教学资源，或者提供相关专业网站的网址；二是独立开发数字教材，如集成在平板电脑中的课程内容和教学设计，在网络平台上运行的课程软件等。教材数字化扩大了教材的容量，丰富了教材内容的表现方式，极大地提高了教材使用的便捷性，意义十分深远。所谓教材优质化，是指严把教材研发、出版和选用的标准，力求不断提升教材

---

① 石鸥：《弦诵之声——百年中国教科书的文化使命》，1 页，长沙，湖南教育出版社，2019。

品质的过程。国家级一流本科课程、全国优秀教材奖的评审，《新时代马工程重点教材建设规划》的推进，国家级规划教材的建设，都体现了党和国家狠抓教材质量的坚定意志。作为立德树人的基础资源，每一本教材均应是精品，这是新时代教材优质化的核心要义。

什么样的教材称得上是精品教材呢？我们认为，至少有三条共性的判断标准：教育性标准、科学性标准和教学性标准。首先，教材是为培养人服务的，体现人才培养的时代需要和政策要求，具有促进学生德智体美劳全面发展的功能，这是评判教材好坏的首要标准(教育性标准)。教材应体现人类真善美的价值追求，在引领学生追求人类进步、国家富强和个人成长的美好理想，促进学生形成正确的人生观、世界观和价值观等方面，发挥独特的教育作用。其次，教材是对人类文明成果进行精选和加工后的产物，必须具有科学性。一方面，教材内容应准确反映人类社会生活和生产实践的基本经验，体现科学技术发展的整体格局和时代水平；另一方面，又要基于教育逻辑，把人类经验、科学技术加以精简平衡和结构重组，使教材内容兼顾基础性和前沿性、稳定性和动态性、理论性与实用性，体现教书育人的内在品质。最后，教材是供师生使用的教学资源，还应具有教学性。所谓教材的教学性，是指教材所具有的遵循教学规律、合理规划教学、便于师生使用的品质或特性。教材不仅提供教育内容，而且规划教学活动，指引学习方法和路径，这是其区别于其他文化读物的功能定位。好的教材往往版式精致、语言规范、内容丰富、活动多样、方法具体、启发性强，既能很好地支持教师开展教学活动，又能为学生创造多种多样的学习空间。我国教材建设的历史实践表明，真正好的教材是教育性、科学性和教学性的有机统一。当然，关于精品教材内涵和标准的这种共识理解，是随着时代发展而逐步达成的。在相当长时间内，我国大学教材(包括教师教育教材)比较重视内容的科学性，对教育性和教学性标准则关注不够。进入21世纪，大学教材的教学性得以被关注，在教材体例创新和课程资源支持等方面出现了很多有意义的探索。十八大以来，我国强化了“教材建设是国家事权”的理念，更加突出了教材的立德树人的功能。于是，教材的教育性成为热议话题和评判教材好坏的核心标准。当前，人们已经普遍认识到，科学性、教育性和教学性是教材不可或缺的内在品质，三者兼具的教材才是好教材。

对于精品教材内涵和标准的理解，为我们建设精品教材指明了方向。但是，要真正地把这三条标准很好地贯彻实施，是一项非常艰巨的工作。我们编写的这套小学教育专业精品教材，在努力提高教材的教育性、科学性和教学性方面做了积极探索，但成效如何还有待实践的检验。真诚欢迎各位教师和同学把在教材使用过程中发现的问题和真实的体验，以及对教材改进的设想和建议，及时反馈给我们。您的反馈将激励我们不断前行，为探寻教师教育精品教材建设的中国道路而不懈努力！

王本陆
于北京师范大学英东楼

前　言

一、本课程的发展历史

（一）各科教授法

“小学语文课程与教学”的相关教材是随着师范院校小学教师教育课程的演变而逐步发展的。20 世纪初，现代学校制度建立，小学开始独立设置国文或国语科，一些师范学堂也慢慢出现了与语文相关的“教授法”的内容。1902 年，当时的京师大学堂师范馆开设了“教育学”课程，其中“各科教授法”部分包含了“国文教授法”的内容。1903 年清政府颁布的《奏定学堂章程》与 1913 年民国政府颁布的《高等师范学校课程标准》都规定要在师范学堂开设“教授法”或“各科教授法”课程。从此集中讨论语文教学相关问题的师范教育课程从教育学中分离出来，独立成科。①

（二）学科教学法与学科教材教法

1919 年，时任南京高等师范学校教务主任的陶行知倡导改各科“教授法”为“教学法”，提倡教学合一，在研究教师“教”的同时，也要研究学生的“学”。虽然当时这个建议没有被校方接受，却逐渐被有识之士所采纳。

1922 年“新学制”规定，在中等师范学校设置 6 学分的“各科教学法”和 6 学分的“小学各科教材研究”。20 世纪 30 年代，国民政府颁布的《中学及师范学校教育检定暂行规定》和《师范学院规程》中都规定了师范学校应开设“国文教学法”课程。

1939 年，国民政府颁布的《师范学院分系必修及选修科目表施行要点》规定开设“分科教材及教法研究”课程，与小学语文教学有关的专业课程分为教材研究和教法研究两门课程。这两门课程成为师范院校中文系(科)的重要学习内容。

中华人民共和国成立后，中小学的国语和国文课统一改称“语文”，师范院校相应地开始开设小学语文教材教法类专业课程。② 虽然课程名称不同，有的叫“小学语文教

---

① 郑艳：《“语文课程与教学论”课程的历史沿革与现实境遇》，载《盐城师范学院学报(人文社会科学版)》，2014(3).

② 王文彦、蔡明：《语文课程与教学论》，15 页，北京，高等教育出版社，2006。

学法”，有的叫“小学语文教材教法”，但是授课内容基本一致，主要包括小学语文教学的指导思想、目的和要求，课本编选原则与方法，课堂教学，课外活动以及识字与听说读写等各领域的教学方法。1979 年，湖南省第一师范学校主编的《小学语文教学法》最后一章结合当时的新“教学大纲”讨论了小学语文教学改革。① 1984 年袁微子主编的《小学语文教材教法》分专章讨论了小学语文教学的任务以及小学语文的基本功训练。

在约半个世纪的时间里，我国承担小学教师职前培养任务的主要是各级各类中等师范专科学校。“小学语文教学法”或“小学语文教材教法”一直是这些学校开设的专业必修课程，属于应用性的技术学科，主要解决“小学语文教什么和怎么教”的问题，力图使学生通过课程学习，全面把握小学语文教学的目标、内容、方法等，相关教材具有很强的实践性与操作性。② 同时，高等师范院校的教育系承担着教育科学研究及培养中等师范学校师资的任务，因而也开设有相应的课程，但授课内容在介绍实践状况的同时比较侧重探讨“为什么”等理论问题。

（三）小学语文教学论与小学语文教育学

20 世纪 80 年代至 90 年代，我国学科教育教学研究成长迅速，出现了新的发展趋势。

1983 年，国务院召开第二届博士、硕士授权点学科评议组会议，顾明远向教育学科评议组提议“把教材教法的硕士授权点拿到教育学组来评议，把名称改为‘学科教学论’，以提高对它的学术要求，从而提高它的学术地位”。该提议得到了教育学科评议组和学位委员会的认可，后来教育学下属的二级学科“教材教法研究”正式更名为“学科教学论”。在此背景下，高等师范院校原有的教材教法类课程逐渐更名，“小学语文教学论”课程出现，相应的专著和教材开始出版。1987 年至 2001 年，“小学语文教学论”相关书籍出版了 16 种。③ 这方面比较有代表性的教材是 20 世纪 80 年代末朱作仁主编的《小学语文教学法原理》。该书比较全面地分析了国内外小学语文教学的实践经验和科学实验研究成果，并对小学语文教学原则、教学方法等基本理论问题进行了详细的论述。

受苏联、美国师范教育实践中学科教育学发展的影响，我国教育界也开始主张建立自己的学科教育学，以进一步提高师范教育的学术性。1989 年，学界开始召开学科教育学研讨会，对相关问题的研究逐步深入。此后一些小学语文教育学著作相继出现，如 1922 年，戴宝云主编的《小学语文教育学》作为学科教育学丛书之一出版；同年，周

---

① 湖南省第一师范学校：《小学语文教学法》，长沙，湖南省人民出版社，1979。

② 江平：《试析小学语文学科教育学的三个层次》，载《课程・教材・教法》，2002(12).

③ 韦志成：《现代阅读教学论》，2 页，南宁，广西教育出版社，2000。

元主编的《小学语文教育学》出版；1997年，徐家良主编的《小学语文教育学》出版，并被当时的教育部师范教育司推荐为小学教师进修高等师范专科小学教育专业教材。

从教学法到教学论再到教育学，小学语文教学研究的范围不断扩大，理论层次逐渐提升。小学语文教学类专业课程不再是一门单纯的应用技术学科，课程的理论性与综合性特点日益突出。周元主编的《小学语文教育学》受教育部师范教育司委托编写。该书在前言部分将小学语文教育学界定为"一个完整的、严谨的科学体系"①，内容涵盖小学语文教育的各个方面，包括小学语文教育的基本理论，听说、汉语拼音、识字、阅读、作文五个板块的教学，小学语文学习方法指导、学习评价，以及小学语文教育的多种渠道、小学语文教育科研、小学语文教师。

（四）小学语文课程与教学（论）

20世纪末，教育学二级学科调整，"课程与教学论"成为教育学下属的二级学科，各学科教学论成为"课程与教学论"下设的各个研究方向。同时，国家逐步取消中等师范学校，小学教师职前培养转由高等师范院校承担。随着21世纪我国基础教育课程改革的实施和推进，学科教学大纲取消，各学科的教学要依据课程标准来展开，学科教学研究逐步扩展为学科课程建设和对课程实施的研究，高等师范院校在"小学语文教学论"这门课程的教学中都会安排师范生学习语文课程相关理论，了解语文课程标准的相关规定。以"小学语文课程与教学"或"小学语文课程与教学论"为题的专著或教材随之出版，在继续讨论教学原则、各领域教学方法、教学评价等问题的同时，还安排专门章节探讨小学语文课程的相关问题。

2003年，浙江教育出版社出版了董蓓菲主编的《小学语文课程与教学论》。该书偏重理论，对小学语文课程、教材、教学、学习规律、教师发展等各方面进行了全面的论述，结构类似于20世纪90年代的学科教育学。2004年，吴忠豪主编的《小学语文课程与教学论》出版，该书是普通高等教育"十五"规划教材，主要供高等师范院校小学教育专业和师范类中文专业的学生使用，该书强调理论性与实践性的综合，既有对小学语文课程、教材的论述，又有关于小学语文学习与教学的全面阐述。2006年，王宗海主编的五年制师范专科教材《小学语文课程与教学论》出版，该书强调学科课程与教学论要以培养师范生的课堂教学能力为核心，书中分学段阐述学生语文学习能力、语文教材、课堂教学、教学设计等，具有很强的可操作性。②

目前，以"小学语文课程与教学（论）"为题的教材与"小学语文教学论""小学语文教育学"等教材没有本质的区别。它们都是以小学语文课程和教学的本质和规律为研究对

---

① 周元：《小学语文教育学》，1页，上海，华东师范大学出版社，1992。

② 王宗海：《小学语文课程与教学论》，2页，长春，东北师范大学出版社，2006。

象，面向广大的小学语文教师、小学教育专业及相关专业的师范院校师生和研究者以及其他从事与小学语文相关工作的人员。

二、本课程的研究方法

“小学语文课程与教学”是高等师范院校小学教育专业的专业基础课程和核心课程，是一门理论与实践紧密结合的课程。本课程的核心目标是，增进师范生对小学语文课程的认识与理解，提高他们的语文教育教学实践能力与研究能力，为其专业发展奠定良好的基础。

“小学语文课程与教学”在教育科学研究的指导下，在多学科、多视角、多侧面的交叉中形成自己的理论体系。它以教育学理论为基础和指导，在吸收并体现教育科学、语言科学、心理科学、信息科学等学科研究最新成果的基础上，贴近小学语文课程与教学的实践和改革实际。

“小学语文课程与教学”是教育理论指导下的应用性科目。理论方面，包括回顾小学语文课程的发展历史与改革现状，阐释小学语文课程的基本理念、内容和特点，分析小学语文课程标准和目标体系等。应用性体现在介绍小学语文教学常规、教学设计、课堂教学实施与评价等实操性内容上。“小学语文课程与教学”以语文基础理论为指导，保证学科知识的科学性；同时以教学实践应用为着眼点，旨在沟通小学语文教学的理论与实践，提高师范生的教学实践能力。

理论性与实践性相结合的特点决定了“小学语文课程与教学”研究方法的丰富性。首先，关于“小学语文课程与教学”的历史发展、理论基础、核心概念、基本原理等需要进行严谨的理论探讨。其次，通过调查研究可以揭示当前语文课程教学的现状，如学生语文素养发展特点、语文教科书的教学内容和要求、语文课堂师生互动情况、语文教师专业发展水平等。最后，教育实验研究或教育行动研究，即可以通过教学实践来探索和检验某种课程模式和教学方法的操作要点和应用效果。

总体来看，“小学语文课程与教学”的学习和研究应当遵循以下要求。第一，“小学语文课程与教学”的课程内涵丰富，学习过程中要注意把握学科的整体性和内在规律，适当关联其他相关学科(如教育学、心理学、课程论、教学论、语言学、文学等)的知识。第二，“小学语文课程与教学”具有鲜明的时代特征，与课程教学改革进程紧密联系。在学习过程中，要关注国内外“小学课程与教学”改革的前沿动态，注意收集和分析课程标准等相关的政策文件和教育科研论文，紧跟时代，不断更新观念。第三，“小学语文课程与教学”不是一门静止的学科，它以不断发展变化的小学语文教学实践和理论为研究对象，对其的学习和研究要保持开放的态度。在分析和总结我国“小学语文课程与教学”已有经验的基础上，不断地学习借鉴国内外的先进教育理念和教学举措，依据相应的实际教学效果分析其有效性和可行性。第四，学习“小学语文课程”与教学要努力在理论知识与实践经验之间建立联系。要在掌握相关教育理论的基础上，积极参与小学语文教学实践活动。可以通过教育见习、观摩教学视频、阅读优秀教学设计或课堂实录、与小学语文教师沟通等多种方式广泛接触不同类型的小学语文教学案例，积累丰富的教学和教研经验。要对语文教学实践保持一定的敏感性，留意与之有关的各种媒介信息，保持对教师职业的兴趣与热爱，不断强化自己的小学教师的角色意识。

目　录

第一章

小学语文课程

本章概要

本章主要介绍我国的小学语文课程。第一节简要回顾我国小学语文课程的历史演变，第二节着重讨论小学语文课程的地位和特点，第三节联系国内外语文课程标准，明确小学语文课程的总体目标和主要内容，第四节对小学语文课程的载体——小学语文教材的相关问题展开讨论。

结构图

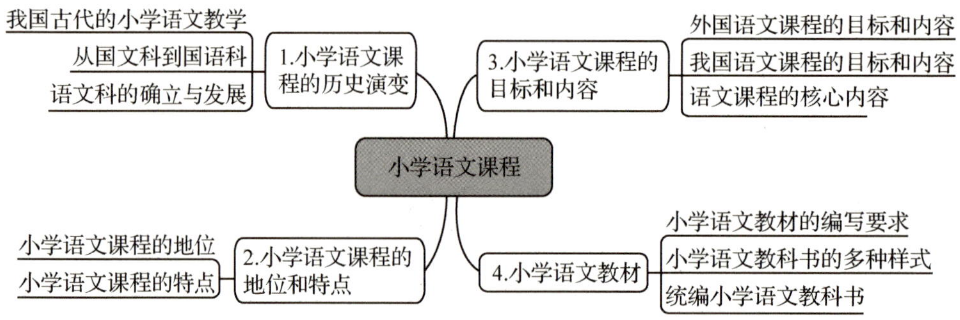

学习目标

1. 了解我国小学语文课程的发展历史。
2. 理解小学语文课程的重要地位，掌握我国小学语文课程的基本特点。
3. 理解我国小学语文课程的目标和内容。
4. 了解统编小学语文教材的编写要求，了解统编小学语文教科书的基本特点。

读前反思

多年来，语文一直是中小学的一门“主科”，属于必考科目，课时也较多。语文课程的学习经验人人都有。读者可以联系自己的经验思考如下问题：

1. 小学语文教学对学生的发展可能有哪些影响？
2. 小学生在语文课上可以学习哪些内容？
3. 小学语文教材在学生的语文学习中发挥着怎样的作用？

“课程”一词具有多重含义，有时指学校的各种有计划的教学活动，有时指学生的全部学习经验，更多的时候指所有学习科目或“各门课”的总和。当“课程”与具体的某一学科如“小学语文”连接起来时，它往往是指具体某一学科的教学体系，通常包括该学科的教学目标、教学标准、教学内容等。

随着学校教育的发展，当前“语文课程”已不完全等同于“语文课”，前者可能还包括学校自主开设的以培养学生语文素养为目标的若干校本课程，以及与语文学习相关的多种语文实践活动，如课外阅读等。

本章试图通过概述古今中外小学语文课程的发展演变，使读者学习和了解小学语文课程的发展历程，理解小学语文课程的性质和特点，等等。

第一节
小学语文课程的历史演变

学习目标

了解我国小学语文课程的发展历史。

> “语文”一名，始用于一九四九年华北人民政府教科书编审委员会选用中小学课本之时。前此中学称“国文”，小学称“国语”，至是乃统而一之。彼时同人之意，以为口头为“语”，书面为“文”，文本于语，不可偏指，故合而言之。①

上面这段文字是叶圣陶先生在给一位青年人的回信里写到的，说明了语文课程定名的由来。从中可以看出，语文教学就是指书面语和口语的教学。

从这个意义上，语文教学的历史可以追溯到人类产生语言的时候。当然，那时候是一种非正式的口语教学。书面语教学是随着文字的产生而出现的，在我国大约有五千多年的历史。但是，在漫长的古代，我国虽有语文教学，但却没有专门的语文学科。语文教学往往与常识、伦理、历史等融为一体，呈现一种“合科”教学的状态。20世纪初，随着“新学制”的建立，语文开始作为一门学科课程出现，其名称经历了“中国文字”“中国文学”“国文”“国语”等的演变，中华人民共和国成立后统一使用“语文”这一名称。

---

① 叶圣陶：《叶圣陶教育文集》(第三卷)，506页，北京，人民教育出版社，1994。

一、我国古代的小学语文教学

张志公先生通过梳理和分析自先秦到清末的历代蒙学教材，对我国古代语文教育的内容与体系做了比较全面的概述。他认为，我国古代的语文教育偏重书面语的学习，不太关注口头语言的教学。在书面语学习方面，“传统的语文教育有相当完整的一套步骤和方法”①。最开始的启蒙阶段以识字教育为中心，随后借助韵语读物进行读写准备教育，之后开展阅读训练和写作训练。

（一）识字教育

识字教育一直是古代蒙学教育的一个重点。比较突出的做法是在儿童入学前后用一年左右的时间，集中教他们认识两千字左右，以会认为主，不要求会讲意思。

历史上出现了一系列旨在教儿童识字的读本。中国有文字记载的最早的启蒙读本是《史籀篇》，这可以算是我国最早的小学识字读本。其后，秦代有蒙学识字读本《苍颉篇》。这两本识字读本都采用四言韵文形式编排，主要用于学童习诵和记忆。随后的蒙学读本大多以类似的样式呈现。其中传播较广、影响较大的主要有西汉史游所作的《急就篇》，南北朝时期周兴嗣所编的《千字文》，以及民间流传的《三字经》《百家姓》，等等。在实际的教学中，后面这三本书往往是配合着使用，因此在社会上出现了一个略语“三百千”。

这些蒙学读本具有三个基本特征。第一，生字密度大，且大多由当时的常用字组成，特别是《千字文》，全篇一千个字基本不重复。第二，除《百家姓》外，大多包含着比较丰富的知识。例如，《急就篇》分姓氏名字、服器百物、文学法理三部分；又如，《千字文》从天地开始，分别谈及历史、修身、处世、务农、读书、饮食、居住、园林、祭祀等；再如，《三字经》既讲教育的重要性，又讲历史、传说故事，甚至讲读书方法。第三，语言整齐押韵，朗朗上口，便于儿童诵读和记忆。

自宋朝开始，除了以上得到官府承认的识字课本外，民间还流传着一些以分类词汇或分类韵语组成的“杂字书”，其内容比较通俗，反映生活实际，比较注重日常应用，并带有明显的乡土风味和地方色彩。

在古代，写字与认字一样，也是一入学就开始教，但是写字和识字是分开教的。识字基本依“三百千”的顺序，而写字却始于“上大人丘乙己……”。一般从写大字开始，先描红，描仿影，再写“米”字格，随后临帖。写大字有点基础后，才学习写小字。②

---

① 张志公：《传统语文教育初探(附蒙学书稿)》，1页，上海，上海教育出版社，1962。

② 张志公：《传统语文教育初探(附蒙学书稿)》，37页，上海，上海教育出版社，1962。

（二）读写准备教育

自宋元开始，在集中识字读物之外，还出现了大量韵语知识类读物，多在儿童入学一年以后使用。此时，学生大约会认两千字，教育重点转为让他们接触和了解一些常识和典故，以为其随后阅读经典在经验上做一定准备。同时增加识字量，使儿童进一步熟悉书面语言的表达形式，为随后的读写训练做准备。

本阶段蒙学读本往往按照一定题材分类编写。训诫类的读本侧重思想道德和行为规范的教育，如《弟子规》《女儿经》《太公家教》等；逸闻掌故类的读本多以韵文形式讲述历史人物故事，介绍风土人情，如《蒙求》《幼学琼林》《龙文鞭影》等；另有专门介绍自然或社会常识以及历史知识的其他题材蒙学读本。由于不是儿童自己阅读，而是听教师读和讲，然后儿童再记诵，因而这些蒙学读本也大多采用韵语形式编写。

（三）阅读训练

唐宋以来，通常儿童入学后第三年或更早一些已认识了两三千字，知道了一些名物、掌故。此时便开始进入读写基础训练阶段。在读的方面，一般教学生读“四书五经”，同时配合读一些散文故事和简单的诗歌。阅读材料的选择注重对学生的思想道德教育。在教法方面多是教师讲解和学生念诵相结合。有些教师还会教儿童一些简单的文字、音韵知识。

随后的阅读训练主要是指导学生阅读经典的古文。多采用古文选注评点本，即精选典范的古文文本，对其中的重点词句、掌故等加以圈画、注解，并就文章内容和写法方面的特点做相应批注，如清代的《古文观止》。同时还会为学生提供一些可以广泛涉猎的书籍。在阅读方法上强调熟读精思和博览群书相结合，引导学生既要理解词句段篇的实际文意，也要领会文章整体表达的主旨。

（四）写作训练

读写训练阶段通常是教学生“属对”。从对字开始，然后对词，再对句。“属对”要求语音、语义、词性、语句结构等都要匹配，因而是一种综合的语文基础训练，既包括语音、词汇、语法等方面的训练，也包含修辞训练和逻辑训练的因素。

在篇章写作方面，古代学者一向主张“先放后收”。写作训练之初鼓励学生大胆地写，即写“放胆文”，注重保护学生的信心和兴趣，不要对其作文批改太多。待学生有一定基础之后再做严谨规范的要求，指导学生按照一定的模式学习写作。

二、从国文科到国语科

语文作为一门学科课程，是在清末随着“新学制”的建立才出现的，当时还不叫“语文”。

(一)中国文字科和中国文学科的开设

1902 年，清政府颁布《钦定学堂章程》。《钦定学堂章程》又称“壬寅学制”，规定蒙学堂四年，开设八门课，其中近似语文教学的有三门课，分别是字课、习字、读经；寻常小学堂三年，也开设八门课，其中有读经、作文、习字。1903 年，清政府命张百熙、张之洞、荣庆重新拟订学堂章程，《奏定学堂章程》颁布，是年为旧历癸卯年，故称“癸卯学制”。该章程为我国现代学校制度的建立奠定了基础。该章程规定初等小学堂修学五年，高等小学堂修学四年。其中，初等小学堂开设“中国文字科”，课程内容有识字、读文、作文；高等小学堂开设“中国文学科”，课程内容有读文、作文、写字、习官话。作为独立科目的语文课程正式出现。该章程规定开设的科目中还有一门与语文相关的科目，即读经，这门科目在 1912 年由中华民国南京临时政府教育部发文废止。

(二)国文科的开设

1912 年，中华民国南京临时政府颁布《小学校教则及课程表》，规定初等小学和高等小学均开设“国文科”，内容包括读法、书法、作法、练习语言。

(三)国语科的开设

1915 年，北洋政府教育部颁布《国民学校令》，将“国文科”改为“国语科”，并通令全国各国民学校在小学一、二年级均采用语体文即白话文的文本进行教学；不久又通令全国各国民学校自 1922 年各科教材一律改用语体文。

1922 年《学校系统改革案》颁布，为区别于壬子癸丑学制，又称“新学制”。该学制规定初等教育六年，其中初级小学四年，高级小学两年。为推行“新学制”，当时的全国教育联合会于 1923 年颁布了新学制课程标准纲要。其中的小学国语课程纲要规定，国语教学要培养听、说、读、作、写五种语文能力，包括四项教学内容，即语言、读文、作文、写字。该课程纲要虽由民间教育团体制定，未经官方审定和正式颁布，但其确立了小学国语课程的基本框架。

20 世纪三四十年代，中国共产党领导的中央苏区、边区、解放区也颁布有国语课程纲要。1934 年中华苏维埃共和国临时中央政府教育人民委员部颁布《小学课程教则大纲》，规定小学修学五年，其中初级小学三年，开设国语、算术、游艺三科；高级小学两年，开设国语、社会常识、科学常识、算术、游艺五科。在国语科里还包含着政治和自然两方面内容，体现了课程的综合性。

三、语文科的确立与发展

（一）“语文”学科的确立

1949年北平解放以后，为了建立民主的、科学的、大众的教育，迫切需要编写一套新的教科书。于是，国家组建了教科书编审委员会，确定以华北解放区的《国语》课本为蓝本进行修订，并将修订之后的课本名称改为“语文”，供全国使用。自此，以“语文”为名称的学科正式确立。

最早明确提出“语文”这一学科名称的课程法规文件是1950年颁布的《小学语文课程暂行标准（草案）》。①

“国语”改为“语文”，不仅仅是名称的改变，还反映了语文教育思想的转变，从口语与书面语相对分离转变为将二者整合，体现听说读写并重的思想，使小学语文教学走向综合化训练的道路。②

（二）20世纪小学语文课程的发展

课程标准和教学大纲都是国家教育行政部门发布的关于学科教学的指导性文件，就各学科的教学目标及各学段教学内容和具体要求做出规定，并对该学科的教材编写和教学实施提出建议。通过分析这些教学文件的具体内容，可以大致了解几十年间小学语文课程的主要演变。

在《小学语文课程暂行标准（草案）》之后，随着历次基础教育课程改革，我国正式颁布了五部小学语文教学大纲，分别是1956年《小学语文教学大纲（草案）》，1963年《全日制小学语文教学大纲（草案）》，1978年《全日制十年制学校小学语文教学大纲（试行草案）》，1986年《全日制小学语文教学大纲》，1992年《九年义务教育全日制小学语文教学大纲（试用）》。

1. 中华人民共和国成立之初注重语言知识教育和思想教育

20世纪50年代初，我国教育界掀起学习苏联教育理论和经验的热潮。当时成立了中央语文教学问题委员会，认为语言和文学混在一起教会“两败俱伤”，因而提出在中学将文学、汉语分科教学，小学阶段也将汉语单列为一项教学内容。

---

① 林治金主编：《中国小学语文教学史》，416页，济南，山东教育出版社，1996。

② 崔峦主编：《小学语文教学论》，8页，北京，中国人民大学出版社，1999。

在这一背景下，1956年《小学语文教学大纲(草案)》颁布。这份大纲对小学语文的学科目的、基本任务、思想教育任务、教学内容、教学方法等进行了非常详尽的规定。它指出，小学语文科的基本任务是发展儿童语言，也就是要提高儿童理解语言和运用语言的能力。关于语文教学的内容，在识字教学、写字教学、阅读教学、作文教学之外，专门一部分讲汉语教学。

文学和汉语分科教学实行不足三年便又合并为一门语文学科，随后的小学语文教学大纲中也不再出现“汉语教学”单列的情况。

对于思想教育，1950年的《小学语文课程暂行标准(草案)》在语文课程目标里提到了爱国主义思想和国民公德教育。1956年的《小学语文教学大纲(草案)》则明确提出，“小学语文科是以社会主义思想教育儿童的强有力的工具”，语文教学要在发展儿童语言的过程中完成思想教育的任务。

2. 语文教学发展调整

20世纪60年代初，随着中共中央对国民经济实行“调整、巩固、充实、提高”的方针，教育领域也开始总结前期的教训，努力探索教育规律。1963年颁布了《全日制小学语文教学大纲(草案)》，对语文学习的重要性进行了明确的阐述，指出，语文是学好各门学科知识、从事各种工作的工具。该“教学大纲”清楚地阐明了语文教学要加强“双基”(基础知识和基本技能)，要对学生进行严格训练。其规定的教学内容里除了识字、写字、课文、作文外，单独列出了一项“练习”。

然而，这份“教学大纲”也只实行了两三年。1966年以后一直到1976年，受当时社会和政治发展的影响，中小学教育一度遭到破坏，小学语文教学大纲和教材均被全盘否定。这种情况在1976年之后才有所好转。

3. 语文教学的稳定发展

1978年《全日制十年制学校小学语文教学大纲(试行草案)》的颁布使小学语文课程得以恢复和发展。这份大纲对中华人民共和国成立以后的小学语文教学经验进行了初步总结，明确其教学内容包括识字与写字教学、阅读教学、作文教学、基础训练，重视培养学生的自学能力和良好的学习习惯，体现了培养能力、发展智力的时代要求。

1986年《中华人民共和国义务教育法》颁布之后，国家教育委员会组织力量，一方面修订1978年的“教学大纲”，作为过渡大纲在全国实施；另一方面着手编制义务教育中小学课程计划和各门学科的教学大纲。1986年的《全日制小学语文教学大纲》是作为过渡大纲颁布的，主要从三个方面进行了修订：适当降低难度，减轻学生学习负担，进一步明确教学内容和要求。

1992年颁布的《九年义务教育全日制小学语文教学大纲(试用)》于1993年秋季开始在全国施行。其突出特点是注重培养语文能力和提升学生的综合素质，提出语文学科的教学目的包括语文素质、思想道德素质、智力和非智力因素等多个方面。该

“教学大纲”将小学语文教学内容分为语言文字训练和思想教育两部分，另外专设一章规定语文课外活动的内容和要求。语言文字训练包括汉语拼音、识字写字、听话说话、阅读、作文五个方面，清楚地表明小学语文教学要兼顾口语和书面语的学习，听说读写并重。在教学内容组织和教学方法选用方面，强调加强语文教学的纵向联系和横向联系，纵的方面是不同年级、各项语文基本功的训练序列，横的方面是字词句段篇之间、听说读写之间、课内和课外之间的联系，突出语文教学的综合化，注重语文教学的整体优化。

（三）21 世纪的义务教育语文课程

20 世纪末，在经济社会发展的新形势下，为创建高质量的基础教育，教育部开展了新一轮基础教育课程改革。2001 年颁布《基础教育课程改革纲要（试行）》，随后陆续发布全日制义务教育各学科课程标准。

根据《全日制义务教育语文课程标准（实验稿）》，义务教育阶段语文课程分为四个学段：1～2 年级为第一学段，3～4 年级为第二学段，5～6 年级为第三学段，7～9 年级为第四学段。各学段课程目标分别包括五个方面，即识字与写字、阅读、写作、口语交际、综合性学习。其中，“写作”在 1～2 年级被称为“写话”，3～6 年级被称为“习作”。

相较于之前语文教学大纲对语文教学内容的规定，“口语交际”的提法比“听话说话”更注重口头语言在人际交往中的实际运用；虽然“思想教育”和“语文课外活动”不再单列，但明确提出“综合性学习”，强调语文课程内部各方面的联系，语文与其他课程以及与生活的联系，更加突出了语文学习内容和学习方式的综合性。

在新世纪课程改革实践的基础上，教育部组织专家对义务教育各学科课程标准实验稿进行修订和调整。《义务教育语文课程标准（2011 年版）》（以下简称《课程标准》）于 2011 年颁布，它对语文课程总目标及各学段目标和内容的规定与《全日制义务教育语文课程标准（实验稿）》基本一致。两者最明显的差异在“前言”部分。《课程标准》对语文课程确立的背景及语文课程的重要意义做出了明确说明，并明确地阐述了语文课程性质：

> 语文课程是一门学习语言文字运用的综合性、实践性课程。义务教育阶段的语文课程，应使学生初步学会运用祖国语言文字进行交流沟通，吸收古今中外优秀文化，提高思想文化修养，促进自身精神成长。

《普通高中语文课程标准（2017 年版）》进一步指出，“语文课程是一门学习祖国语言文字运用的综合性、实践性课程”。

第二节
小学语文课程的地位和特点

学习目标

理解小学语文课程的重要地位，掌握我国小学语文课程的基本特点。

语文是我国的“通用语”课程，是义务教育阶段一门重要的基础性课程。语文课程对学生终身学习和发展，对国家的统一和文化传承具有重要意义。

根据 2001 年开始施行的《中华人民共和国国家通用语言文字法》，我国的通用语言和文字是普通话和规范汉字，学校及其他教育机构要通过汉语语文课程教授普通话和规范汉字。同时，部分少数民族地区会依据相关法规开设民族语文课程。

一个国家的通用语言文字是其民众交流和沟通的基本工具，也是其民族文化的重要组成部分，同时还是国内外科技和文化发展成果的载体和传播工具。在现代社会，语言文字甚至被认为是塑造民族精神力量及民族性格的利器。① 语言文字在生活和社会发展中的多重功能决定了语文课程的重要性。世界各国的课程文件都对此有明确的阐述。②

例如，英国的课程文件特别强调培养学生的语言运用能力，提出学校教育的重要职责是使每一位学生学会对语言进行丰富多变的应用，以此获得语言能力。这是各个年级所有课程领域的教师都需要关注的任务。教师必须为学生提供语言的典范，要求学生按照一定的规范使用英语，随时注意学生在语言方面的表现。

美国加利福尼亚州 1997 年通过的《英语课程标准》序言部分指出，在听、说、读、写等方面的良好交际能力是人类经验的核心。语言技能是基础工具，为学生的进一步学习和事业发展奠定基础，而且能够丰富人的心灵，培养负责的人，形成国家是一个集体的观念。

加拿大安大略省英语课程标准从五个方面阐述了语文课程的功能。第一，发展语言是开拓智力、培养社交能力和培育情感的重要环节。第二，语言是在各领域进行学习和研究的关键工具。无论学习文学、历史，还是进行科学探究，学生都需要运用基

---

① 刘正伟：《国际语文课程与教学比较》，19 页，杭州，浙江大学出版社，2008。
② 吴忠豪：《外国小学语文教学研究》，上海，上海教育出版社，2009。

本语言技能去理解信息、表达思想。第三，语言学习使学生掌握必要的工作技能，如分析观点、筛选信息、口头或书面表达等。第四，通过学习文学逐步理解别人，了解自己，感受和欣赏语言的魅力。第五，通过审视传媒作品发展对一系列媒体信息进行解释和评判的能力。

俄罗斯语文课程由俄语和文学两个相对独立的部分组成，不仅教学生语言技能，使学生能独立学习俄语知识，而且要发展学生的逻辑思维，使学生形成查阅文献、完善阅读技巧等一般性的学习技能，同时还要向学生介绍俄罗斯文化和世界文化，发展学生的审美感知和文学评价能力，提升学生的审美情趣，培养道德观念。

澳大利亚维多利亚州的英语课程标准从多个方面指出了英语学习的重要意义。首先，为了真正成为澳大利亚社会的一员，学生需要学会在多种情境中自信而愉快地听、说、读、写，能运用语言来传递信息、提出观点、表达情感。其次，学习语言对每个人的个性和社会性发展有重要意义。通过理解和掌握英语，学生可以发展自信心，提高适应学校和工作、接受继续教育所需的能力。要参与政治、社会、文化生活，成为主动而有知识的一员，学生必须掌握一定的英语知识和技能。最后，语言的学习有助于增进学生对自己国家的文化及世界文化的理解。①

《课程标准》在前言部分明确指出，语文课程具有多重功能。一方面，语文课程要为学生的全面发展和终身发展打下基础，包括培养语言文字运用能力，提升综合素养，使学生能够学好其他课程，形成正确的世界观、人生观、价值观，形成良好个性和健全人格；另一方面，语文课程要服务于民族文化的继承与发展，包括继承和弘扬中华民族优秀文化传统和革命传统，增强民族文化认同感，增强民族凝聚力和创造力。《课程标准》还在“课程设计思路”部分提出，语文课程要努力提高学生的语文素养，为弘扬民族精神、增强民族创造力和凝聚力、培养德智体美全面发展的社会主义建设者和接班人，发挥积极的作用，为学生的终身发展奠定基础。

总之，个体的生存和发展以及社会的发展都需要人们好好学习语文。学好语文课程是学生形成基本理解能力，进而学习其他学科的基础；通过语文的学习可以获得交际手段、扩大交流范围。同时，语言是文化的载体、历史的积淀，不管哪个国家的学生，只有掌握了本国的语言，才能了解、继承以至弘扬本民族的优秀文化。

一、小学语文课程的地位

作为一门学科课程，世界各国的语文(母语)课时比例在小学各学科中通常居于首位。这表明，世界各国都很重视语文(母语)课程。例如，美国和俄罗斯的母语课程的

---

① 丛立新、章燕主编译：《澳大利亚课程标准》，北京，人民教育出版社，2005.

课时比例相当高。美国中小学没有统一的课程计划，与母语有关的科目主要是英语和阅读。英语在有些学校称作语言艺术，通常包括单词拼写、词汇、语法、篇章、修辞、标点符号等语文知识和听、说等语言技能；阅读主要是指导学生阅读各种类型的作品，培养学生的阅读能力。总体上，美国小学语文课时比例为30%～50%。俄罗斯的小学母语课程包括俄语和文学两门，课时比例约为42.5%。① 其他国家的母语课程的课时比例多为20%～30%。

根据目前我国的课程设置方案，小学语文的课时比例为20%～22%，和其他国家相比不算多，但仍居我国所设学科之首。图1-1是我国和部分其他国家小学语文、数学、体育三科的课时比例概况，足以看出语文课程在小学课程中的重要地位。②

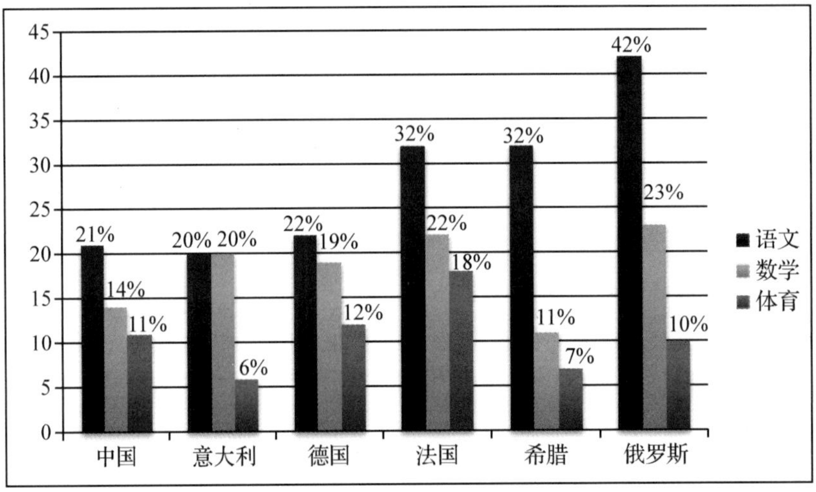

图1-1 我国和部分其他国家小学语文、数学、体育课时比例概况

上图中其他国家的课时信息均为20世纪90年代的数据，那时候我国的小学语文课时比例也在30%左右。中华人民共和国成立以来，语文的课时比例整体呈现递减趋势(详见图1-2)。尽管如此，同其他学科相比，小学语文课时仍居各科之首。

小学语文课时比例下降的主要原因是，随着课程改革逐步深化，国家设置的课程类型越来越多样化，相当部分课时分配给地方课程、校本课程、综合实践活动课程。在当前的课程设置方案中，这三类课程共占课时比为16%～20%。事实上，地方课程和校本课程中往往会有部分与语文相关的教学内容，比较常见的如阅读课程、国学课程等。

① 吴忠豪：《外国小学语文教学研究》，7、19页，上海，上海教育出版社，2009。

② 参见吴忠豪：《外国小学语文教学研究》，15页，上海，上海教育出版社，2009。钟启泉、崔允漷、张华主编：《为了中华民族的复兴 为了每位学生的发展 基础教育课程改革纲要(试行)解读》，62页，上海，华东师范大学出版社，2001。

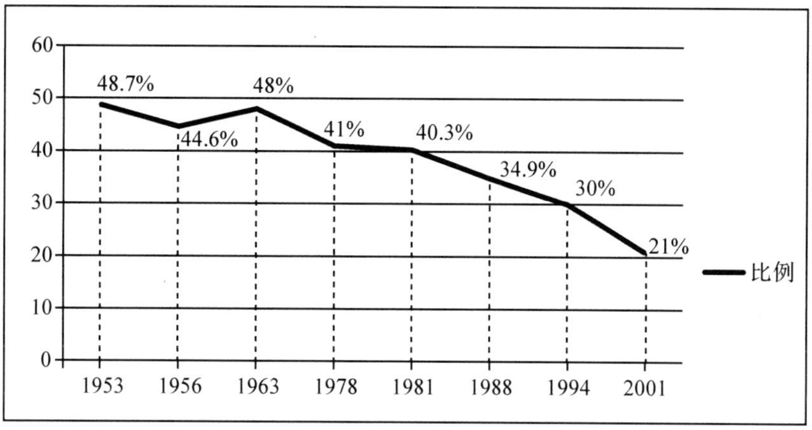

图 1-2 我国小学语文课时比例变化

二、小学语文课程的特点

《课程标准》明确提出，“语文课程是一门学习语言文字运用的综合性、实践性课程”，“工具性与人文性的统一，是语文课程的基本特点”。

(一)工具性与人文性的统一

语文课程的这一基本特点与语言(包括口头语言和书面语言)作为“工具”的特殊性有关，即语言是一种具有人文性的工具。

“工具”本义是人们在生产过程中用于加工制作产品的器具，其日常含义是用以达到目的的事物。我们说某个事物具有工具性，往往表明该事物有一定的实用价值，人们可利用它来完成某些生活或工作任务。判断某个事物是否具有人文性，不是依据其物质方面或实用方面的价值，而是考虑其在个人及人类生存和发展特别是精神成长方面的意义。

许多语文教育专家阐述过语文的工具特性。如黎锦熙提出：“文字和语言，都是代表事物和思想的符号……虽各有所长，但这四项用处可看作共通的。”叶圣陶也指出：“语言是一种工具，就个人说，是想心思的工具，是表达思想的工具；就人与人之间说，是交际和交流思想的工具。”张志公说：“语文是个工具，进行思维和交流思想的工具……是进行各项工作的工具。”①

综合起来，语言是人际交往的工具，人们运用语言来传递信息、交流思想、表达情感、对彼此的行为施加影响；语言也是思维的工具，人们凭借语词对具体事物进行

① 林治金主编：《中国小学语文教学史》，380、512、615 页，济南，山东教育出版社，1996。

抽象表征，归纳和概括事物的本质属性，形成概念，进而运用概念分析和发现事物之间的关系，再以语言为载体记录思维的成果；语言还是一种文化符号，是文化的载体，文化传统借助语言得以保存、积淀与传承。

语言这种“工具”不同于作为生活或生产器具的交通工具、生产工具等，后者往往给人“冷冰冰”的感觉，似乎与情理无关，而语言则“有温度”，与个体的思想情感以及人际间的社会交往密切相关。无论是日常生活中的会话、书信，还是作家精心创作的文学作品，都蕴含着一定的意义。一本书、一篇文章、一段讲话，甚至一个句子、一个词语，都反映着人们的认识或情感。人们在学习语言的同时也在感知广泛的知识、深邃的道理、动人的情感……语言的运用与个体的生命存在和精神生活息息相通。人们通过听说读写活动梳理自己的经验，展开联想和想象，表达自己对世界的感觉，同时获得对他人的理解。

正是因为语言这种交际工具兼有工具性与人文性的特点，因此工具性与人文性的统一才成为语文课程的基本特点。这一特点可以通过语文与其他科目的对比来理解。人们通常把语文和数学都看作基础工具学科，具体表现为人们在这两个学科中学得的技能是其学习其他学科的基础，而且这两个学科的很多具体内容需要像学习其他“工具”那样经过操练和实践才能真正掌握。但语文与数学的差别也显而易见。一些小学教师形象地谈道：“数学是清清楚楚一条线，语文却是模模糊糊一大片。”数学学科有比较明确和清晰的知识体系和学习序列，其中的问题往往有比较确切的答案；语文学科虽说主要是学习语言文字的运用，但其学习材料在内容上可以说是“包罗万象”，可能涉及其他学科领域的知识，也关乎个人的经验、认识、情感、价值选择，还与社会规范、文化传承、意识形态相关。语文学科的大部分学习内容的序列性似乎不太明显，而且听说读写活动很难有确定的对错之分。

（二）综合性和实践性

语文课程的基本特点决定了语文课程目标和内容的综合性以及语文课程的实践性。

语文课程的综合性首先体现为语文课程可能对个体多方面的发展发挥综合性的影响，包括培养语文学习和语文运用的兴趣，形成有效听说和读写的能力；开阔眼界和扩展知识面，锻炼想象力，提高思维的有序性和条理性；丰富情感体验，提高品德修养和审美情趣；等等。我国的语文课程标准在阐述语文课程理念的时候也提及这些方面。

其次语文课程内容也有明显的综合性，集中体现为听说读写活动题材的多样性。听说读写活动的题材可以是人们熟悉的现实生活，也可以是虚构的想象世界；可以是古今中外的人物或景观，也可以是科学发现和技术革新……语文课程培养学生基本的读写能力，为学习其他学科打下基础，但是语文学习的深化和提高也离不开学生在其他学科领域的学习和体验。

语文课程的实践性与语文课程的工具性相关。任何技能的掌握都要在实际运用工具的过程中才能完成。例如，从简单的用杯子喝水，用螺丝刀拧螺丝钉，到骑自行车，再到复杂的驾驶机动车，如果只是单纯地听别人讲解操作要领而不经过实地操练，那么就无法真正掌握操作技术。要学会运用语文这套交际工具有效地交流，就必须要在丰富多样的沟通情境中尝试进行多种形式的听说读写活动。以阅读为例，要使学生学会某种读书方法或策略，就必须让学生有机会尝试运用这种方法或策略来读书。再如口头表达，要想使每个学生都能大方自如、清楚明白地讲述自己的想法，就需要创造条件，让每个学生都有发表自己见解的机会。鉴于听说读写各项语文实践活动存在于社会生活的各个领域，语文课程的实施途径需要有一定的开放性，适当突破课堂和学校的界限，引导学生把课内外和校内外的语文经验联系起来。

（三）基础性

语文课程对学生学习其他学科的基础性作用不言而喻。语文素养是学生学好其他课程的基础，也是学生全面发展和终身学习的基础。

小学是义务教育的起始阶段，小学语文课程可以说是基础的基础。首先，小学阶段的语文学习使学生掌握语文基础知识和基本技能，如学说普通话、会读会写会用常用汉字、掌握基本的阅读方法和写作方法等，为将来继续学习语文奠定基础。其次，小学语文教学需要培养学生良好的语文学习习惯，包括讲究学习卫生、学习时做到专注和认真、经常看书报和听广播、观察仔细、勤于动笔，以及养成良好的自学习惯（使用工具书、预习、复习、独立完成和检查作业等）。

小学阶段的儿童，无论生理还是心理，都处在重要的发展时期。小学生的感知、注意、记忆、思维、想象以及情感、意志和习惯等，都具有独特的特点。语言方面，逐步学习和掌握书面语言，规范和发展口头语言；思维方面，从具体形象思维开始向抽象逻辑思维过渡；阅读方面，从喜欢阅读童话、故事逐步转为对文艺作品和科普读物感兴趣。小学语文课程的目标、内容、实施方法等都必须考虑如何才能符合小学生的年龄特征和学习心理，适应他们身心发展的规律，不但要满足他们的求知欲望，让他们感到有兴趣，而且要促进他们身心的健康发展。

在课程内容和教学资源方面，不论是识字与写字、阅读、作文，还是口语交际、综合性学习，其内容的选编都应当按照由近及远、由熟悉到陌生，循序渐进，逐步扩展，使之符合儿童的年龄特点和学习心理。例如，从空间范围来说，儿童认识事物，一般是从家庭到学校再到社会，接触面逐渐扩大。语文教学资源在选材和编排方面可以考虑这一特点，如起始阶段的教材的内容以与学生生活密切相关的内容为主，逐步扩展到日常能够接触到的动植物、气候变化等。

第三节 小学语文课程的目标和内容

学习目标

理解我国小学语文课程的目标和内容。

课程目标是按照国家的教育方针，根据学生的身心发展规律，通过完成规定的教育任务和学科内容，使学生达到的培养目标。它受国家为基础教育规定的教育目的的制约，是总的人才培养目标的具体体现。课程目标是课程编制、课程实施和课程评价的准则和指南，是课程标准的主体部分。课程目标系统可以分为课程总目标、阶段目标，后者是前者的具体化。根据教学需要，还可以将阶段目标进一步具体化而设定学年目标、学期目标、单元学习目标等，以发挥课程目标对教学实践的具体指导作用。例如，在英国，国家课程规定了英语科目的课程总目标以及各个学段(小学包括预备阶段、关键阶段一、关键阶段二三个阶段)的学习目标。各个学校再根据国家课程的这些规定制订各年级每学年的教学目标，随后根据这些目标进一步具体制订各班的半学期和周教学目标，之后才是相应的日教学计划。

语文课程目标是从语文学科的角度规定人才培养的具体规格和质量要求。小学语文课程目标一般由两个方面构成。一方面是一般性发展目标，即各个学科都需要考虑的教育目标，如爱国情感、科学精神、创新精神、弘扬中华民族优秀文化、健全人格等。另一方面是语文学科领域特殊的教育目标，如听说读写的能力，语言运用的信心和有效性，字词句等语文基础知识的掌握等。

一、外国语文课程的目标和内容

通过其他国家语文课程标准有关课程目标的表述，可以大致看出部分国家对语文课程目标和内容的基本理解。①

日本的小学语文课程总目标集中指向学生运用语言的能力和对国语的态度，包括

① 下列各国资料未明确标注者均参见吴忠豪《外国小学语文课程与教学研究》第二章。吴忠豪：《外国小学语文课程与教学研究》，25～61页，上海，上海教育出版社，2009。

培养正确理解语言和适当运用语言进行表达的能力，提高运用语言传递信息和进行交往的能力，同时要培养学生的思维能力、想象能力，加深学生对语言的关注，培养学生尊重语言的态度。

英国 1999 年颁发的《英国国家课程·英语》提出中小学英语教学的四条一般要求。第一，培养学生口头的和文字的熟练交际能力以及良好的听力，并培养具有浓厚兴趣的、具有丰富知识的、能与作者产生共鸣的读者。第二，赋予每个学生发展标准英语的足够机会，使之能够说一口流利的标准英语，写出准确、流畅的文章，并具有良好的阅读能力，由此能充满自信地参与公共文化生活或工作。由于丰富的方言和其他语言有助于学生扩充英语知识并提高对标准英语的理解水平，因此学习英语过程应适时鼓励学生充分利用他们对其他语言的理解和学习技巧。第三，在威尔士地区针对母语为威尔士语的学生，英语教学应正视并恰当利用学生的语言和文化知识，保证这些学生有足够机会学习所有课程。第四，给学生提供机会，使他们能形成自己对标准英语的理解和运用。这四条要求表明英国语言课程关注标准英语的学习，强调口语和书面语的交际运用，注重学生运用语言的兴趣和品位，同时又考虑学生原有语言经验的多样性和特殊性，强调学生的个性化理解和运用，并鼓励恰当利用学生在方言或其他语言方面的经验教学标准英语。

俄罗斯的语文课程中，俄语课程的目标指向学生在语言、交际、语言学三方面的专门发展。语言方面使学生能熟悉本族语言体系；交际方面使学生能熟悉本族语言口头形式、书面形式，以及本族语言的功能；语言学方面使学生掌握关于"俄语"科学和语言学习方法的初步知识，了解在本族语言研究中做出贡献的杰出学者等。俄罗斯的文学课的目标指向多个方面，包括文学知识、文学创作、文化理解、艺术审美等。具体有四个方面的任务，其一，介绍俄罗斯文化和世界文化，使学生了解俄罗斯文化中最重要的作品和俄罗斯各民族的代表性文学作品，了解外国文学知识。其二，通过分析文学作品的思想艺术品质、艺术形象、艺术手段和方法，发展学生的审美感知能力和文学评鉴能力，以及通过文学作品反映生活现象的能力。其三，培养用书面语言合乎逻辑地、连贯地和正确地表达思想的能力，使学生能写出具有文学性和创造性的作品。其四，形成审美兴趣和审美需要，形成个体思想和伦理观念，培养对文学作品产生情绪和认识共鸣的能力。

澳大利亚维多利亚州的课程目标对英语知识内容有一些阐释，如文本类型、语言类型、交际情境等。具体包括六个方面：第一，使学生能有目的、有信心、有效地听说读写，并能从中获得乐趣。第二，使学生了解语言会随情境、目的、对象、内容的变化而变化，并能运用这种知识进行听说读写。第三，使学生了解不同的文本要配合不同的语言类型，并能运用这种知识，尤其是在写作中。第四，使学生广泛了解各种类型的文本，并能将这种知识与当代社会、个人经验的相关方面建立联系。第五，使学生能批判性地讨论和分析文本和语言。第六，使学生知道理解文本的多种方法，知道人们对文本的理解存在文化、社会及个体等多方面的差异，能有理有据地阐述自己对文本的理解。[①]

1996 年，全美英语教师联合会与国际阅读协会联合推出《英语语言艺术标准》对中小学英语课程的目标和内容进行了比较全面的描述。①学生阅读大量文本，这些文本可以是印刷制品，也可以是通过书写等其他形式呈现的书面文本，题材可以是纪实类也可以是虚构类，可以是古典的也可以是当代的作品。学生在阅读中建构自己对文本的理解，以及对美国文化和世界文化的理解；获取信息；应对社会和职业发展以及自身成长的需求。②学生阅读不同历史时期的不同体裁的大量文学作品，从哲学、伦理、美学等多个角度了解人类经验。③学生运用多种策略对文本进行理解、阐释、评价、欣赏。这些策略包括联系自己的已有经验、与作者或其他读者交流、运用关于单词意义及文本体裁的知识、使用辨别单词的技巧、结合文本特征（如字母与读音的对应关系、句子结构、上下文联系、图表等）推断文意等。④学生根据交流目的和对象的特点，选择恰当的口语、书面语、视像语言，运用相应的语言风格、样式、语汇等实现有效沟通。⑤学生根据不同的目标和对象，在写作时运用多种策略和适宜的写作过程要素。⑥学生运用有关语言结构、表达规范、文章体裁、形象化语言、传媒技术等方面的知识进行书面文本的创作和评论。⑦学生围绕既定主题或自己感兴趣的话题提问、思考，开展研究。他们搜集来自多种渠道的数据资料，对这些资料做出评价、进行总结，并根据特定的目标以恰当的方式向特定对象展示研究结果。⑧学生运用多种信息技术资源，包括电子图书、音像资料等收集和概括信息，并进行相应地创作和知识交流。⑨学生理解和尊重语言运用的多样性，如方言，以及不同地区、种族、社会角色在语言运用方面的差异。⑩第一语言不是英语的学生能借助第一语言发展英语能力和学习其他科目。⑪学生在团队活动中能够作为有知识、能反思、会创造，思维敏捷且严谨的成员与其他成员进行交际。⑫学生运用口语、书面语、视像语言实现自己的目标，如学习、娱乐、说服、交换信息等。[②]

二、我国语文课程的目标和内容

《课程标准》指出，我国中小学语文课程的总体目标与内容包括以下 10 个方面：

---

① 参见丛立新、章燕主编译：《澳大利亚课程标准》，9 页，北京，人民教育出版社，2005。

② 董蓓菲：《全景搜索：美国语文课程、教材、教法、评价》，21～29 页，上海，华东师范大学出版社，2009。

1. 在语文学习过程中，培养爱国主义、集体主义、社会主义思想道德和健康的审美情趣，发展个性，培养创新精神和合作精神，逐步形成积极的人生态度和正确的世界观、价值观。

2. 认识中华文化的丰厚博大，汲取民族文化智慧。能关心当代文化生活，尊重多样文化，吸收人类优秀文化的营养，提高文化品位。

3. 培育热爱祖国语言文字的情感，增强学习语文的自信心，养成良好的语文学习习惯，初步掌握学习语文的基本方法。

4. 在发展语言能力的同时，发展思维能力，学习科学的思想方法，逐步养成实事求是、崇尚真知的科学态度。

5. 能主动进行探究性学习，激发想象力和创造潜能，在实践中学习和运用语文。

6. 学会汉语拼音。能说普通话。认识 3500 个左右常用汉字。能正确工整地书写汉字，并有一定的速度。

7. 具有独立阅读的能力，学会运用多种阅读方法。有较为丰富的积累和良好的语感，注重情感体验，发展感受和理解的能力。能阅读日常的书报杂志，能初步鉴赏文学作品，丰富自己的精神世界。能借助工具书阅读浅易文言文。背诵优秀诗文 240 篇(段)。九年课外阅读总量应在 400 万字以上。

8. 能具体明确、文从字顺地表达自己的见闻、体验和想法。能根据需要，运用常见的表达方式写作，发展书面语言运用能力。

9. 具有日常口语交际的基本能力，学会倾听、表达与交流，初步学会运用口头语言文明地进行人际沟通和社会交往。

10. 学会使用常用的语文工具书。初步具备搜集和处理信息的能力，积极尝试运用新技术和多种媒体学习语文。

前四条目标和内容比较侧重学生的一般发展，后六条侧重语文学科领域的知识和能力。根据《课程标准》关于学段目标和内容的设计思路，后者主要分为识字和写字、阅读、写作、口语交际、语文综合性学习五个方面。

《普通高中语文课程标准(2017 年版)》提出了语文学科核心素养的概念："语文学科核心素养是学生在积极的语言实践活动中积累与构建起来，并在真实的语言运用情境中表现出来的语言能力及其品质，是学生在语文学习中获得的语言知识与语言能力，思维方法与思维品质，情感、态度与价值观的综合体现。主要包括'语言建构与运用''思维发展与提升''审美鉴赏与创造''文化传承与理解'四个方面。"高中语文课程目标就是学生在这四个方面的预期表现。

三、语文课程的核心内容

中外对比可以看出，语文课程目标与内容的核心是语言文字运用，包括语言文字符号及其组织结构规律，以及语言文字运用的规范和策略。

(一)语言文字符号体系

语文课程要教学生国家通用的书面语和口语符号体系，如语音、词汇、句式等。夏丏尊、叶圣陶等语文教育大家都曾提出语文学科的“专责”是教授语言文字，是“把本来用语言文字写着的东西，当作语言文字来研究”。这是语文与其他学科的区别，其他学科侧重的是语言文字所写着的内容，比如，“我们学地理、学化学，所当注意的是地理化学书上所记着的事项本身，这些事项除图表外原用文字记着，但我们不必专从文字上记忆揣摩，只要从文字去求得内容就够了”①。

语言文字是约定俗成的符号系统，就口语而言是语音与语义的统一体，就书面语而言是文字、语音、语义的统一体。学习和掌握语言文字意味着要整体把握语言文字符号及其所代表的意义。例如，学习生字词不仅要会读、会抄写，而且要懂得字词在具体语境中的意思。

从这个角度，语文教学的一项重点内容是引导学生关注并把握具体的语言文字符号与其意义的对应关系。这必然涉及对语言文字内容的理解和感悟。这也是语文课程综合性的一个重要体现，即在语文教学中，学生必然会在学习语言文字的同时学习该语言文字所承载的学科知识、思想情感、文化传统、价值观念等。语文教学过程或者语文课堂面貌可能因语文材料内容的变化而表现得丰富多样。当语文材料的内容具有丰富的情感色彩时，语言文字的学习过程很可能引发学生相应的情感体验，教学过程也带有明显的情感性；当语文材料的内容关乎客观严谨的科学研究时，语言文字的学习也可能呈现冷静、严肃的状态；当语文材料的内容是遥远时空中的人物或事件时，语言文字的学习必然需要学生发挥想象，暂时抽离现实生活……

(二)语言文字组织结构规律

事实上，语言文字符号与意义的对应关系是相当复杂的，同样的读音可能代表不同的意思，如同音字；同样的意义也可能以不同的语言符号来呈现，如同义词，或者表示同样的意思的陈述句和反问句；还有一些语句“表里不一”，隐藏着某种弦外之音……当然，这些看似纷繁复杂的关系背后存在着一定的语言文字规律，如汉字的构

① 夏丏尊、叶圣陶：《文章讲话》，151、147页，上海，上海文艺出版社，2001。

字规律、词句搭配法则、常用句型、标点符号、文体类型等。语文教学需要引导学生在积累大量具体语言文字素材的基础上，通过观察、分析、对比，概括简单的语言文字规律。这样可以超越具体的语言文字材料，使学生掌握一些能够促进语文运用实际需要的语文知识。

（三）语言文字运用规范

从广义讲，语言文字运用规范也包括前文所说的语言文字的规律，但这里特别指语言文字的运用要符合特定情境的基本规范和一般要求。语文教学可以引导学生学习的语文运用规范有很多，例如，学生需要学习恰当的称谓、礼貌用语、正式场合发言的语气语调及话语模式、书信等实用文本的格式、向别人表达自己情感的恰当方式、对他人说话的有效反馈等。

以什么方式和运用什么样的语言文字，这与用语言文字来做什么是息息相关的。这是语文教学特别需要关注的一项教学内容，也是当下教学实践中容易被忽略的内容。以语言交际为例，不同的交际目的、情境、对象，分别对应不同的语言形式和风格。询问所用的语句与分享感受所用的语句有所不同；写信和写倡议书的格式、语气有明显差异；跟同学交流时用的词汇与同老师交流时的词汇肯定不同；两人交谈时的声音、手势、语言与面向众人演讲时势必也有区别……

为此，语文教学要让学生接触语言文字运用的多种情境，或是观察，或是亲身体验，进而引导学生探究和理解语文运用的多样性及规律性，掌握语言文字运用的规范。

（四）语言文字运用的策略

语言文字运用有一定的策略，具体表现为在听说读写活动中具体做什么，按怎样的程序来做。例如，阅读过程中依据文本标题预测文本内容，思考自己想从文本中获取什么信息；一边读一边检验已有的预测，判断自己是否得到了想要的信息，遇到困惑的时候及时回读；读完及时总结自己的阅读收获和感受，等等。再如，口语表达过程中要先弄清楚自己想说什么，在对谁说，然后选用与交流目的和对象适合的语汇、语气、音量说话，说话时留意听众的反应，在需要的时候重复表达或适当停顿……

了解和学会执行语言文字运用的程序或策略，这是语文课程“过程与方法”维度目标的具体体现。可能有部分学生通过语言交际的实践能自己感悟和提炼出一些程序或策略，但大部分学生还是需要在教师引导下，从具体的语言文字运用活动中将这些程序性知识抽离出来，进而能够有目的有意识地依照这些程序和策略进行听说读写。

第四节
小学语文教材

学习目标

了解小学语文教材的编写要求，了解统编小学语文教科书的基本特点。

教育者、学习者、教学内容是构成教学活动的三个基本要素。教材是教学内容的主要载体。教师要深入了解小学语文教材的编写要求，正确处理和利用教材，充分发挥教材在教学中的重要作用，提高教学效率。

教材是指根据课程标准或教学需要编写或制作的用于教学的材料。早期的小学语文教材主要指小学语文教科书，也称小学语文课本。后来，为了适应教学的需要，出现了与教科书配套的教学参考书，供教师使用。随着时代的发展，教材的概念逐渐宽泛，目前我国的小学语文教材包括教科书以及与之配套的教学指导书或教师用书、教学参考书，补充读物如语文读本、自读教材等，教学挂图、字词卡片、应用软件、音频或视频资源，等等。

在我国，教科书通常被看作教师教学生学习学科知识的主要材料。大多数学校的学科教学进度是依据所用的教科书内容来安排的。在这种情况下，教科书的编写质量对教学实践有着非常重要的影响。

一、小学语文教材的编写要求

一般认为，教材的编写要符合科学性、思想性、基础性、可接受性、系统性等基本原则。① 语文教材的编写必须体现语文学科的知识体系和学习规律。我们将小学语文教材的编写要求总结为如下四个方面。

(一)内容编排的科学性

任何学科的教材都要有科学的设计，使教学内容安排有序、组织恰当，有利于教师教和学生学。编排语文教材时需要结合语文学习规律和学生认知规律。一方面厘清

① 王策三：《教学论稿》，218～219 页，北京，人民教育出版社，1985。

字、词、句、篇以及听、说、读、写等语文基本功的训练项目，另一方面按照学生的年龄特点，由易到难、由简到繁、由浅入深、由具体到抽象地排列，纵横结合，构建语文教材的内容体系。

考虑到小学生的认知和情感特点，教材中的选文形式要活泼，体裁要多样，要与各年龄段学生的身心发展特点相适应。我国小学语文教学大致分为三个学段，第一学段为1～2年级，也称低年级；第二学段为3～4年级，也称中年级；第三学段为5～6年级，也称高年级。低年级应多选童话、寓言、儿童诗、儿童故事等文体，中高年级可增加历史故事、写景或抒情的散文、一般记叙文、古诗和现代诗、科技说明文和常用应用文等文体，拓宽学生的知识面，丰富学生的认知。

目前，小学语文教材的编排已经形成一些基本共识。低年级打好汉语拼音的基础，重视识字，进行以词、句为重点的语言训练，为中高年级打基础。中年级继续进行词、句训练，重点进行段的训练，如读懂一句话，注意句子间的联系，弄懂某个自然段的意思；又如把句子写通顺，把一段话写清楚等。高年级着重篇章方面的训练和读书方法的指导，如读懂课文，把握文章的主旨，体会文章的思想感情，运用批注等读书方法等。

（二）语言表达的规范性

指导学生正确地理解和运用祖国的语言文字，使学生具有初步的听说读写能力，这是小学语文教学的主要目的。语文教学不像其他学科那样只关注教科书所呈现的知识内容，它需要将学生的关注点引向语言文字本身，这便对语文教材在语言表达方面的规范性提出更严格的要求。

首先，作为语文教材主体的课文，应该是典范的文章，即能对学生学习语言发挥示范作用的文章。这些课文在篇章结构、语言表达等方面都应该是精品，由此引导学生学习课文语言，培养读写能力和良好的语言习惯。

其次，教科书的其他部分，包括单元导读、课后练习、口语交际、日积月累等板块，在词句甚至标点符号等方面，都要力求准确，真正成为学生学习语文的范例。

（三）学习过程的实践性

语文教学着眼于培养学生的语言文字运用能力，培养这种能力的主要途径是语文实践活动，特别是联系生活实际的语文实践活动。语文教材应该成为启发和诱导学生进行各种语言实践的起点，通过教学提示和练习指导，沟通课文内外、课堂内外和学校内外，创设运用语言文字的环境，增加学生语文实践的机会，让学生加深对各种语言现象的认识。

教材的编写要着眼于发挥学生学习的自主性，培养学生主动投身语文实践活动的兴趣。在编写体例上要体现“导学”，课文或训练项目之前应有相应的“导读提示”或“学习提示”。课后应辅以相应的自测练习题，供学生检测自主学习的效果。活动内容和形式可以有一定的开放性和灵活性，引导学生将自己在校园外的听说读写经验与教材中的内容建立联系，或将课堂上学到的技能运用到现实生活中。

(四)题材和形式的时代性

21世纪的教材要适应知识经济、现代信息技术、经济全球化等社会发展趋势对人的素质的要求。一方面，课文选编要与时俱进，既要选取经过历史检验的经典的名家名作；又要挑选一些描绘时代生活、反映时代精神、展现科技创新的高品质的新人新作。随着时代发展，社会生活中出现的新观点、新概念催生出一批又一批的新词汇、新用法。语文教材要在确保符合语言规范的前提下，呼应这些新的语言现象，教给学生切实有用的语言知识。另一方面，教材在开本、字体、插图等版式编排方面要具有时代特征。例如，现有的语文教材同以往的版本相比，图像越来越丰富，色彩越来越鲜艳，印刷越来越精美，图像系统和文字系统的结合越来越紧密。教材的编、印质量都得到明显提高。小学教材大多配有卡通图画样式的插图，有时还通过对话框提示学习方法。另外，导读和练习指导语多采用指引、鼓励、商量的口吻，力求体现与学生平等、引导学生一起学习探究的教育理念。这也是教材具有时代感的一种体现。

二、小学语文教科书的多种样式

“教科书”这一概念是随着现代学校制度产生才出现的。古代虽没有“教科书”这种说法，但教科书是实实在在存在的。通过对古今中外出现过的教科书的实例进行分析，可以发现语文教科书在本质上立足于培养学生的语文素养，在形式和编排体系上则存在多种可能性。

(一)我国小学语文教科书发展概况

根据张志公先生在《传统语文教育初探》一书中的分析，我国古代小学语文的教学序列是：入学之初，先集中识字，而后读书。教科书的编排也是按这个思路，初入学主要采用的是“三、百、千”等集中识字课本。待到后期学习阅读时，教科书主要按文体分类，如以常识为主的各类“蒙求”读本，《幼学琼林》《龙文鞭影》等故事类读本，《千家诗》《唐诗三百首》等诗歌类读本，《小学》、《孝经》、“四书五经”等论述类读本，《古文观止》等散文类读本，《声律启蒙》《笠翁对韵》等语文知识类读本，等等。这样的编排便于学生较集中地认识各种文体，学习读写规律。在教科书的选文内容方面，多选择的是文质兼美的经典性文本，然而其内容和语言表达与儿童的现实生活有一定距离。

随着我国社会的发展，近现代语文教科书在选文和组织形式等方面与古代有很大不同。但我国语文教科书在编撰策略方面一直维持着传统的范文制度，主要采用文选型，有的是单纯的范文汇编，有的则在范文之外辅之以注释和点评，以及有关学生模仿、研习的提示。①

中华人民共和国成立以来，小学语文教科书建设不断吸取教学改革经验，在不断的改革中逐步提高质量，趋于完善。1986 年，国家教育委员会成立全国中小学教材审定委员会，打破“一纲一本”即在统一教学大纲指导下全国统编教科书的格局，实行教科书审定制，编、审分开，一纲多本，促进中小学教科书的多样化。

21 世纪新课程改革以来，经审核获得教材编写资格的机构和出版部门依据“语文课程标准”编写语文教科书。教育部网站每年会公布经教育部审定通过的“中小学教学用书目录”。截至 2016 年，通过国家审定的小学语文教科书已有十多套，主要出版机构有人民教育出版社、北京师范大学出版社、江苏教育出版社、语文出版社等十余家。各种版本的小学语文教科书基本是选文型，其共同特点是：选文兼顾经典性与时代性；教科书的内容设计具有开放性，注重语文教学和生活的联系；教科书的导读和练习设计注重引导学生自主学习，增强学生自学能力。

自 2016 年秋季学期开始，小学语文教科书逐步走向全国统一。2019 年秋季学期开始，1～6 年级均使用由教育部组织编写的统编版小学语文教科书。这套教科书的编写理念主要有四点。一是坚持社会主义核心价值观，强调立德树人，在语文教学中潜移默化地影响学生；二是具有很强的实用性，致力于总结以往课程改革的有益经验，为解决语文教学的现实问题提供指导；三是守正创新，深入挖掘以往教材的优点，结合国外先进经验继陈出新，提倡“编研结合”，一方面借助相关的学术研究成果为教科书编写提供科学依据，另一方面将教科书编写与试教、研讨等研究活动整合；四是具有时代性，选择与小学生实际生活相关度大的主题和内容，注重引导学生将所学语文知识运用到生活中。②

（二）外国小学语文教科书示例

不同国家因课程政策和教科书管理制度不同，其教科书的编写规范和出版机制也有差异。有的国家由政府组织编写出版全国统一的教科书，有的国家鼓励有资质的民间机构编写出版多个版本的教科书但需经国家审定，还有的国家完全放开教科书市场，由学校根据自身情况决定教科书的选择和使用。

---

① 王荣生：《语文科课程论基础》，285 页，上海，上海教育出版社，2003。

② 温儒敏：《“部编本”语文教材的编写理念、特色与使用建议》，载《课程・教材・教法》，2016(11)．温儒敏：《如何用好“统编本”小学语文教材》，载《课程・教材・教法》，2018(2)．

在语文教科书的编写形式上，国外语文教科书大致有两种形态。一种是分编型，即语言和阅读(或文学)分开编写。俄罗斯及美国、英国的部分教科书在此方面比较典型。另一种是综合型，与我国通行的教科书一样，集听说读写内容为一体，日本、新加坡，以及美国和德国的部分教材呈现这种特点。下面是一些国家小学语文教科书的特点示例。①

美国没有全国统一的课程计划，也没有全国统一编写的教科书。教科书编写由出版商组织专业人员编撰，选择和使用教科书的权利则在学校。美国的小学语文教科书有的称“英语”，有的称“语言艺术”②，有的还有单独的“阅读”教科书。其教科书里往往会明确规定语言知识和表达教学的目标内容，注重语言规律教学和口头语及书面语言表达能力的培养。阅读教科书突出阅读技能的教学和阅读能力的培养。教科书中对学生需要掌握的各种知识、技能、策略都以醒目的标题标明，围绕这些目标内容编写教材内容，设计各种练习题目，并具体提示各种学习活动的步骤和要求，使教师和学生非常明确语文教学活动中该做什么和怎样做。有的阅读教科书在目录里将每一部选文的体裁类别明确标注于标题的旁边，使学生对文本的类型有明确的意识。这与我国传统语文教科书按文体分编的做法有些类似。

俄罗斯的母语教学分俄语和文学两科进行，注重教科书的稳定性。小学语文教科书分别是按照俄语和文学的知识体系编写的，但两者有共同的目标取向，都指向发展学生的语言能力。俄语和文学教科书的练习设计都注重以学生为主体的语文实践活动。其基本思路是：通过实例让学生掌握一定的语言或文学概念，再通过大量实际练习使学生将知识转化为技能。教科书中实际运用性的练习题目远远多于新知识理解的题目。俄罗斯文学教科书的一个突出特点是课文数量特别多。

日本实行教科书审定制，类似我国原来的“一纲多本”。日本的小学语文教科书非常注重言语教育，也就是注重指导学生对语文的实际应用。这些教科书不是由一篇篇课文连缀而成，而是安排了若干学习板块，也可以说是学习单元，每个板块分别侧重听说、写作、阅读、语文知识等某方面，或者形成一个综合学习单元。通常在偏重阅读的单元会编选一篇篇幅较长的课文，而偏重听说或写作的单元则没有课文。每个单元的主体部分以学生的语文学习活动为主，清晰地说明各项活动的内容、方法、步骤。日本小学语文教科书的一个突出特点是课文数量非常少，但所选的课文篇幅却很长。

---

① 吴忠豪：《外国小学语文教学研究》，65～67、81～82、101～103页，上海，上海教育出版社，2009。

② “语言艺术”的英文原文是 language art。

三、统编小学语文教科书

统编小学语文教科书由教育部组织编写，2016 年开始陆续由人民教育出版社出版。每个年级分上下两册，共 12 册。这套教科书的编写意图如下：

> 努力构建符合语文学科基本规律、适合学生身心发展特点的语文能力发展训练体系，将必备的语文知识、基本的语文能力、常用的学习方法或适当的学习策略和学习习惯等，分成若干个知识或能力训练的“点”，统筹规划训练目标的序列，并按照一定的梯度落实在各个年级的相关内容或活动中，努力体现语言文字训练的系统性。①

统编小学语文教科书用“语文要素”这一概念统整小学语文训练的基本元素，主要分阅读与表达两个系列，具体包括基础知识、基本方法、学习习惯等项目。全套教科书对各方面语文要素统筹规划，将之作为各单元语文训练的主线。从三年级开始，教科书每个单元一般从阅读与表达两个方面各设置一个训练要素，并在单元导语中直接呈现单元教学目标。整个单元的课后习题都围绕着单元训练要素来设计，以增强教科书的操作性。同时，每个单元的选文和练习尽量围绕某一方面人文主题来选择和设计，体现“双线组元”的结构设计，充分体现语文学习的综合性和实践性。（见表 1-1）

表 1-1　统编教科书单元提示示例

教科书	人文主题	语文要素
三下 第一单元	飞鸟在空中翱翔，虫儿在花间嬉戏。大自然中，处处有可爱的生灵。	试着一边读一边想象画面。 体会优美生动的语句。 试着把观察到的事物写清楚。
四下 第一单元	纯朴的乡村， 一道独特的风景， 一幅和谐的画卷。	抓住关键语句，初步体会课文表达的思想感情。 写喜爱的某个地方，表达出自己的感受。
五下 第一单元	每一个人都有他自己的童年往事，快乐也好，心酸也好，对于他都是心动神移的最深刻的记忆。 ——冰心	体会课文表达的思想感情。 把一件事的重点部分写具体。

① 陈先云：《课程观引领下统编小学语文教科书能力体系的构建》，载《课程·教材·教法》，2019(3).

续表

教科书	人文主题	语文要素
六下 第一单元	百里不同风， 千里不同俗。	阅读时，分清内容的主次，体会作者是如何详写主要部分的。 习作时，注意抓重点，写出特点。

一般情况下，每个单元的结构体例基本相似，包括精读课文、略读课文、识字写字、课后思考练习题、口语交际、习作、语文园地等栏目。针对比较特殊的学习内容，统编语文教科书从三年级开始设置了一些特殊的学习单元，包括阅读策略单元、习作单元、综合性学习单元等。例如，阅读策略单元按照初步感知策略、深化理解策略、尝试运用策略等进程，将3～4篇课文组织起来，每学年的上学期各安排一个。三年级主题为预测，四年级主题为提问，五年级主题为阅读要有一定的速度，六年级主题为有目的地阅读。习作单元每学年安排两个，上下册各一个，具体内容见第五章。综合性学习单元在五、六年级各设置一个，详情见第七章。

从纵向上看，随着年级升高，对各项具体的语文要素逐步提高要求，体现语文训练的系统性和发展性。例如，关于“复述”的训练，二年级是借助图片、表格等讲故事，三年级学习详细复述，四年级学习简要复述，五年级学习创造性复述。再如，关于“阅读提问”的训练，三年级学习带着问题默读，理解课文，四年级学习阅读时从不同角度去思考，提出自己的问题，以及阅读时提出不懂的问题，并尝试解决。（见表1-2）

表1-2　语文训练纵向序列示例：阅读与想象

教科书	语文要素
三下第一单元	试着一边读一边想象画面。
三下第五单元	走进想象的世界，感受想象的神奇。
四上第一单元	边读边想象画面，感受自然之美。
六上第一单元	阅读时能从所读的内容想开去。
六上第七单元	借助语言文字展开想象，体会艺术之美。

本章小结

小学语文教学实践古已有之。语文作为独立的学习科目自20世纪初期开始，曾被称为国文或国语，1949年之后一直被称为语文。

语文课程是一门学习语言文字运用的综合性、实践性课程，是义务教育阶段最重要的一门基础性学科，工具性和人文性统一是语文课程的基本特点。

小学语文课程目标包括一般性发展目标和语文素养目标，以语言文字运用为主要学习内容，目前分为识字与写字、阅读、写作、口语交际、综合性学习五个课程领域。

小学语文教材特别是教科书是小学语文教学的主要凭借，现阶段统一使用统编小学语文教科书。

关键术语

“三百千”　国文　国语　语文课程　工具性与人文性的统一
统编小学语文教科书　语文要素

章节链接

在这一章，你读到……	在其他章节中，你将发现相关的讨论……
小学语文课程的特点	第二章第一节 教学原则
统编小学语文教科书	第二章第二节 教学原则里的教科书分析，第三章至第七章 教科书里各领域的教学内容示例

体验练习

1. 阅读《课程标准》，对照小学其他科目，简要回答你认为小学语文课程的突出特点是什么？

2. 结合其他国家或地区的语文课程标准，分析和比较不同国家和地区小学语文课程目标的相同点和不同点，与他人交流，谈谈你的感受。

3. 阅读一册统编小学语文教科书，分析其基本栏目的主要内容，谈谈教科书所指向的课程目标和内容。

拓展读物

1. 董蓓菲．全景搜索：美国语文课程、教材、教法、评价．上海：华东师范大学出版社，2009.

2. 林治金．中国小学语文教学史．济南：山东教育出版社，1996.

3. 吴忠豪．外国小学语文教学研究．上海：上海教育出版社，2009.

4. 统编教材使用建议及相关课例资料：https：//xiaoyu. pep. com. cn/.

5. 义务教育语文课程标准（2011 年版）：https：//old. pep. com. cn/xiaoyu/jiaoshi/tbjx/kbjd/kb2011/.

第二章

小学语文教学一般原理

本章概要

本章主要探讨小学语文教学的一般性的问题，包括小学语文教学原则、小学语文数学设计、小学语文教学方法和小学语文教学模式。

结构图

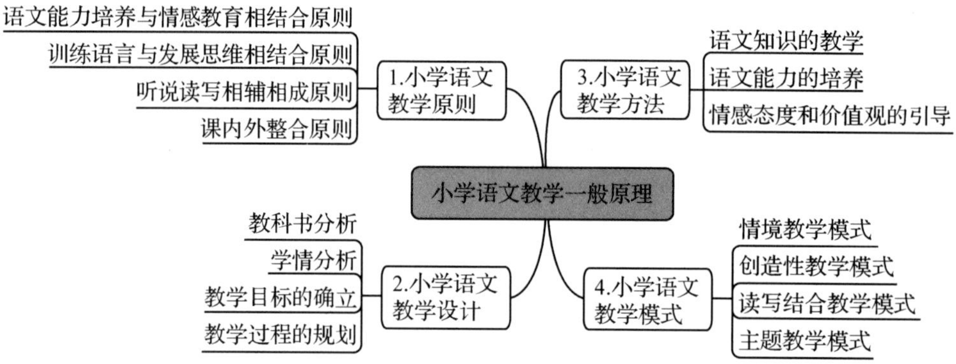

学习目标

1. 理解小学语文教学的基本原则。
2. 掌握小学语文教学设计的基本内容和规范。
3. 理解小学语文知识教学、能力培养、情感价值引导的主要方法。
4. 了解几种主要的小学语文教学模式。

读前反思

这一章主要讨论小学语文教学的一般原理。读者可以回忆教育学原理、教学论、教育心理学等课程中关于学习心理、有效教学、教学原则、教学模式、教学设计等方面的专业知识，结合第一章关于小学语文课程性质和基本特点的讨论，思考如下问题。

1. 小学语文课堂教学与其他科目相比，有什么特点，需要符合哪些特殊要求？

2. 讲授法、谈话法、直观演示法、练习法等常用教学方法都可以应用于小学语文教学，你知道哪些应用比较成功的案例，其教学过程是怎样的？

根据教学论的一般理论，课程是教学内容和进程的总和。小学语文课程的目标是通过具体的教学活动实现的。教学是教师教和学生学的统一活动。在这个活动中，学生掌握一定的知识和技能，获得一定的身心发展，形成一定的思想品德。现阶段我国小学语文教学的目标和内容分为识字和写字、阅读、写作、口语交际、综合性学习五个领域。这五个领域虽各有其特殊之处，但其教学过程和方法却又遵循一些共同的规律。本章主要阐述小学语文教学原则、小学语文教学设计、小学语文教学方法和小学语文教学模式。本章知识是随后学习各章教学理论与实践的基础。

第一节
小学语文教学原则

学习目标

理解小学语文教学的基本原则。

小学语文教学原则是根据小学教育的目的、语文学科的特点、语文教学的规律，从丰富的教学实践中总结出来的指导教学的基本法则，包括各学科均适用的一般教学原则，以及语文学科特有的教学法则。

对所有学科都具有指导意义的一般教学原则，理所当然对语文教学也有指导作用。王策三先生在《教学论稿》一书中总结了八条基本得到共识的教学原则，它们是思想性和科学性统一的原则、理论联系实际的原则、教师主导作用与学生主动性统一的原则、系统性原则、直观性原则、巩固性原则、量力性原则、因材施教原则。①

语文教学与其他学科相比较有其特殊本质，这一特殊本质将其与其他学科区别开来。因此，语文教学有区别于其他学科的特殊规律。把握这些特殊规律，认真学习和贯彻这些基本原则，才能切实有效地指导语文教学。借鉴已有的关于语文学习心理及小学语文教学的理论和实践研究成果，我们提出小学语文教学的四条基本原则，即语文能力培养与情感教育相结合原则、训练语言与发展思维相结合原则、听说读写相辅相成原则、课内外整合原则。

---

① 王策三：《教学论稿》，160～162页，北京，人民教育出版社，1985。

一、语文能力培养与情感教育相结合原则

根据语文课程的基本特点，即工具性与人性的统一，小学语文教学的首要原则就是将语文基础知识和基本技能的学习与思想认识、情感态度和价值观的教育有机整合。这条原则曾经被表述为“语言文字训练与思想(情感)教育相结合(原则)”。

(一)语文知识和技能教学与情感教育的关系

这条原则与语文的内容和形式的关系有关。语文的内容和形式是统一的、不可分割的。无论是听话、说话，还是阅读、写作，都包含语文形式和思想情感内容两个方面。认知心理学研究揭示，学习过程本身是认知活动与情感活动统一的过程。在学习过程中，认知因素和情感因素同时发生，交互作用，共同组成学生学习心理的两个不同方面。

正所谓“文道统一”，语言文字与其所表达的思想感情是紧密联系在一起的。没有思想内容就不会形成文字，产生作品。语文教学常常为学生呈现多种形式的听读材料，这些材料无论叙事、写人、状物、写景，都表达着一定的思想感情；听话、说话、阅读、写作等各项语文实践活动，无一不关乎一定的内容主题。因此，学生学习语言文字或尝试听说读写实践时，就会受到一定的情感教育，就有可能提高思想认识，受到审美熏陶和情感启迪。

(二)在语文教学中潜移默化地进行情感教育

语文教学所涉及的思想情感主题非常广泛，包括爱祖国、爱家乡、爱人民，珍惜生命、与自然和谐相处、珍视文化多样性，追求真理、积极探索、大胆质疑，懂得感恩、相互尊重、互助友爱，勇敢、自信、勤奋，等等。学生对语言文字本身以及在运用语言文字进行听说读写的过程中也会表现出特定的态度和价值倾向，如是否喜爱祖国的语言文字，能否对自己说的话、写的文负责任；在口语交际和书信往来时是否讲究文明礼貌，考虑习俗规范；语言交往中能否相互尊重，真诚沟通；是否具有尊重知识产权的意识，等等。

语文教学中的情感教育是在大量语文实践活动中潜移默化地进行的。首先，要为语言实践活动挑选积极健康的主题和素材。这包括课文、拓展阅读材料、口语交际的情境或人物关系、作文题目、历史典故等。教育家阿莫纳什维利在低年级词汇和句子教学中结合一些思想教育主题来选择教学内容，如职责、英雄、祖国、同情心、做善事要赶紧做、劳动使人高尚等。他只用这些词语和句子进行语言指导，不会直接告诉学生这些词

语和句子的意思，但他鼓励学生向家长询问这些词句的含义。① 其次，语文教学需要对学生在语文实践活动过程中的态度倾向进行指导，帮助学生形成良好的语言交往习惯，领会相互尊重、真诚交往的含义并能通过自己的行为来体现。比如，说话时考虑听者的实际情况，根据场合调整和控制自己的音量，避免对其他人造成干扰；听别人讲话时注视对方的眼睛，仔细倾听，以示尊重等。最后，鼓励学生在语文实践活动中表达自己的真实体验和想法，并对这些思想情感持理解和宽容的态度。由于生活经验和思维发展水平的局限，小学生难免会出现认识片面、理解错误、评价不当等问题，并通过其语文实践活动表现出来。教师对此要宽容，审慎处理。要肯定和鼓励学生实事求是，避免因思想内容的问题而否定学生的语言文字表达；同时，结合平时对学生的观察和了解，对学生表现出的思想认识和情感体验进行分析，寻求适宜的应对策略。

在基础教育的整个课程体系中，属于人文学科的课程除了语文，还有诸如道德与法治、音乐、美术等课程，这些课程也承担着思想情感教育的任务。对语文学科而言，思想情感教育是在语言文字训练过程中潜移默化地进行的，可以说是以一种间接的、渗透的方式进行着的。如果脱离语言文字训练而直接进行思想情感的说教，那么语文课就变成了道德与法治课；如果学生的情感不是因对语言文字的感受而引发，而是由煽情的音乐所调动，那么语文课与音乐课的区别也就不甚明显了。

二、训练语言与发展思维相结合原则

思维是人脑对客观事物进行的间接的和概括的反映过程。人类的思维一般包括形象思维、抽象思维、创造性思维等形式。形象思维主要包括回想、联想、想象等，抽象思维主要包括分析和综合、比较和分类、概括、归纳、演绎、辩证分析等，创造性思维主要包括发散思维、直觉思维、批判性思维等。在思维方面，不同个体的差异主要体现在敏捷性、深刻性、灵活性、独创性四种品质上。

语言与思维的关系十分密切。语言是思维的物质外壳，思维靠语言来组织，语言则是思维的直接显示。语言文字训练包含着对字、词、句、段、篇及交际规则、写作手法等语文要素的感知、理解、记忆、评价等心理过程，需要对字词结构和读音规律、文章体裁和题材、识字方法、阅读策略等内容进行分析、综合、比较、概括，这些都是以语文要素为对象的思维活动。在语文教学过程中，学生的思维活动和语言活动始终相伴进行。有研究指出，“概括是语文能力的基础”②。其具体表现是，听和读的关键

---

① [苏联]阿莫纳什维利：《孩子们，你们好！》，朱佩荣译，266页，北京，教育科学出版社，2002。

② 林崇德：《学习与发展——中小学生心理能力发展与培养（修订版）》，356页，北京，北京师范大学出版社，1999。

是能听懂和读懂，即能抓住别人讲话或文章的中心意思；说和写的关键是表达准确、清晰，能用准确的词语、通顺的语句，层次分明地阐明自己的想法和意图，使别人明白。这些都以概括能力为基础。学生口语交际或写作中出现的问题，如词汇贫乏、前言不搭后语、中心意思不明确等，往往都是由于思维方面的问题导致的。

训练语言与发展思维相结合的语文教学表现在如下几个方面。

首先，在理解语文材料内容的过程中指导学生认识事物和发展思维。其具体表现是：在听和读的时候，引导学生由语言文字展开推理、联想、想象，将语言文字内容与已有经验建立联系，由此开阔视野，丰富认识经验；还可以梳理文本各部分的顺序及彼此间的逻辑关系，对不同文本的思想内容进行分类、比较、分析、综合，锻炼思维，提升理解能力。在说和写的时候，根据表达的目的和需要有意识地观察周围世界，收集相关信息，丰富自己的认识体验；同时对自己的认知经验和情感体验进行分类整理，从中提炼观点，厘清思路，做到有序表达。

其次，指导学生感知、比较和分析语文符号及其结构规则，即对语言文字形式展开思考，如字形结构的分析和比较、文章脉络和写作顺序的梳理、不同表达方式或写作方法的对比等。这些活动既有助于学生掌握语言文字及其运用规则，又可以使学生学会有理、有据、有序地思维。

最后，借助语文训练学生的发散思维和从不同角度观察事物的能力。儿童创造性的一个表现是能从一些新的不寻常的角度观察和理解事物，发现事物之间的一些特殊联系。语文教育应当关注扩展儿童的观察视角，启发学生充分调动自己的各种感官，尝试从新的角度分析和比较事物。例如，谈谈看似不相关的事物间的联系，如音乐与色彩、长颈鹿与橡皮筋、世界贸易组织与公共汽车等；站在不同社会角色的立场设计或制作产品，如以广告设计者或产品生产者的立场撰写广告词；从动植物或物品的视角出发讲述故事，如一只被驱蚊剂包围的蚊子，房间里盛开着的花朵，节日期间挂在学校大门上的一盏灯笼；想象未来可能出现的种种变故，可能发生的各种事情；谈谈从一幅画或一件雕塑作品中闻到的气味、听到的声音；等等。语言学习过程可以包含一些专门针对创造性思维训练的活动，如词句联想和组合、感官作文、想象作文等。例如，请学生倾听一段音乐，观看一段影片，朗读一首诗歌，或观察某件物品(场景)，要求他们将联想到的词句记录下来，想到什么写什么；然后请他们将这些词句串成一段文字，或作一篇短文，或作一首诗，等等。

三、听说读写相辅相成原则

作为语文能力的四个基本组成部分，听说读写四项能力同等重要，不可偏颇。听话、说话属于口头语言范畴，阅读和写作属于书面语言范畴。若换一个视角，从语言活动的角度分析，则听话与阅读是吸收和理解语言文字的活动，而说话与写作是运用语言文字进行表达的活动，若能互相补充，则可使学生的语文能力协调发展，语文素养全面提升。

(一)听说结合与读写结合

听和读重在理解，说与写重在表达。读与写之间的关系和听与说之间的关系是类似的。

首先，通过听和读学生可以获得古今中外、天文地理方面的大量知识，也可以学到丰富的语言。这有助于增加其说和写的素材，使其有更多的内容来讲述和书写。学生可以通过听和读的积累扩大词汇量，学会用多种不同的句式和语言结构来进行表达。“读书破万卷，下笔如有神”，“熟读唐诗三百首，不会作诗也会吟”，说的正是这个道理。

其次，学生在听和读的过程中可以接触大量规范而优美的语言形式，在感受语言魅力的同时，还可以进行模仿。学生通过别人的话和文章了解到人们可以说什么和写什么，可以怎样说和怎样写，等等。他们还可以感悟说话者或作家观察和分析事物的视角和顺序，借鉴选材和组织材料的技巧。为了使学生的模仿学习落到实处，避免学生照搬原文或简单“套用”，进而限制学生思维，甚至出现千篇一律的情况，教师需要在学生听和读之后及时布置“仿造”式的语言练习任务，引导学生关注听读材料所体现的语文运用规范和表达策略，结合自己的经验、理解、情感等具体内容进行仿说或仿写。在此过程中，还可以鼓励学生在符合范例所体现的基本规范的前提下，尝试采用多种不同的方式进行表达。

最后，输入和输出可以互相促进。听和读对说和写的促进作用表现为，学生通过听和读对自己的说话和写作过程进行监控，为调整说话和写作的思路、方式、用语等提供依据。反过来，说和写的需要可能激发学生主动查找听读资料，把注意力集中于听读材料的重点内容和中心思想。同时，听读后复述或边读边批注等活动，可以促使学生对听和读的内容进行深度加工，以获得更加深入的理解。

(二)口语学习和书面语学习相结合

口语和书面语在词汇、句式、表达方式等方面存在着一定的差异。听和说侧重口头语言的运用，读和写主要针对书面语言。在入学前学生已经有一定的口语基础，而书面语则是在入学后才开始训练的。因此，书面语的学习可以适当借助口语来带动。

一方面，文章不仅可以读，也可以听。尤其在小学低年级，学生识字量很有限的情况下，可以通过讲故事的方式，让学生感知和理解书面语作品的特点，并就其思想内容进行一些讨论，为他们将来的读写积累经验，奠定理解基础。另一方面，写作时，可以先借助说来整理思路，确定内容，从说到写，降低写作难度。一项实验研究要求两组二年级的学生在观看木偶戏后依据剧情写故事。一组根据自己看后的印象把故事写下来；另一组在书写前由教师引导讨论这个故事，要求在讨论中把看到的内容尽可能详细地讲述出来。结果，第一组写出的故事平均字数是314.78字，第二组的平均字数是646.87字；第一组的故事情节比较笼统，内容较简单，且有条理不清、顺序混乱的现象，有不合事实、只凭臆想补充的地方；第二组内容比较具体，细节较多，有条理，叙述顺序较为清楚，内容也比较符合实际情况。①

书面语的学习有一些积累后，便可以对口语加以规范。阅读教学中，教师引导学生朗读、复述，或借助课文展开表演活动，可以帮助学生学习和积累课文中的书面词汇和表达方式，丰富学生的口语表达内容和方式。在演讲、辩论等比较正式的口语交际活动中，学生一般要先写发言稿，再进行口头展示，其口头表达内容和语言也就具有了书面语的一些特征。

四、课内外整合原则

美国教育家华尔特说，语文的外延与生活的外延相等。② 我们无时无刻不在进行语文实践活动，如阅读书籍报刊，收听收看音频或视频节目，参观博物馆等，甚至上街购物时所看到的广告词，都含有语文学习的材料。因此，将语文学习局限于语文课堂之上无异于“画地为牢”，不利于学生真正地学以致用，融会贯通。课内外整合可以实现语文课程资源利用的最优化，能有效地提高学生的语文实践能力。

课内外整合的表现有多种层次和形式，包括上课时依托语文教材关联其他课程资源，依据语文学习主题联系其他学科领域的相关内容，引导学生把课外获得的语言经验在课堂上进行展示，围绕特定的主题设计组织跨学科的综合学习活动，或者在语文课之外的时空组织语文实践活动，如语文类的选修课程、社团活动等。有的学校一个班由一位教师同时负责包括语文在内的多个学科的教学，这种安排为落实课内外整合原则提供了便利。

课内外整合原则要求教师抓住课内教学的机会，指导学生利用课外资源，激发学生积极参与语文课外活动的兴趣，做到得法于课内，得益于课外。例如，要扩大学生的课外阅读量，若只是简单地布置课外阅读的任务，收效甚微。教师可以结合学生正在学习的课文，适当联系体裁或题材有相似或具有可比性的课外阅读材料，使课内阅读得到一定的扩展。同时，教师可以根据语文课的当前学习主题，或者结合课堂所学的阅读策略和方法，向学生推荐相应的课外阅读材料，并设置有趣的读书任务，激发

---

① 朱作仁：《小学作文教学心理学》，24页，福州，福建教育出版社，1993。

② ［美］华尔特·B. 科勒斯涅克：《学习方法及其在教育上的应用》，陈云清译，14页，太原，山西人民出版社，1981。

他们课下主动阅读的兴趣。

在利用课外资源开展语文课外活动时，要考虑其对课内语文教育的补充。要立足培养学生语文实践能力，有目的、有计划地设计和组织相关活动。语文课外活动要切合语文能力发展需要，有针对性，成为课内语文教学的有益补充与延续。比如，围绕课内习作训练，可以组织学生在课外开展各种创作活动，如编小报，组织文学社，编写墙报、黑板报等；针对听说训练，可以要求学生将课内所学向家人转述，以访谈形式从校外人士那里收集资料，在课外听记广播内容等，使学生在受到艺术的熏陶的同时提高口语交际能力。

加强课内外语文学习的整合，有赖于学校、家庭和社会三方合作。学校要在其中发挥引领作用，争取家庭和社会的大力支持。学校教师是利用家庭和社会资源开展丰富的课外语文学习活动的主要设计者，既要考虑到因地制宜，又要做到围绕课内语文学习的内容进行适当地拓展和延伸。

专栏 2-1：《课程标准》提出的教学实施建议：

教师应确立适应社会发展和学生需要的语文教育观念，注意吸收新知识，不断提高自身的综合素养。应认真钻研教材，正确理解、把握教材内容，创造性地使用教材；积极开发、合理利用课程资源，灵活运用多种教学策略和现代教育技术，努力探索网络环境下新的教学方式；精心设计和组织教学活动，重视启发式、讨论式教学，启迪学生智慧，提高语文教学质量。

第二节
小学语文教学设计

学习目标

掌握小学语文教学设计的基本内容和规范。

教学设计是教师在一定的教育思想的指导下，按照既定课程方案，针对具体的教学对象和教材，对教学的目的、内容、方式、程序等进行策划的过程。教学设计至少包含三个方面：第一，教学前端分析，主要是对教学背景、教科书的内容要求、学生的相关经验和能力基础等进行分析；第二，确立具体的教学目标和教学的重难点；第三，对教学环节、流程、组织形式、手段和方法、评价方式等具体做法提出设想。这一过程有助于教师真正做到有目的、有计划地开展教学工作。

从这个意义上，教学设计与常说的“备课”有所区别。虽然，一般说备课也包含“备教材”“备学生”“备教师”等内容，但备课的重点是如何把教科书中既定内容教给学生，以及如何为教学实施做好准备，比如制作教具、准备学习活动材料等。也就是说，备课主要涉及教学设计的第三个方面。

教学设计是一个系统工程，包含多个阶段和多个层次的规划，比如学年或学期规划、单元教学设计、课文教学设计、课时教学设计，以及某项课堂学习活动设计、作业设计，等等。每个层次的教学设计都包括确立教学目标、诊断学生学习起点、选择和组织教学资源、确定教学方法等具体内容。

目前，我国小学语文教学设计的基本依据是语文课程的性质、语文课程的学段目标和内容，以及经过国家审定通过的合乎规范的语文教科书。从某种意义上讲，整套教科书可以看作小学阶段语文教学整体设计的结果，每一册教科书都反映了相应学期的教学目标、教学内容，以及每项教学内容的基本活动方式。小学语文教学设计离不开对教科书的分析和把握。

一、教科书分析

教科书是语文课程内容的载体，是师生进行语文教学活动参照的依据和凭借的材料。经国家审定通过的语文教科书必定较好地体现了课程标准中关于各学段语文教学内容和要求的规定，一定程度反映了各年级各学期学生语文学习的普遍需求。教科书中的学习提示和练习系统还可以为教学活动的设计和实施提供依据。教师在语文教学设计时，必须认真分析教科书的内容和要求。

发挥教科书的重要作用并不是完全按照教科书来教，或者说只是简单地“教教材”，只考虑如何把教科书中的内容传递给学生。教科书毕竟只是若干种教学资源中的一种。语文教学需要体现“用教材教”的观念，即在正确领会教科书的教学意图的前提下，关注学生经验与教科书内容的联系，根据教学目标对教科书进行必要的选择和补充。

（一）不同类型的教科书选文具有不同的教学功能

王荣生教授通过对中外语文教科书选文的比较研究，总结出语文教科书选文的四种基本类型，分别是“定篇”“例文”“样本”和“用件”。①

---

① 王荣生：《语文科课程论基础》，370～377页，上海，上海教育出版社，2003。

“定篇”指民族和世界文学、文化的优秀经典篇目，这些作品无论是内容还是语言表达都是精品，其教学重点在于引导学生结合作家及作品创作背景，了解、领会、欣赏作品丰富和深刻的思想内涵，品味其语言组织和表达的精妙，并做适当的背诵和积累。

“例文”主要是能集中体现某种语文知识的文本，如反映某种文体的典型特征，或显示某种篇章结构的特点，或体现某种写作技巧、表达方式，等等。其教学重点是将学生的注意力引向文本所例证的语文知识。教学时往往需要联系其他几篇能体现同样知识的文本，引导学生通过比较，归纳和总结其共同样式或共通法则。

“样本”通常是学生正在读或将来要读和写的典型文本，其中不乏生活中可能遇到的“实物材料”，国外有的语文教科书里会出现电话本、广告、网页、家用电器说明书等。我国《课程标准》中关于小学高年级的阅读教学目标和内容就提到了“阅读简单的非连续文本，能从图文等组合材料中找出有价值的信息”。其教学重点是向学生示范读写的策略和方法，也就是用于教学生如何读以及怎样写。

“用件”类选文讲究实用，有的向学生直接传递语文知识和技能，有的为学生提供听说读写的议题或所需的素材，力求由文本内容引发学生思考和讨论，扩展和深化学生所要表达的内容。

四种选文类型是就语文教科书的编撰而言的，单独拿出一篇文本或许无法判断其选文类型。或者说，同一篇课文，可以处理成不同的选文类型。

以中学课文《阿Q正传》为例，它可以作为“定篇”处理，用一个单元来围绕这一名篇组织教学，力求使学生彻底领会课文的内涵；也可以作为“例文”，用于指导学生学习人物描写或小说结构等方面的知识；还可以作为现代小说阅读的“样本”，教学生相应的阅读理解和鉴赏方法；又可以当“用件”，即为学生分析和讨论“精神胜利法”、国人的“国民性”等提供资料。就某一次语言教学活动而言，最好只取其中一种类型来处理，使学生能明确学习的目标指向，就其中一点深入学习、有所收获，切不可眉毛胡子一把抓，以致贪多失大。

关于教科书选文类型的分析有助于增强语文教科书选文和编排的系统性，凸显教学目标和内容。对教师而言，需要考虑不同类型选文的功能，按照不同类型选文的特点对其承载的教学内容做适当取舍，同时增补相关的教学材料，采用与之相适宜的教学手段和方法组织教学活动。

（二）正确解读和合理使用教科书

叶圣陶先生曾说过“教材无非是例子”，他强调的是用教材里的课文教学生关于听说读写的规范和方法，力求使学生能够举一反三。教师只有准确把握教科书所承载的知识要点和语文方法，才能有效地利用教科书引导学生学习。

专栏 2-2：叶圣陶谈"教材无非是例子"①

我也曾经朦胧地想过，知识是教不尽的，工具拿在手里，必须不断地用心地使用才能练成熟练技能，语文教材无非是例子，凭这个例子要使学生能够举一而反三，练成阅读和作文的熟练技能；因此，教师就要朝着促使学生"反三"这个标的精要地"讲"，务必启发学生的能动性，引导他们尽可能自己去探索。

教科书分析需要有一种整体规划，尽管一位教师通常只担任某一个年级的语文教学，但是需要考虑整个小学阶段或至少考虑本学段的语文课程目标和内容，然后逐步分解至每个年级、每个学期，最终设计出每个单元、每节课的具体教学目标和内容。

具体到某一节课或某一篇课文，教师要认真研读，把握教科书内容和教学意图。特级教师于永正曾说，教师只有把教材把握好，才能和学生交流。备课时要对课文翻来覆去地诵读、默想，读出自己的理解、情感，读出文章的妙处。要从一个字、一个词、一个句子、一个段落，或者篇章结构、文章立意等方面读出自己的惊喜。只有这样才能充满自信地步入课堂。当教师自己读文遇到困惑时，还要与同事围绕课文展开对话，以期获得对课文的深入把握。

现行的统编版语文教科书主要采用人文主题与语文要素双线并进的编排方式。大部分单元有相对集中的学习主题，其中的课文、课后思考题、语文园地，以及部分口语交际和写作要求都会与单元主题相配合。教师要将单篇课文的分析置于单元整体教学的背景下，思考每一篇课文在本单元教学中的地位和作用。

教师还要围绕特定的语文要素，分析不同年级教科书中教学内容的纵横联系，通盘考虑某个主题所统辖的多项教学活动，让学生通过一项一项的语文实践活动逐步积累知识和提升能力。

教科书编写多考虑语文教学的普遍需求，语文教学实践却因学校所在区域、学生成长环境、教师个人特征等因素而千差万别。教师必须基于教科书，又要超越教科书，对教科书内容做必要的重组和增补。教师创造性使用语文教科书的依据包括学生的学习需求、学校和周边社会能够提供的辅助性资源、教师的特质等。

二、学情分析

教学要根据学生的已有经验和学习基础进行。小学语文教学设计要对照教科书提示的内容，对学生的相关经验和已有的学习基础进行分析。这一般称为学情分析或学情诊

---

① 叶圣陶：《叶圣陶教育文集》(第三卷)，204 页，北京，人民教育出版社，1994。

断。其结果可以直接决定教学的重点和难点。通常，对学生语文素养发展具有重要意义的内容是教学重点；在重点学习内容中，对学生而言挑战性比较大的内容则是教学难点。

学情分析包含对学生认知和情感发展一般特征的分析，更重要的是分析学生与本次教学目标和内容对应的知识经验，如就一篇课文的教学设计而言，其中呈现的生字，哪些对学生而言意思比较难理解，哪些字的字形容易与其他字混淆；课文的主题是学生熟悉的还是陌生的等。具体的学情分析可以从三个角度进行。

第一，相对于近期的语文教学目标，学生的现有知识、能力、认知策略、情感态度、价值观等与目标要求有多大距离。如果学生接近预期教学目标，则教学环节和时间安排可以紧凑一些；若学生距离教学目标太远，欠缺达成目标所必需的某些基本技能，那么可以单独安排一些教学时间，针对学生欠缺的技能组织专项教学活动，之后再按教科书要求进行其他教学。

第二，学生对教学内容的兴趣和态度，比如学生对课文故事中的人物和情节是否感兴趣，是否重视要学习的知识和技能等。如果学生爱学、想学，则教学设计可重点考虑教学内容和过程的组织；如果学生对要学习的内容缺乏兴趣，或者态度上不重视，那么教学设计要特别关注教学手段和方法的运用，思考如何吸引学生注意，激发其学习的主动性和积极性。

第三，学生的相关经验基础，主要是与课文内容和听说读写主题有关的个人经历和背景知识等。例如，学习描写自然风光的课文，如果学生去过文中所写的地方，那么理解课文内容就会比较容易；如果学生没有到过有类似景色的地方，可能需要教师借助图片或视频等，辅助他们理解课文描写的景象。

学情分析需要客观地了解学生的具体情况。教师可以对学生以往的课堂表现、作业或试卷进行分析，也可以围绕即将教学的内容与学生个别交谈或请学生填写调查问卷，还可以找几个学生试着做几道测试题。例如，在班里选几个有代表性的学生，既有成绩好的，也有学习有些困难的，请他们把课文生字表里的字读一读，这样就可以知道哪些字比较容易，哪些字比较难。随后的教学步骤安排中，容易的字可以减少用时，比较难的字则可以多设计一些教学活动，帮助学生克服难点。再如，面对一篇新课文，教师可以请几位同学试着读一读，谈一谈对课文主要内容的理解，以及从中感悟到的道理。这样，教师就可以了解学生在概括课文主要内容和把握文章主旨方面的大致情况，为后续的教学过程安排提供依据。

三、教学目标的确立

教学目标是教师在设计教学过程时所围绕的中心，是期望通过教学使学生获得的学习结果，也是学生的学习目标。教学目标对教学过程起着非常重要的导向作用。首先，教学目标对整个教学起着指导和制约的作用。教学内容的选择、教学时间和空间的安排、教学资源的选择和组织等，都要紧紧围绕教学目标而进行。其次，教学目标是教学效果评价的主要参照标准。教学活动是有目的、有计划地对学生进行指导的过程，师生共同活动是否取得了实际的效果，必须要参照预设的教学目标来判断。最后，教学目标可以指引学生完成规定的教学任务。国外有研究者通过对多项研究的综合分析，认为阅读教学中让学生了解教学目标，可以使学生学到更多与目标有关的材料。① 也就是说，明确而清晰的教学目标不仅有助于教师进行有针对性的教学，而且可以使学生更加清楚明白地完成学习任务。

（一）教学目标的分类

目前关于教学目标分类的最有影响的理论是以布卢姆（B. S. Bloom）为代表的教育目标分类理论。该理论将教学目标分为认知领域、情感领域、动作技能三个领域。②

认知领域的目标从低到高分为六级：①识记，主要指对具体事实、方法、过程、理论等的回忆。例如，正确认读和书写字词，背诵和默写课文或段落等。②领会，指能把握材料的意义，是一种比较初级的理解。表现形式有三种，一是转换，就是把学习内容换用其他方式进行表达，比如复述课文大意；二是解释，如说出一个词语的含义；三是推断，如根据课文内容对其中没有写出的事件经过进行“补白”。③运用，指能将习得的概念、规则、方法等应用于新的情境，如学习了“童话”这个概念，可以判断一篇文本的文体是不是童话，还能运用符合童话特点的策略来阅读童话作品。④分析，指既能理解材料的内容还能厘清材料的组织结构，例如，区分文章中哪些内容是作者的观点，哪些内容是事实，以及两者之间的关系；再如，厘清段落或篇章的写作思路和结构关系，如因果、插叙、总—分—总等。⑤评价，指能对材料做出价值判断。这是最高水平的认知学习结果。具体表现为能依据明确的标准，判断一部作品或一次语文实践活动表现好与不好，并清晰地阐明理由。⑥综合，指能在已有认知学习的基础上，产生新的模式或结构，如完成一篇内容独特的演说或文章等。

情感领域的目标从低到高分为五级：①接受，指学生愿意注意特殊的现象或刺激，最直接的表现就是按照教师的提示开展各项语文学习活动。②反应，表现为学生主动参与的行为，与人们通常说的“兴趣”类似，如学生自觉自愿地阅读课外书，并从中感到愉悦和满足。③形成价值观念，指学生将特定的现象或行为与一定的价值标准相联系，表现为对某种价值标准的接受、偏爱、遵从，与通常所说的“态度”类似。如学生对文辞优美的文学作品表现出偏爱和欣赏。④组织价值观，能对不同的价值标准进行

---

① 辛涛、黄高庆、伍新春：《小学语文教学心理学》，134页，北京，北京教育出版社，2001。

② 陈琦、刘儒德：《教育心理学》，378～381页，北京，高等教育出版社，2005。

分析、比较，发现不同价值标准间的相关性，能够按照自己确认的价值标准做出选择并说明理由。这是与人生观、世界观有关的教学目标。⑤价值与价值体系的性格化，指个人能长时期按照一定的价值体系控制自己的行为，形成能体现该价值体系的生活方式和性格特质，如一贯坚持良好的学习习惯，与人交往时始终保持对他人的尊重等。

动作技能的目标既包括体育技能，也包括书写技能、实验操作技能、演奏技能、绘画技能等，从低到高分为七级：①知觉，准确感知技能运用的情境和动作要领。②定向，在知觉基础上对做出某种反应在生理、心理上有所准备。③有指导的反应，按照一定的提示表现特定的行为，如模仿、尝试错误、看说明书做动作、听指令做动作等。④机械化动作，指学习者的简单动作反应已成习惯，如书写自如。⑤复杂的外显反应，指迅速、连续、轻松、精准地完成一整套动作。⑥适应，学生能在不断变化的情境中，修正自己的动作模式以满足具体情境的需要。⑦创新，创造新的动作模式以适应具体的情境。

根据语文课程的性质和特点，小学语文教学目标多集中于认知领域和情感领域。

(二)教学目标的表述

教学目标的表述可以反映教学目标是否清晰、明确。只有科学而准确地表述教学目标，才能对教和学发挥切实的指导作用。

首先，教学目标中的行为主体或者说表述的主语应该是学生。目标要表明的是，教学之后学生在认知、情感、动作技能等方面要有怎样的发展变化。过去的教学目标的表述常常有“培养学生……”“激发学生……”等，其行为主体是教师，主要说明教师要怎样，不能清楚地表明学生要怎样，这就不能算是教学目标。

其次，教学目标的陈述力求准确、具体，以可观测的行为表现来说明学生的预期学习结果。这主要体现在目标中的行为动词上。例如，按教育目标分类学，认知领域的目标中识记对应的行为动词可以是“背诵、朗读、配对、排序”等，领会对应的行为动词可以有“解释、概括、预测、推断、辨别、总结”等，分析对应的行为动词可以有“区分、说明、画图表示、列表说明、推理”等，综合对应的行为动词可以有“创作、发明、设计、制定”等，评价对应的行为动词可以有“论证、辩护、评价、说明”等。情感领域的目标对应的行为动词有“注意、遵守、拥护、参与、争论、赞同、反对、拒绝、主动”等。动作技能目标对应的行为动词有“模仿、演示”等，以及一些对动作的限定性描述，如“准确地、熟练地、快速地、流畅地”等。

最后，教学目标里的预期学习结果要有一定的层次性，说明学生的行为结果在什么条件下产生，要达到怎样的水平。例如，40 分钟内写出一篇不少于 400 字的文章，内容紧扣××主题，语言通顺；按课文中的故事线索，创作合理而有创造性的结局；认读教科书“识字表”中的生字，正确率在 90%以上；在文中找出比喻句，不少于 5 句；

等等。在班级授课制的背景下，教学目标需要说明取得预期学习结果的学生范围，是全班每一位学生都有某种表现，还是大部分学生有所表现；不同的学生群体是否有不同层次不同水平的表现，等等。

四、教学过程的规划

在确立教学目标和重、难点内容后，教师要考虑学生需要经历怎样的学习过程才能逐步达到目标，而后据此设置合理的教学环节，开发和利用相应的教学资源，选用恰当的教学方法。

(一)教学环节的设置

一般情况下，小学一节课约40分钟，大致的环节有导入、新授课、练习、总结、布置作业等。导入环节可以是回顾之前所学，也可以是围绕本课主题回忆和讲述相关的生活经验。新授课是一堂课的主体部分，占用的时间是各环节中最多的，需要教师对教师和学生的具体活动进行设计。常见的活动形式是教师提问、讲授与学生自主阅读、独立思考、小组讨论、展示交流相结合。教学设计时，需要对每一项活动的内容和形式，以及教师的指导要点提出设想。练习多表现为写字、字词句训练、分组演练口语交际、独自写作等。总结和布置作业环节占用时间不多。总结是在课程快要结束时，请学生回顾课堂上的主要收获等。

教学环节的设置要符合学生学习的认知心理，还要关照学生学习感受。相对而言，口语交际和写作的教学线索比较清楚，基本上可以按照感受情境和任务要求、观摩范例、自主练习、交流反馈、修改调整等环节来组织教学。识字教学看似简单，要么一个字一个字地认读、解释字义、尝试运用，要么先集中认读字音，再逐个分析字义和尝试运用。但过于简单和单调的教学方式容易让学生感觉枯燥、产生厌烦心理。因此，以识字为主的课堂教学要特别关注学生的心理体验，可以按照字形特点或者生字的不同难度，分类组合，把识字、写字、字词运用的口语表达等活动穿插组合。集中一段时间学习一组字词后，转换到其他学习内容，通过变化来引起学生的注意，调节他们的学习状态。阅读教学往往承载着多方面的学习内容，包括字词理解与积累、文章内容和主旨的把握、读写策略的学习等。以课文教学为主的语文课堂不宜完全依照课文的段落层次来设置教学环节，要按照教学内容的不同侧重点分出几个教学板块，按照板块来设计教学环节。每个环节着力完成某一方面的教学任务，体现学习的整体性。之后再过渡到其他方面的教学任务。

随着课程教学改革的深化，一些学校对课时的安排越来越灵活。例如，有的学校为了帮助一年级新生顺利完成幼小过渡，每节课的时长略有缩减；有的学校根据不同科目的情况，采取“长短课”的安排方式。语文课往往安排为1小时左右的“长课”，使师生能够围绕某项复杂的学习内容持续地探究和讨论，在相对集中的时间内经历完整的学习历程。可见，固定的教学时长对教学环节设计有一定的制约，但也可以在教学有实际需求的时候略做调整。

(二)教学资源的开发和利用

小学语文教学可以利用的资源非常广泛，与听说读写的情境或内容主题相关的一切自然资源、社会资源、人文资源都可以开掘为语文课程资源。具体包括教科书、教学挂图、工具书、其他图书、报刊、影视剧等各种教学媒介，图书馆、博物馆、展览馆等各种社会场馆，布告、商标、广告等各种语用实例，还有反映地方文化的传说、风俗、方言，国内外的重要事件，等等。语文教学可以充分利用这些现成的教学资源，引导学生去观察、阅读、聆听，或者借助各种平台发表自己的作品，并与他人交流。同时，教师还要有资源意识，平时注意收集有关的教学资源，以便在需要时能够及时获取。例如，近些年，绘本得到大家关注，不少教师尝试将绘本引入语文课堂，或作为阅读教学的拓展材料，或作为口语或书面语表达的素材。当然，绘本的使用必须与特定的教材内容和教学目标相匹配，这就需要教师在平时阅读绘本时，留意分析其内容主旨和表现手法，以便在教学需要时能想到适合的绘本。

在现有资源不能满足教学需要的情况下，教师需要发挥创造性，独立或与其他教师合作开发新的教学资源，包括板书、幻灯片、教学挂图、教具、阅读材料等。目前，板书基本上是语文教学必不可少的一种媒介形式。教师要借助板书列举学习要点、提示学习过程、引发学生思考。语文课的板书通常是关键词句、示意图与表格结合的方式，低年级往往还会配合使用彩色的贴图。随着现代信息技术的发展，很多小学语文教学资源已经实现了网络化。这种信息共享模式使教师可以很便捷地通过网络收集语文教学资源。教师需要运用自己的专业知识，对良莠不齐的资源进行筛选，并根据自己和学生的实际情况在已有资源基础上进行适当调整。

(三)教学方式方法的选用

教学方式一般指教学组织形式，分为集体教学、分组教学、个别教学等。集体教学是教师组织全班学生一起学习，如教师向全班同学讲解、演示、布置任务，学生听讲、观摩演示、完成任务，以及教师提问，逐个请学生回答，等等。分组教学主要表现为将全班学生分成若干小组，组内的同学交流合作，教师对各个小组进行指导。分组方式有很多种，可以是邻桌同学一组，可以随时分享和交流；也可以是将能力水平相近的同学组成同质小组，教师根据各组情况分别布置适合其学习水平的任务；还可以是合作学习小组，每组都包括学习水平不同的学生，组内异质、组间同质，教师给各组布置需要合作完成的学习任务。个别教学主要表现为教师根据每个学生的特点给予一对一的指导。在普通学校系统内，个别教学主要用于满足学生的个性化学习和发展需求，往往在有特别需求的时候采用。

目前倡导自主、合作、探究的学习方式，比较重视分组教学。这也符合语文课程实践性的特点。集体教学方式下，一节课只有一部分学生有机会发言或展示。如果采用分组学习的方式，多个学生可以同时在小组内发表意见、练习朗读，或分享习作，课堂参与面增大，学生有更多机会在语文课堂进行语言文字运用的实践活动。同时，学生在小组内的讨论往往比集体教学中要轻松自如，充分的交流可以激发思考，相互启发。小学语文教学要将集体教学与分组教学结合。教师对小组活动的指导主要表现在三个方面，一是布置恰当的讨论议题或合作学习任务；二是深入各小组观察讨论进程，在学生讨论“跑题”时及时提醒，帮助学生聚焦于重点任务；三是对学生提出的疑难问题及时做出解答。

教学方法是达成教学目标的方式和手段。教学方法一般分为三类，一是以语言传递为主的方法，如讲授法、谈话法等；二是以直接感知为主的方法，如演示法、参观法等；三是以学生实践为主的方法，如自学法、练习法、发现法等。这些具体的教学方法各有其作用，很难区分孰优孰劣，但若相对于某个教学单元或某项学习内容而言，则教学方法的选用根据其达成教学目标的程度可以有高下之分。教师需要根据具体的教学内容、学生基础、教学资源等灵活选用教学方法。（参见表 2-1、表 2-2）

表 2-1　小学语文单元教学设计模板示例

<table>
<tr><td colspan="4">第一部分：基本信息</td></tr>
<tr><td>姓名</td><td></td><td>学校</td><td></td></tr>
<tr><td>学科</td><td></td><td>联系电话及邮箱</td><td></td></tr>
<tr><td>年级</td><td></td><td>单元</td><td></td></tr>
<tr><td colspan="4">第二部分：单元教学设计</td></tr>
<tr><td>单元学习主题</td><td colspan="3"></td></tr>
<tr><td colspan="4">1. 单元内容分析</td></tr>
<tr><td colspan="4"></td></tr>
<tr><td colspan="4">2. 学习者分析</td></tr>
<tr><td colspan="4"></td></tr>
<tr><td colspan="4">3. 单元教学目标(含重、难点)</td></tr>
<tr><td colspan="4">教学目标：
教学重点：
教学难点：</td></tr>
<tr><td colspan="4">4. 单元整体教学思路(附教学结构图)</td></tr>
<tr><td colspan="4"></td></tr>
</table>

表 2-2 小学语文课时教学设计模板示例

<table>
<tr><td colspan="4">第一部分：基本信息</td></tr>
<tr><td>姓名</td><td></td><td>学校</td><td></td></tr>
<tr><td>学科</td><td></td><td>联系电话及邮箱</td><td></td></tr>
<tr><td>年级</td><td></td><td>单元</td><td></td></tr>
<tr><td colspan="4">第二部分：单元教学内容分析</td></tr>
<tr><td>单元学习主题</td><td colspan="3"></td></tr>
<tr><td colspan="4">单元整体教学思路(附教学结构图)</td></tr>
<tr><td colspan="4"></td></tr>
<tr><td colspan="4">第三部分：课时教学设计</td></tr>
<tr><td>课题(第几课时)</td><td colspan="3"></td></tr>
<tr><td colspan="4">1. 指导思想与理论依据</td></tr>
<tr><td colspan="4"></td></tr>
<tr><td colspan="4">2. 教学内容分析</td></tr>
<tr><td colspan="4"></td></tr>
<tr><td colspan="4">3. 学习者分析</td></tr>
<tr><td colspan="4"></td></tr>
<tr><td colspan="4">4. 教学目标</td></tr>
<tr><td colspan="4">教学目标：
教学重点：
教学难点：</td></tr>
<tr><td colspan="4">5. 教学流程</td></tr>
<tr><td colspan="4">(可以附教学流程图)</td></tr>
<tr><td colspan="4">6. 教学过程</td></tr>
<tr><td colspan="4">教师活动：
学生活动：
设计意图：</td></tr>
<tr><td colspan="4">7. 板书</td></tr>
<tr><td colspan="4"></td></tr>
<tr><td colspan="4">8. 教学效果评价(教学过程中如何评价教学效果)</td></tr>
<tr><td colspan="4"></td></tr>
</table>

第三节
小学语文教学方法

学习目标

理解小学语文知识教学、能力培养、情感价值引导的主要方法。

上一节提到，小学语文教学方法的选用要与具体的教学目标和内容相配合。这一节将从语文知识的教学、语文能力的培养、情感态度和价值观的引导三方面分别谈谈相应的教学方法。

一、语文知识的教学

当代认知心理学研究认为，“知识是人对事物属性与联系的能动的反映，是通过人与客观事物的相互作用而形成的”①。根据知识的表现方式，可以将其分为陈述性知识和程序性知识。

(一)陈述性知识的教学

陈述性知识也可称为语义知识，通常是关于“是什么”和“什么样”的知识，包括符号表征学习、概念学习、命题学习的内容。具体表现为建立符号与事物的对应关系，掌握同类事物的关键特征，了解事物之间的关系等。如语文教学中学习词语或文章的具体意思，某种文章体裁的关键特征，不同表达方式的区别，文章创作背景与文章主题的联系，等等。陈述性知识的教学目标接近布卢姆提出的认知领域的回忆和领会目标。

陈述性知识的教学关键在于精选例证，而且是多个例证。有些是正例，能集中体现要教的概念的关键属性，另一些是可用作对比的反例。教学中，通过对多个例证的系统组织，可以引导学生从正例中概括出概念内涵，并借由与反例的对比区分本质特征与非本质特征。例如，学习比喻的修辞手法，可以先提供几个比喻句的示例，请学生概括其共同特点。有的学生会认为只要句子里有“像”或“好像”这样的词就是比喻句。教师可以出示“……好像表示感激”或“像您这样的高个……”等句子，请学生将这些具

① 陈琦、刘儒德：《教育心理学》，232页，北京，高等教育出版社，2005。

体语句与典型的比喻句进行对比，进而更清楚地理解比喻的含义。

学生初步掌握单个概念后，教师要引导学生将相关的概念建立联系，形成一定的知识网络，并引导学生在各种问题情境中应用概念解决问题。还是以比喻这种修辞方法为例，其教学目标绝不是仅仅让学生知道某个句子是不是比喻句，教师还需要引导学生联系一定的语境，体会比喻作为一种修辞手法的表达意图和表达效果。教师还可以指导学生尝试说出或写出比喻句，巩固学生对比喻这种修辞手法的理解。当学生已经学会多个概念后，可以引导学生绘制概念关系图，使概念及其相互关系“视觉化”，便于学生形成比较全面的知识网络。

(二)程序性知识的教学

程序性知识是关于“做什么”和“如何做”的知识。程序性知识体现在具体的活动中，只有通过个体的活动才能判断其是否具备程序性知识。程序性知识又可以分为两类。一类是关于如何做的动作序列性的知识，比如要完成一篇读书报告需要采取哪些行动，要按照怎样的步骤实施这些行动等，相当于加涅提出的“认知策略”类的学习结果；另一类是用于确定何时和为何要应用某种程序的知识，也被称为条件性知识，比如这次读书报告的具体要求是什么，可以用多少时间来准备，是否还需要查阅其他资料才能完成读书报告等。

程序性知识的教学相当于布卢姆提出的技能领域的教学，以及课程标准提出的过程与方法维度的教学。就语文教学而言，包括识字方法、阅读策略、口语交际规则，以及观察方法、记忆方法等多项内容。

程序性知识的教学通常以对动作序列或条件性知识的陈述性描述，以及对动作序列的示范开始。这一步力求向学生展示某个动作序列完整的、精细的操作过程。在学生对操作要领有所了解后，要给学生提供大量练习的机会，在练习的过程中给予指导，并就学生执行动作序列的表现进行总结和评论。例如，关于阅读策略的有效教学过程可以是：先向学生讲解关于策略的三方面信息，一是策略的含义、特征、作用，二是用该策略的具体做法，三是何时何地运用以及如何评价运用效果；接着由教师示范运用策略的过程，特别是展示阅读过程中的思维推理过程和自我监察过程；之后再辅导学生正确运用阅读策略，给学生练习的机会，根据学生的表现给予适当的反馈，逐渐使学生熟练地掌握策略。①

关于各种听说读写方法的教学要特别注意这些方法的适用条件。因为没有哪种方法是万能的。例如，记住字形的方法可以有很多，如数笔画、分析字形结构，熟字加或减笔画、换偏旁，根据字形编故事，等等，但并非每一个字的记忆都要用上这几种

① 辛涛、黄高庆、伍新春：《小学语文教学心理学》，327页，北京，北京教育出版社，2001。

方法。最关键的是根据某个生字的结构特点和学生关于该生字的相关经验选用合适的方法。

在实际的学习和解决问题的活动中，程序性知识和陈述性知识是相互联系的。陈述性知识可以为执行某个实际操作程序提供必要的信息资料，因而陈述性知识常常是学习程序性知识的基础。例如，写作教学不仅要教学生如何审题、立意、选材、组材，还要教学生有关文章体裁、篇章结构、表达方式、写作意图等方面的具体知识，指导学生根据写作任务的具体要求运用这些知识完成写作。

二、语文能力的培养

语文能力是完成语文活动所必需的能力，可以分为一般能力和特殊能力。前者是多种活动都需要的能力，包括观察力、注意力、记忆力、想象力、创造力等。语文领域的特殊能力主要有识字能力、写字能力、听话能力、说话能力、阅读能力、写作能力等。① 语文能力的提升要在语文实践活动中实现，且需要教师的指导。

(一)组织多种形式的语文实践活动

所谓语文实践活动，主要是运用语言文字和运用语文知识的各项活动。最主要的活动形式是创设真正需要运用语言进行交际的情境，如日常会话、围绕现实问题开讨论会、为学校广播站写稿、给朋友或家人写信、为解决实际问题查阅资料、给相关部门写建议信，以及参加戏剧表演、朗诵比赛等。这些活动对学生的一般认知过程和语文实践方式提出具体的要求并提供方法上的指导，如要求学生为积累写作素材而留心观察，读书时随时记录和记忆好词好句，在写作中有意识地回忆和利用新学的词语或句式等。

以灵活运用为主要目标的语文训练是培养学生语文能力的有效办法。训练意味着教导与练习，或者说有指导性地多次操作和反复练习。训练的目的是使学生熟练掌握一定的技能，并在此基础上形成一定的能力。语文训练的方式有很多，比如请学生将语文符号与相应的实物及图画、音乐等其他符号系统进行匹配和相互转换。教师可以让学生根据语言文字找出对应的实物、图片、声音，甚至画出相应的图画；或者让学生观察实物、图画、视频或听过音乐之后再说出或写出所看、所听及所感，加深学生对词语及其含义的印象。

尽管“练”的含义是反复操作，但绝不是简单机械地重复。有效的训练应当使学生通过不同的过程和方法实现对某项语文学习内容的多次感知、思考和操作。即便是以

① 朱作仁：《小学语文教学法原理》，97～119页，上海，华东师范大学出版社，1988。

记忆生字词为目标的训练也不能简单地读、背或抄写，而要让学生通过在不同的情境中运用这些字词来巩固其学习，使学生有机会重复抄写和运用同一批生词，但每一次抄写的任务情境却有差异，这样学生就不容易产生厌烦心理。①

语文实践活动可以表现为日积月累式的短小活动。这些活动可以每周进行，每天进行，也可以在每节语文课上进行，多采用学生轮流的组织方式，确保每个学生都有练习的机会。例如，法国一些小学每天早晨都给学生练习口语交际的机会：一年级每天早晨"一句话新闻"，2～3 年级"三分钟讲演"，4～5 年级"五分钟讲演"或辩论。教师会提前给学生一些提示，引导他们事先进行相应的准备，如收听广播或看电视准备新闻内容，学生在教师提供的演讲题目中选择并准备相应的材料，等等。② 我国也有一些类似的语文常规活动。例如，每次语文课上的"课前五分钟"，学生轮流讲故事、说笑话、报道新闻、介绍图书等。又如，学生课下收集成语、格言警句等，每天轮流在黑板上写一条，其他同学抄录、记忆。再如，低年级识字教学中，让学生轮流当小老师，向全班同学汇报自己在课外学会认读的生字，并指导其他同学一起学习。这些主要以学生轮流展示的方式进行的常规训练，可以保证每个学生都有面向众人发言的机会，不仅对提高口语表达能力有帮助，而且对增强当众发言的信心也有益处。

(二)以合理有序的提问引导学生思考和创造

学习往往需要一定的过程，有一定的心理逻辑。语文课堂提问要针对教学的重点内容，通过彼此联系的一系列提问引导学生层层深入地思考，由此培养学生的思考力。

提问的设计可以根据不同课型来进行。新授课时，提问可以指向对新知识的感知和推断，比如呈现要学习的生字词、句式、读书策略、写作方法等，请学生思考"这些材料有什么特点？""它们与以前学过的哪些内容有联系？"

在练习或习作评改时，在学生按要求完成一定的学习任务后，教师展示比较有代表性的练习成果，引导学生互相欣赏和评议，如"你最喜欢哪一点？""有什么疑问？"可以提什么建议？"教师还可以针对小作者提问，引导其对自己完成任务的过程进行反省，如"你在写的时候参考了什么材料？"你是怎样得出结论的？"

美国学者提出了一种教学策略，叫作"为理解而提问：让学生开动脑筋"。这种教学策略由一系列提问组成，这些提问要将学生的注意力和思维引向课程所要求的学习内容。依据学生回答问题所需要认知的操作，可以将提问分为七种类型：①观察型提问，如"你在作品里发现了什么？"②回忆型提问，如"这篇课文让你联想到了以前我们学过的哪篇文章？"或"谈到这个角色，你想到了什么？"③比较型提问，如"这几个字有

---

① 易进：《漫谈语文训练——国外母语教学给我们的启示》，载《小学语文》，2009(6).

② 杨跃：《法国小学教育考察》，南京，南京师范大学出版社，1999.

什么共同的地方?”④对照型提问，侧重在对比中区分事物的差异，如“这两篇文章都是在写月亮，它们的差别是什么?”⑤分组型提问，主要是分类，如“这些字可以分为几组? 为什么?”⑥命名型提问，如“这个单元的课文和大家很熟悉的白雪公主、灰姑娘的故事有一些共同的地方。这类作品可以用哪个词来概括?”⑦归类型提问，如“这个字是不是形声字?”①

在提问的表述上，尽量减少“是不是”“好不好”“对吗?”等封闭型的提问。这样的提问在一些引导注意或表示过渡的环节少量采用，还是有一定的作用的，但不能无意识地用得过多。陈述的时候最好能对学生寻找和表述答案的思路做出明确的提示。

语文教学还应当对学生进行提问方法的指导。教师在向学生提问时，不仅可以通过问题激发学生思考，而且向学生示范了提问的角度。因此，教师可以适当提示学生，注意教师对已学过的同类文章提出了哪些问题，分别从什么角度提问题，从而使学生学会提问的方法。有时候，教师也可以通过一些铺垫，引导学生发现文本的“可疑”之处，提出比较深刻的问题。

对于学生已经回答了的问题，教师也可以通过追问，请学生回顾寻找答案的过程，这样不仅可以帮助回答问题的学生厘清思路，而且可以向其他同学揭示思考的过程和方法。例如：“你是怎样知道……”“你刚才说……，有什么例子可以证明这一点?”“为什么这句话比那句话好?”

为了培养学生思维的发散性和独创性，教师需要创设宽松自由的氛围，提出开放性的问题，也就是没有固定答案的问题，鼓励学生从多种角度进行思考，提出与他人不一样的答案，如“谁的观点和他们的不一样?”“谁还有新的想法?”对学生在这些问题情境中的回答，教师要给予宽容和尊重的态度，不能简单地判断对错。

三、情感态度和价值观的引导

语文教学的情感态度和价值观目标有两个层面，一个层面指向与语言文字及其学习、运用有关的态度倾向，如是否喜欢语文课，能否自觉自愿地多读多写，在语言交往过程中能否做到尊重他人，能否对自己说的话、写的文负责，等等。另一个层面指向普遍的人生态度和价值观念，通常与听说读写的实际内容有关，如是否接受、认同、遵从课文所体现的道德规范、友好行为方式等。

这一维度的目标达成往往需要较长时间的熏陶、感染，最终内化为良好的学习习

---

① 英文为 Questioning for Understanding: Empowering Student Thinking，简称 Qu: Est。参见[美]Marylou Dantonio，Paul C. Beisenherz:《课堂提问的艺术——发展教师的有效提问技能》，宋玲译，北京，中国轻工业出版社，2006.

惯，养成积极的生活态度。

首先，语文教学应营造宽松的课堂氛围，通过丰富多样、生动有趣的活动形式，以及以肯定和赞赏为主的反馈来保护和培养学生对语文学习的兴趣。

其次，在语文实践活动中，引导学生感受尊重、合作等态度和行为对人际交往的重要意义，同时创设相应的活动情境，使学生有机会尝试和展现相应的态度和行为，经过长期演练形成习惯和积极的态度倾向。

最后，围绕听说读写材料所蕴含的价值标准，联系学生生活中或不同文本中的多个事例，其中包括一些与特定价值标准有冲突的事例，引导学生对这些事例进行分析、比较、评论，并与教师或同学一起交流和讨论，将来自不同视角的观点进行整合。教师还可以创设一些需要做出价值选择的问题情境，请学生做出判断并阐述理由。

总之，教学方法的选用要综合考虑具体的教学目标、教学内容、学生情况、教师风格等，并依据实际情况恰当组合。

第四节 小学语文教学模式

学习目标

了解几种主要的小学语文教学模式。

教学模式是反映特定教学理论的模式化的教学活动结构，具体表现为教学内容的组织安排，教学组织形式和教学策略的选用等。小学语文教学模式是设计、组织、调控小学语文教学活动的一整套语文教学方法体系，有一定的教学理论依据和一套基本操作程序。[①] 建构教学模式的研究对于将先进的教学理论转化为实践有重要意义。很多教学理论研究者和有经验的一线教师致力于这方面的探索，且取得了一些有益的研究成果。下面介绍几种比较系统而有影响力的小学语文教学模式。

一、情境教学模式

情境教学模式的创始人是江苏省南通师范学校第二附属小学李吉林老师。这一教

① 刘济远主编：《小学语文教学策略》，228页，北京，北京师范大学出版社，2010。

学模式强调在教学过程中创设或选择富有美感的教学情境，激发学生的积极情感体验，促使学生带着情感色彩去观察、体验客观情境，在情感驱动下展开积极的思维和想象，激发表达动机。

情境教学法的核心在于激发学生的情感。在教学过程中，教师有目的地引入或创设具有一定情绪色彩的、以形象为主体的生动具体的场景(即情境)，以引起学生的情感共鸣，从而帮助学生理解课文，并使学生的心理机能得到发展。这些场景包括榜样示范、生动形象的语言描绘、课内游戏、角色扮演、诗歌朗诵、绘画、体操、音乐欣赏、旅游观光等。情境教学法寓教学内容于具体形象的情境中，具有潜移默化的作用。

语文教学中进行情境创设有六个途径，即以生活展现情境、以实物演示情境、以图画再现情境、以音乐渲染情境、以表演体会情境、以语言描绘情境。创设情境的具体方法有情感驱动法、角色扮演法、心理暗示法、启发想象法、实践应用法等。比如，在写景单元综合课《我们去寻找美》一课教学时，李吉林老师启发学生扮演小作家，在旅行的情境中到大自然中去寻找美。

> 现在李老师让小朋友来当小作家，好吗？谁愿意当《雨》的作者？谁愿意当《瑞雪》的作者？或《冬天》《外婆家》的作者？
>
> 启发：好，现在你们是小作家了。
>
> 让我们这些小作家，组成一支旅行队，李老师和你们一起到大自然中，到生活中去寻找美吧。①

情境教学要求教师先对拟教的内容有深入理解和准确感悟，这样才能创设出与教学目标内容契合的情境。例如，在阅读教学中，教师要先解读课文，分析判断课文的情感基调是欢快还是悲伤，是雄壮还是轻柔；作者的态度是喜爱还是憎恶；写作风格是幽默还是严肃等。进而创建并渲染与课文相应的情境，使整个课堂形成相应的氛围。教师自己在教学中需要投入情感，带领学生进入情境。师生共同进入某一情境，有利于师生之间的情感沟通，使学习成为自在的愉快的情感交流活动。

在情境教学法的基础上，李吉林老师进一步将情境学习的思想拓展到课程设计与开发领域，独树一帜地构建了情境课程网络，形成了情境教育的思想体系。

二、创造性教学模式

创造性教学模式是上海师范大学教育科学研究所研究人员与上海市实验学校及上

---

① 李吉林：《李吉林文集(卷七)：我们去寻找美》，141页，北京，人民教育出版社，2006。

海市实验小学合作探索建构的。这是一套以培养学生创造性为主要目标的教学模式。①其基本特点是，充分体现学生在教学中的主体地位，强调平等合作的师生关系；教学过程注重引导学生学会学习；重视学生创造性思维训练，鼓励学生多角度、多方向、新颖独特地提出问题和解决问题；着力激发学生学习的内在动机，通过教学培养学生的良好品质。

这一教学模式由相互联系和相互渗透的五个子模式组成，分别适用于不同的语文教学目标和内容。

一是讲授—接受式，通过少而精的讲授，使学生在有限的时间内掌握大量知识。要求教师抓住重点内容，联系学生的已有经验，设计清晰的教学思路，以有趣味性的方式进行讲授，引导学生进行有意义的接受学习。讲授之后要及时进行相应的巩固练习。

二是示范—模仿式，主要针对技能培养目标，如汉字书写、人物描写、口语表达技巧等。一般教学程序是先“定向”，引导学生感知和注意范例，并结合语言讲解使学生关注操作要领；接着是参与性练习，指导学生尝试参照范例来仿写、仿说，教师巡视了解学生练习情况，随机进行讲评或组织学生互评，以对学生的尝试过程给予针对性的反馈；之后是学生的自主性练习，给学生独立练习的任务，如根据前一阶段的讲评修改作文，或者在新的情境中练习写作、口语表达等。

三是指导—自学式，适用于学生已有一定的基础的知识学习，表现为学生在教师指导下通过自学、深入钻研教材来掌握知识。其基本教学流程是，先由教师给出自学提示，如思考题、任务要求、活动的步骤和方法等；接着给学生充足的时间，让他们依据提示独自或与同伴合作进行自学，如了解课文主要内容、完成习题、提出疑问、互相讨论等；然后教师针对学生自学过程中表现出的问题或自学未能解决的疑难进行精讲，重点提示读写策略和学习方法，鼓励学生大胆思考，尝试从不同角度理解和评议自学内容；最后通过需要发挥想象力和创造力的活动引导学生运用所学进行演练，如基于对课文内容的理解绘制内容大纲或进行课本剧表演，运用所学方法学习新内容等。

四是提问—讨论式，着眼于通过有效的问题激发和引导学生讨论，训练学生的口语交际能力，培养学生的发散性思维和批判性思维。讨论准备阶段教师要精选能激起不同意见的话题，引导学生提前查阅与话题有关的背景资料，为讨论做好经验上的准备，同时根据话题和学生情况对人员分组和讨论规则进行设计。课堂上，教师创设具有吸引力的问题情境，唤起学生与话题有关的已有知识经验，诱发不同见解，激起学生讨论和争辩的欲望。在学生讨论过程中，鼓励学生从不同的角度看问题，畅所欲言，

① 夏慧贤：《当代中小学教学模式研究》，217～258页，南宁，广西教育出版社，2001。

互相倾听，共同探寻解决问题的办法。讨论结束后，教师针对讨论的过程和结论进行总结和评议。

五是引导—探究式，以问题解决为中心，关注学生对知识的发现过程，注重培养学生的独立思考能力和创造能力。其一般程序是提出问题、分析问题、创造性地解决问题。第一步可由课文内容引导学生提出想进一步探究的问题。第二步指导学生围绕所提出的问题查找、收集、分析、整理相关资料。这一步教师为学生探究提供线索，如通过什么途径、收集哪些方面的资料，如何对资料进行分类整理等。第三步指导学生基于所查阅的资料深入思考，找到问题的答案，形成探究结论，并就整个探究过程和结果撰写报告并做展示交流。

具体到一堂课或一个单元的教学，可以根据实际情况将几个子模式综合运用，其最终目的是使学生由“学会”到“会学”，而教师则从“教授”达到“引领”。

三、读写结合教学模式

读写结合教学模式的代表是广东省潮州市浮洋镇六联小学的丁有宽老师。丁老师认为，语文课应该把规律性、方法性的东西教给学生，待学生掌握一定的读写方法之后才有可能进一步发展到“文无定法”的境界。①

丁有宽老师根据长期实践归纳出若干读写对应规律和从读学写的教学序列。一年级侧重时间、地点、人物、事件四要素俱全的句子，先学读再学写；二年级侧重九种句群，群内句子之间的关系分别为连续、递进、概括与具体、总分、并列、主从、点面、因果、转折；三年级侧重八种构段法，构段方式分别为承接、先概括后具体或相反、先总述后分述或相反、并列、先点后面或相反、先记叙后抒情或相反、主从、先因后果或相反；四年级侧重篇章结构如开头、结尾、谋篇，事件起因、经过、结果，以及记事、写景状物、写人等不同题材；五年级和六年级侧重综合提高，引导学生自学自得、自作自改。读写结合的具体教学流程可以先读后写再评改，也可以由尝试写开始而后读文和评改，还可以是读后再写—评后再读—最后修改。

读写结合可以采取单元分组导练的方式。第一步是引导学生自学读写提示，了解本单元要学习的读写方法。第二步是本单元的精读课文教学，要求一文一重点，每次针对某一个方面的读写知识内容组织教学，力求做到重点部分当堂“五会”，即会理解、会品评、会复述、会背诵、会仿作或积累。第三步是本单元的略读课文教学，引导学生尝试运用精读教学中学到的读写方法，自主练习。第四步是本单元自读课文教学，让学生通过自读发现问题、分析问题、解决问题。第五步是布置综合性的练习，强化

① 刘济远主编：《小学语文教学策略》，238～242页，北京，北京师范大学出版社，2010。

学生对读写方法的掌握和运用。第六步是引导学生运用所学方法开展课外活动，这些活动多由学生自己制订活动计划，自己组织活动。

为了使学生掌握读写规律和方法，丁有宽老师对典范性的课文采取一文多次教多次练的方式，针对课文的不同教学重点，每一次集中突破一个重点，最终使学生全面领会和掌握课文。待学生形成一定自学能力之后，教师采用一篇带几篇的组文教学法，把读与写、小作文与大作文紧密结合。

四、主题教学模式

主题教学模式的代表是清华大学附属小学窦桂梅老师。这一教学模式注重充分发掘语文教学内容的教育教学价值，引导儿童在理解与运用语言文字的同时生成主题，再围绕主题整合教学资源，通过综合性的活动促进儿童语言发展、思维提升、精神丰富，从而提升整体语文素养。

主题的来源包括生活切入和文本探究，从儿童自身特点和学习现状、课程单元及教科书出发，提炼与个体生命体验有关的具有人生意义的主题词，如诚信、家乡、邮票、朋友、自然、同情、希望、空间等。生成主题之后，由单个文本扩展到一类文本，多篇对比，从不同侧面分析，形成对一个主题的深入理解和感悟。用主题单元取代知识体系单元，使得教学内容容量大、密度高、综合性强。

针对不同文章体裁和题材，主题教学有不同的处理方式。有的文本侧重情感态度和价值观主题，如教学《秋天的怀念》，从中提取主题语为“好好儿活”，联系《我与地坛》《合欢树》等其他文本，引发学生深入思考“珍惜生命”这一主题。有的文本用于提升学生的思维品质，如教《游园不值》一课，将其中的“不值”与《雪夜访戴不遇》的“不遇”对比，引导学生体味“不遇中有遇”的主题。有的文本作为某一体例的文本代表，如教《村居》一课，侧重经典诵读指导，由诗词吟诵体味“自然”等主题，带动相同主题的其他诗词的诵读教学。再如整本书阅读，由《三打白骨精》导读《西游记》，由《丑小鸭》导读《安徒生童话》等。

在这种“主题—整合”的单元教学中，学生首先概览整组文章，整体感悟主题；然后在精读一篇的过程中带动多篇略读，通过比较深入体验主题；之后补充同主题的其他相关读物，丰富学生对主题的理解；最后围绕主题进行诗词歌赋积累、跨学科学习和综合实践活动，使学生在实践中深悟、践行主题。单元主题整合使原来一篇一篇逐一进行的单篇学习得到整合，同一主题的多篇文章之间建立了联系，避免了知识的碎片化，使学生可以对主题进行多元建构。①

---

① 窦桂梅：《小学语文主题教学实践研究》，载《课程·教材·教法》，2014，34(8)。

上述几种教学模式的共同之处在于都以全面提升学生的语文素养为目标，都注重发挥学生在语文学习中的主体作用。但其理论基础、研究重心、操作流程则各有侧重、各具特色。情境教学模式关注学生在学习过程中的情绪状态和情感体验，特别注重以生动活泼、直观有趣的教学方式促进学生理解和表达。创造性教学模式着重指向培养学生的创造性，充分考虑语文教学内容和学习活动方式的多样性，根据不同类型的教学目标和情境建构不同的活动流程。读写结合教学模式基于对语文学习内容，特别是读写知识和技能的梳理，建构出一套操作性很强的教学序列。主题教学模式突出语文教育的育人功能，试图依据一定的教育主题对语文教学内容和教科书进行统整设计，主要采用单元整合的教学方式。

本章小结

小学语文课程的目标是通过具体的教学活动实现的。教学是教师教和学生学的统一活动。小学语文教学原则是根据小学教育的目的、语文学科的特点、语文教学的规律，从丰富的教学实践中总结出来的指导教学的基本法则，包括各学科均适用的一般教学原则以及语文学科特有教学法则，后者有四条，即语文能力培养与情感教育相结合原则、训练语言与发展思维相结合原则、听说读写相辅相成原则、课内外整合原则。

小学语文教学设计的基本依据是语文课程的性质、语文课程的学段目标和内容，以及经过国家审定通过的合乎规范的语文教科书。教学设计要依据教科书分析和学情分析的结果，确立并正确表述教学目标，再围绕教学目标对教学环节、教学资源、教学方式方法进行规划。

小学语文教学方法的选用要与具体的教学目标和内容相配合。语文知识的教学主要分两类。其中，关于字词或修辞等陈述性知识的教学要精选例证，并结合多样化的语境使学生形成一定的知识网络；关于书写或读写策略等程序性知识的教学大多需要让学生经历感知范例、把握规则、尝试练习、反馈调整等学习过程，并需指导学生把握策略方法的适用条件。培养学生的语文能力需要组织多种形式的语文实践活动，并在活动中以合理有序的提问引导学生思考和创造。语文教学中情感态度和价值观的引导需要较长时间的熏陶和感染，使学生慢慢内化，最终形成良好的学习习惯，养成积极的生活态度。

小学语文教学模式是设计、组织、调控小学语文教学活动的一整套语文教学方法体系。建构教学模式的研究对于将先进的教学理论转化为实践有重要意义。小学语文领域比较系统而有影响的教学模式有情境教学模式、创造性教学模式、读写结合教学模式、主题教学模式。

关键术语

情感教育 定篇 例文 样本 用件 语文能力 语文实践活动 情境教学模式 读写结合教学模式 主题教学模式

章节链接

在这一章，你读到……	在其他章节中，你将发现相关的讨论……
教学设计	第三章至第七章 各具体领域的教学案例 第八章第三节 对教学设计的评价
教科书分析	第一章 小学语文教材编写 第三章至第七章 统编语文教科书各部分具体内容
教学方法	第三章至第七章 各具体领域的教学方法
情境教学模式	第五章第三节 情境作文
读写结合	第四章 阅读教学中对文章写法的学习 第五章 写作教学中从读学写
主题教学模式	第四章第三节 多文本组合阅读

体验练习

1. 观摩小学语文教学的一个课例，尝试从以下角度对其教学进行分析和评议。

(1)课堂教学体现小学语文教学原则的具体表现。

(2)这堂课在知识教学、能力培养、情感态度与价值观引导方面的具体做法是什么?

2. 查阅一份小学语文教学设计文本，也就是一份教案，认真阅读后试着向同学介绍这份教学设计的主要内容。

3. 任选一种小学语文教学模式，查找相关资料，分析和总结其主要特点。

拓展读物

1. 叶圣陶．叶圣陶语文教育论集．北京：教育科学出版社，2015.

2. 王荣生．语文科课程论基础．上海：上海教育出版社，2003.

3. 辛涛，黄高庆，伍新春．小学语文教学心理学．北京：北京教育出版社，2001.

4. 夏慧贤．当代中小学教学模式研究．南宁：广西教育出版社，2001.

5. 刘济远．小学语文教学策略．北京：北京师范大学出版社，2010.

第三章

小学识字与写字教学

本章概要

本章主要介绍小学识字与写字教学的基本理论和实践要点。包括小学识字与写字教学的意义、内容和要求，小学识字与写字教学的基本原则，小学识字教学实验，以及小学识字与写字教学的实施要点。

结构图

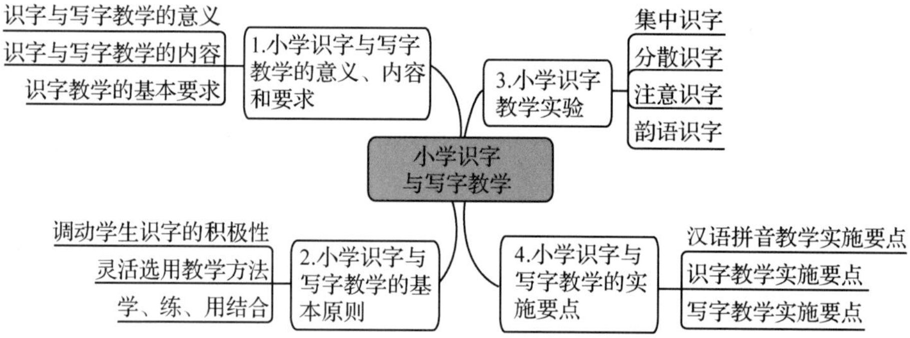

学习目标

1. 了解小学识字与写字教学的意义、主要内容和基本要求。
2. 掌握小学识字与写字教学的基本原则。
3. 了解几种主要的小学识字教学实验。
4. 掌握小学汉语拼音教学和识字与写字教学的实施要点。

读前反思

学习认读和书写汉字是我国小学生入学后的一项重要任务。会认字才能学习读写，脱离“文盲”状态。汉字属于表意文字，汉字的字音用一套汉语拼音系统来标示，不像其他拼音文字那样容易在书面符号与口语之间建立对应联系。读者可以结合汉字的特点以及小学生的认知发展特点，思考如下问题：

1. 有人说汉字笔画多，难学；也有人觉得汉字的音形义联系有规律，比如形声字，所以不难学。对此，你的想法是什么？

2. 对于汉语拼音或生字的学习、理解和记忆，你有哪些有益的经验？比如记字的口诀、拼音标调歌谣等。

3. 小学生认字和写字可能遇到的困难是什么？

文字是记录语言的符号系统，是重要的信息和文化载体，也是一种书面交际工具。识字与写字教学是小学语文教学的一项重要内容。学生认读和书写书面语言是从识字开始的。学生识字之后就能自己进行读写活动，有效进行书面交流，学习其他科目。

第一节
小学识字与写字教学的意义、内容和要求

学习目标

了解小学识字与写字教学的意义、主要内容和基本要求。

在我国的小学语文教学中，识字与写字教学主要包括汉语拼音教学、识字教学、写字教学三大部分。识字与写字是与阅读、写作、口语交际、综合性学习并列的一个相对独立的领域，且人们通常认为低年级语文教学应以识字与写字教学为重点。国外小学语文教学在听说读写之外很少将类似识字教学的内容单列，如单词拼读、拼写，词汇、语法教学常常整合在阅读和写作教学中。中外语文教学的这种差异在很大程度上是文字的差异所致，国外多为拼音文字，书面文字符号与语音的联系比较直接和明显，容易借助口语学习文字；而汉字是一种表意文字，很难由字形直接推知读音，字形与字音、字义的复杂关系需要一定的学习过程才能理解。

一、识字与写字教学的意义

识字是儿童从运用口头语言到学习书面语言，学习文化知识的初始环节，与儿童的认知过程紧密相连。

(一)识字是学习语文学科的基础

学生只有认识一定量的字词，才能自己阅读书面材料；只有会写字，才能用书面语言表达自己的思想，与他人进行书面交流。识字量在一定程度上影响着学生语文学

习的质量。有研究显示，小学生的识字量与其语文学业成绩存在较高程度的联系，识字量可以作为衡量小学生语文学习水平的一项简明指标。①

（二）识字与写字教学可以促进学生认知发展

汉字是音、形、义的统一体，具有一定的抽象性。学习一个汉字，不仅要分别感知和记忆其读音、字形，理解字义，而且要建立这三个方面的联系。因此，识字是需要进行分析和综合的复杂的思维活动。识字过程中学生要仔细观察汉字的结构，精确记忆数量众多的汉字，发现字形与字音、字义的联系。在此过程中学生的观察力、记忆力、思维力均可以得到锻炼。有研究者认为，认识汉字有助于开发大脑潜能，有益于儿童的智力开发。②

写字的过程需要手脑协调。学生进行写字训练的时候必须做到注意力高度集中，对字形进行细致的观察，准确模仿运笔动作，这一过程有助于培养其观察力和注意力。

（三）识字与写字教学可以培养学生的文化素养

汉字是中华民族优秀传统文化的组成部分，汉字的演变历程中蕴含着不少历史典故、名人逸事等。在识字教学中，教师可以向学生介绍相应的历史文化知识。汉字的字体结构和线条造型极富审美价值，学写汉字能促进学生审美能力的发展。在写字过程中，坚持正确的书写姿势，书写认真仔细、规范整洁会促进学生意志力的发展及其他良好品格的形成。练习写字还可以陶冶学生情操，增强其对祖国语言文字的热爱和对祖国文化的理解，既有利于写字技能的提高，也有利于增进学识修养。

二、识字与写字教学的内容

小学识字教学的目的不仅是使学生掌握一定数量的汉字，而且要帮助学生形成独立识字的能力。为此，识字与写字教学内容包括汉字基础知识、识字方法、写字要领等。其中，汉字基础知识包括汉语拼音和笔画、笔顺、偏旁部首、部件、独体字等字形结构知识，它们与查字典一起被称为三套识字工具。小学生常用的字典是《新华字典》，高年级开始使用《现代汉语词典》。查字典的教学内容主要有两项，一是能用部首查字法和音序查字法迅速查到要查的字，二是能正确选择字音和义项。

（一）汉语拼音教学内容

一般地，学生入学后集中一段时间学习汉语拼音，并在以后的识字过程中巩固、

① 陶保平：《小学生识字量与语文成绩的相关研究》，载《上海教育科研》，1996(8)。
② 参见朱作仁：《小学语文教学法原理》，255页，上海，华东师范大学出版社，1988。

运用，因而“汉语拼音”被称为识字的“拐棍”。

汉语拼音主要用于正音，即帮助学生准确拼读字音，待读出字音后可以结合口语经验理解字义。学会汉语拼音后，学生可以进一步学习音序查字法，运用字典、词典辅助学习生字，形成独立识字的能力。随着电脑和手机的广泛使用，拼音输入法的应用非常普遍，学好汉语拼音对于使用这些现代科技产品有积极作用。

目前，小学语文汉语拼音的教学内容主要包括如下七个方面。①

①学会23个声母、24个韵母、16个整体认读音节，能读准音、认清形、正确书写；

②会认读四声，即阴平、阳平、上声、去声；

③学会拼音方法(两拼法、三拼法)，能准确地拼读音节；

④认识大写字母，熟记《汉语拼音字母表》；

⑤认识隔音符号；

⑥会按音序检字法查字典；

⑦能借助汉语拼音读准字音，学会用汉语拼音帮助识字、正音、学习普通话。

(二)字形分析教学内容

生字的认读、记忆、书写都要以学生对字形结构的分析为基础。分析汉字结构的基本要素有笔画、笔顺、偏旁部首或部件、间架结构等。

笔画是构成字形的各种点和线。写字时，由起笔到抬笔(收笔)，叫作“一笔”或“一画”。笔画是汉字书写的最小单位。汉字的基本笔画有八种，即点、横、竖、撇、捺、提、钩、折。

笔顺是书写汉字时的笔画次序和书写方向。笔顺规则是在长期书写汉字过程中，为书写方便和间架结构摆置美观而总结得出。基本的笔顺规则有如下几项，即先横后竖，如“十”；先撇后捺，如“人”；从上到下，如“言”；从左到右，如“词”；从外到内，如“问”；从内到外，如“函”；先里头后封口，如“国”；先中间后两边，如“承”。结构复杂的汉字会涉及多个笔画规则的交错，如“赢”字就包含先上后下、先左后右、先外后内、先撇后捺等规则。

按形体汉字可分为独体字和合体字。独体字如“人”“口”等，合体字如“学”“知”等。偏旁主要用于分析合体字的字形与字音、字义的相互关系，可以分为声符即音旁、意符即形旁。一般情况下，独体字可构成偏旁，如人字旁、口字旁等。东汉许慎将具有共同偏旁的字归为一组，把这组字共有的形体偏旁排列在最前面，作为一部之首，这就是“部首”。

间架结构，指字的各部分的比例大小，以及笔画的组合规律。汉字间架结构的基

① 夏家发、刘云生：《小学语文教学研究》，170页，北京，教育科学出版社，2014。

本形式有七种，即上下结构、上中下结构、左右结构、左中右结构、半包围结构、全包围结构、品字形结构。

上述基础知识需要结合生字的认读和书写一点一滴地教给学生。在分散学习的基础上结合归纳和概括，使学生逐步掌握汉字的构字规律。

现代汉字的分析方法除了偏旁部首分析法之外，还有笔画部件分析法。[①] 部件是由笔画组成的具有组配汉字功能的构字单位。部件介于笔画和整字之间。偏旁部首与笔画部件是两套字形分析系统，各有其分析单位和字形拆分方法。具体拆分原理可参考国家语言文字委员会的相关文件。

专栏 3-1：识字和写字教学可以参照的相关法规

1.1958 年开始通行的《汉语拼音方案》。

2.1997 年公布的《现代汉语通用字笔顺规范》。

3.2001 年开始实施的《中华人民共和国国家通用语言文字法》。

4.2001 年开始实施的《汉字折笔规范》。

5.2009 年开始实施的《汉字部首表》和《汉字部首归部规范》。

6.2009 年发布的《现代常用字部件及部件名称规范》。

7.2013 年公布的《通用规范汉字表》。

(三)写字教学内容

小学语文教学中的写字教学与书法教学不一样，其目的在于培养学生正确、美观地书写汉字的能力。具体教学内容除按笔顺规则正确书写基本笔画和整字外，还包括正确的写字姿势、正确的执笔和运笔方法、良好的写字习惯等。

1. 正确的写字姿势

书写时保持正确的姿态，不仅有助于正确书写汉字，更是保护小学生视力和脊柱健康发育的必要条件。正确的书写姿势是身体坐端正，两腿自然平放，头和上身稍向前倾，胸部距离书桌一拳左右，两臂平放在桌面。一手执笔写字，一手按纸，纸要放正。要给儿童配备高度适宜的桌椅。当儿童要写字时，首先提醒他注意姿势，然后再帮助他纠正错误姿势。

为了使学生认识保持正确写字姿势的重要性，可向学生说明写字姿势不正确的危害性，如可能会引起驼背、弓腰、斜眼、近视等健康问题。

2. 正确的执笔和运笔方法

软笔书写和硬笔书写的执笔和运笔方法均不相同。小学阶段主要学习用铅笔、钢

---

① 夏家发、刘云生：《小学语文教学研究》，206 页，北京，教育科学出版社，2014。

笔等硬笔书写。硬笔书写的执笔一般是手指自然弯曲，拇指、食指、中指分别从三个方向握住笔杆的下端，笔杆的上斜靠在虎口上，无名指和小指支撑手腕。软笔执笔，拇指和食指一左一右捏住笔杆，食指的位置高于拇指，中指辅助食指向内钩住笔杆，无名指向外抵住笔杆，小指紧靠无名指帮助用力，但不靠住笔杆。软笔执笔要做到：指实、掌虚、腕平、笔直。

运笔指的是点画书写的过程。硬笔字的笔画平直，变化不大，运笔比较简单。一般在起笔、转折、作提、作钩时要稍慢，在撇、捺、提、钩的收笔时要稍轻、稍快。在一般的运笔过程中，用力要均匀，速度要适当。用力太重，铅笔芯容易折断。钢笔的笔尖有一定弹性，用力过直，或反用笔尖，不仅会划破纸，也容易使笔尖破裂或折断。

软笔书写的运笔方法比硬笔书写略微复杂一些，小学生在软笔书写方面的经验也相对较少。因而软笔书写的学习需要更加专业的指导。初学写字的小学生，手指、手腕的关节和肌肉都不够发达，要想立刻掌握执笔和运笔的方法很难。软笔写字教学要根据学生的实际情况，正确示范和耐心引导。

3. 良好的写字习惯

初入学的小学生处于写字起步阶段，是塑造良好写字习惯的最好时机。一旦错过，学生形成不良习惯后，要纠正的话难度很大。对小学生而言，良好的写字习惯包括：第一，正确使用文具，细心保管和爱护书写工具；第二，写字时专心、认真，具体表现为采用正确的书写姿势和握笔姿势，想清楚字形再下笔；第三，学写字的时候认真观察范字，写完后对照范字进行检查；第四，持之以恒，经常练习写字，逐步提高；第五，写字过程中讲究卫生，保持纸张和课桌整洁，等等。

专栏 3-2：袁瑢老师谈识字写字教学的内容安排①

先用三周半的时间教学生学会声母、韵母、声调、整体认读音节和基本学会拼音；之后，让学生运用汉语拼音学习汉字的笔画名称、偏旁名称和独体字以至合体字，逐步提高拼读音节的能力。

结束汉语拼音集中教学后，开始教学生掌握识字的第二套工具，即识记汉字字形的工具——笔画、笔顺规则，几十个独体字和一部分偏旁部首。出示这些字形工具时，用拼音标注其名称。教师领读或请学生拼读。

① 崔峦、陈先云主编：《斯霞、霍懋征、袁瑢语文教育思想与实践》，442～447页，北京，人民教育出版社，2003。

字形教学的顺序是这样的：先教笔画、独体字和笔顺规则，再教偏旁部首、合体字。教独体字前，用四节课时间教完20种笔画。每节课要求学生认识各个笔画的名称、形状，并且使他们掌握基本写法，如横要平，竖要直，撇要由粗到细，捺要由细到粗最后提空，点要先实后圆。

教完笔画名称后，再教一批独体字(150个左右)。教独体字时，细致指导每一个字的笔顺，使学生逐步掌握笔顺规律。开始每天识10个字左右，认识了就写，以后逐渐加多一点，平均每天识14个字左右。

独体字教完，再从独体字引出常用的51个偏旁部首。分四种类型：(1)跟独体字写法基本一样，只有一两笔笔画稍有不同的，如木、禾、月等27个；(2)与独体字相比写法变化较大的，如氵、纟等13个；(3)取某一个字的一部分的，如宀、艹等7个；(4)独体字中没有的，如阝、灬等4个。

最后利用偏旁部首教合体字。

三、识字教学的基本要求

小学识字与写字教学首先要培育学生热爱祖国文字的积极情感，引导学生感受汉字的文化内涵和形式美感；同时要教会学生认读和理解常用字词，准确而端正地书写汉字，正确运用汉字进行书面表达。

(一)识字量的要求

语文教学起始阶段必须教给学生一定数量的常用汉字，这不仅是学习读写的必要条件，而且是培养学生独立识字能力的基础。至于小学生的总体识字量应该达到什么程度，以及小学各学段的识字量该如何安排，不同历史时期的教材以及不同的识字教学实验各有不同的设计。截至20世纪末，有研究者发现，不同方法在同一年级的最低识字量与最高识字量之间相差甚远。一年级最低平均识字量约210字，最高约800字；二年级最低约340字，最高约1030字；三年级最低约360字，最高约730字；四年级最低约330字，最高约570字。一到四年级共计平均最低识字约1240字，最高则约3130字。①

根据已有的研究和教学成果，小学阶段的识字总量定在3000～3500字比较科学合理，也切实可行。选择应识字的基本依据，一是社会生活用字，特别是小学生语汇中

① 戴汝潜主编：《识字教育科学化与小学语文教育新体系探索》，29页，北京，教育科学出版社，1999。

常用的字；二是构词能力强的字；三是有利于组合成其他字的独体字和基本字；四是一般读物中的高频字。①

关于各年级识字量的分配，关键问题是低年级的应识字数。根据历史经验，在低年级集中识好一批字，可以为以后的读写能力打下扎实的基础。根据《课程标准》，当前小学阶段总的识字量要求是会认 3000 字左右，其中 2500 字左右会写。识字量的具体分配是，1～2 年级会认 1600 字左右，其中 800 字左右会写；3～4 年级累积会认 2500 字左右，其中 2000 字左右会写；5～6 年级累积会认 3000 字左右，其中 2500 个左右会写。

（二）识字教学的质量要求

每个汉字都包含音、形、义三要素。完全掌握一个汉字意味着在大脑中形成这个字的音、形、义的联系，并能在读写中准确运用。长期以来，我国的识字教学讲究“四会”，即“会读、会讲、会写、会用”，也就是见字能读音，会解释字义，能正确书写，并能在读写活动中正确运用。

2001 年以后，小学识字教学采取“认写分步走”的策略，将要学习的生字分为“会认字”和“会写字”两类。对于“会认字”的教学要求是读准字音，了解字在语境中的大致意思，不一定要求会书写；“会写字”的教学要求除了读准字音、了解字义外，还要求能正确书写，并能在读写中运用。《课程标准》在附录基本字表中对小学识字与写字教学的选字提出了具体的建议。实际教学中，教师需要根据各个汉字的具体特征以及学生的学习基础确定具体的教学要求。

小学语文特级教师斯霞曾撰文讨论识字教学要求“四会”（会读、会讲、会写、会用）的问题。她认为，识字教学要根据汉字本身的难易和儿童的实际接受能力灵活处理。有些字词，如“整齐”的“整”、“摘棉花”的“摘”、“镰刀”的“镰”、“篱笆”的“篱”、“攀登”的“攀”、“螳螂”等，音义不难掌握，可是字形结构比较复杂，笔画比较繁多，初学汉字的儿童抄写、默写有一定困难，而以后他们学的字词多了，偏旁部首书写熟练了，抄写、默写就不难解决，因而这些字词就没有必要在会认的同时要求会写。

有些字词，字音、字形儿童能掌握，但字义运用与儿童实际有一定距离，如“闪闪的、三心二意、万众一心”等，可以暂时不要求运用。这种情况，在三、四年级仍旧存在，如“富丽堂皇、金碧辉煌、绚丽多彩”等词语，硬是要学生运用，学生就只好“照‘课文’画瓢”。

另外一些字词，如“工人、农民、学习、劳动、干净、美丽”等，字音、字形、字义都不难掌握，实际生活中常遇到它们，就可以要求“四会”。所以，“四会”的问题，

---

① 朱作仁：《小学语文教学法原理》，277 页，上海，华东师范大学出版社，1988。

不是不分难易都要求“当堂巩固”，也没有必要都机械地分几步走。①

专栏 3-3：《课程标准》中的各学段识字教学目标和内容

第一学段(1～2 年级)

1. 喜欢学习汉字，有主动识字、写字的愿望。

2. 认识常用汉字 1600 个左右，其中 800 个左右会写。

3. 掌握汉字的基本笔画和常用的偏旁部首，能按笔顺规则用硬笔写字，注意间架结构。初步感受汉字的形体美。

4. 努力养成良好的写字习惯，写字姿势正确，熟悉规范、端正、整洁。

5. 学会汉语拼音。能读准声母、韵母、声调和整体认读音节。能准确地拼读音节，正确书写声母、韵母和音节。认识大写字母，熟记《汉语拼音字母表》。

6. 学习独立识字。能借助汉语拼音认读汉字，学会用音序检字法和部首检字法查字典。

第二学段(3～4 年级)

1. 对学习汉字有浓厚的兴趣，养成主动识字的习惯。

2. 累计认识常用汉字 2500 个左右，其中 1600 个左右会写。

3. 有初步的独立识字能力。会运用音序检字法和部首检字法查字典、词典。

4. 能运用硬笔熟练地书写正楷字，做到规范、端正、整洁。用毛笔临摹正楷字帖。

5. 写字姿势正确，有良好的书写习惯。

第三学段(5～6 年级)

1. 有较强的独立识字能力。累计认识常用汉字 3000 个左右，其中 2500 个左右会写。

2. 硬笔书写楷书，行款整齐，力求美观，有一定速度。

3. 能用毛笔书写楷书，在书写中体会汉字的优美。

4. 写字姿势正确，有良好的书写习惯。

① 崔峦、陈先云主编：《斯霞、霍懋征、袁瑢语文教育思想与实践》，76 页，北京，人民教育出版社，2003。

第二节
小学识字与写字教学的基本原则

学习目标

掌握小学识字与写字教学的基本原则。

识字与写字教学的原则是基于我国传统语文教育经验以及当代语文教学实践经验，结合汉字认知心理研究成果而概括提出的，对小学识字和写字教学的实践操作具有普遍的指导意义。

一、调动学生识字的积极性

小学中低年级学生思维发展仍以具体形象思维为主，而文字符号具有一定的抽象性，特别像汉语拼音、笔画、偏旁、部件等学习内容与初入学儿童的现实生活经验缺少直接联系。若教学方法不当，则很容易使学生感觉学习过程枯燥，造成其识字与写字的困难。为此，教师需要充分考虑小学生的身心发育特点，采取丰富有趣的方式方法，调动学生参与识字与写字教学活动的积极性。

（一）通过直观形象增强学习的趣味性

采用直观形象的图画、实物展示或多媒体演示，以及形象化的描述和故事化的讲解的方式来教授汉字，不仅有助于学生理解和记忆，而且可以增加教学过程的趣味性，吸引学生注意。

著名的小学语文特级教师袁瑢在识字与写字教学方面有多年探索，很重要的一条经验就是通过形象直观的教学方法激发和保持学生对学习识字与写字的兴趣。她指出，只要求学生认识笔画、偏旁的名称是不够的，还必须要求他们记牢名称和正确书写。可是笔画、偏旁都是些枯燥的形体符号，孩子们学起来很乏味，也不易记忆。为此，教师需要联系生活实际以激发学生的学习兴趣，通过形象思维识记抽象的符号。下面是袁老师教学偏旁“亠”的片段。

我问学生：“盖头盖头，你们看，它像什么东西的盖头啊?”边问边用手指着“亠”上面的一点。学生顿时活跃起来。有的说，它像锅盖，有的说，它像茶杯盖头。有的说，它像瓶子盖头。我又用手指指“宀”上面的一点，追问道“像瓶子盖头吗?”一个学生马上说：“不像。瓶子盖上面没有这一点。”这一讨论，把“宀”形象化，学生对上面这一点记得特别牢。以后再教“冖”，就更容易了。

袁老师明确提出，“使学生对字形分析感到有趣”，为此需要特别注意采用形象直观的方法。具体做法是根据汉字的造字规律，对有些象形字，就用图画直观表现，如“日”，画个☉；对指事字，可以告诉学生这个字的来历，如“本，木字下加一横，表示草木的根”；对结构比较复杂的会意字，可以进行拆字讲解，如“解”字由角、刀、牛三个独体字构成，学习时可想象画面，即古时候一个人一手抓住牛角，一手用刀把牛剖开；对形声字，利用声旁表音，形旁表义的规律分析字形。这些形象的讲解要符合汉字的造字规律，以及学生年龄特征和接受能力。①

此外，猜谜语、说歌诀、编顺口溜、熟字加或减、识字或写字比赛等游戏化的活动形式都有助于提高识字写字教学的趣味性，激发学生学习的积极性。

(二)通过鼓励和肯定增强学习的信心

关于小学生识字心理的研究发现，小学生对字形的掌握经历了整体感知、字形拆分、部分重组再整体感知三个阶段。最初对字形的感知比较泛化，很容易出现形近字混淆的现象，随着感知能力的提升，慢慢地能精确识别汉字的结构和笔画。因此，在最初识字时，认读出现“张冠李戴”，写字出现缺笔、添笔、误笔现象是正常的表现。在适当的教学引导下，学生逐渐掌握字形结构特点和分析方法后，他们会自觉将生字与熟字联系，这时候的识字和写字学习就不那么困难了。②

识字与写字教学要充分考虑小学生的上述认知发展特点，以理解和宽容的心态对待学生认写生字中的错误，以及书写不够整洁、不够端正等现象。在学生已经认识一定数量的字，并对字形分析的知识和规律有一定程度的了解之后，对于每一课的生字不必逐个分析讲解，只需要把结构比较复杂、笔画较多，或学生容易混淆和写错的字提出来进行分析即可。同时，教师要启发学生运用精加工的记忆策略，自己想办法分析字形，记住字形。

此外，学生在生活环境中，可以接触到很多汉字。识字教学中要鼓励学生通过各种途径和方法自主识字。这样不但能保证学生在学习中的主体地位，有利于培养学生的自主学习意识；还能使学生在不断的“新发现”中获得成就感，使“苦学”变成“乐学”，激发他们的学习兴趣。例如，鼓励学生采用“化生为熟”的方法，从生字中识别自己熟悉的因素，并依托这些因素对生字的字形进行分析和比较。这样可以简化字形分析和

① 崔峦、陈先云主编：《斯霞、霍懋征、袁瑢语文教育思想与实践》，445、452、453页，北京，人民教育出版社，2003。

② 董蓓菲：《语文学习心理学》，111页，北京，北京大学出版社，2015。

记忆过程，更加简便地记忆字形，提高学习效率。下面是熟字加或减的学习示例：

熟字加一笔：木—本，大—太，人—个

熟字减一笔：玉—王，鸟—乌，天—大

熟字换一笔：天—夭，开—升，白—电

熟字加偏旁：分—粉，古—苦，又—邓

熟字去偏旁：课—果，送—关，新—亲

熟字换偏旁：桃—跳，笑—跃，到—室

熟字合起来：小、大—尖，户、月—肩，木、又、寸—树

袁瑢老师也提到过，写字教学要创造条件，帮助学生把字写好，并使学生经常看到自己写字的成绩。比如，教师通过清晰明确的示范和讲解，引导学生想清楚生字应该怎么写，然后再尝试练习，使大部分学生下笔就能正确书写。对学生在自己本子上的写字练习，教师在巡回指导时注意发现写得好的字，在评议环节进行表扬。

二、灵活选用教学方法

汉字数量庞大、笔画繁多、结构复杂，难认、难写、难记。若一个个地教，一个个地学，这对刚入学的儿童来说难度很大。若能掌握汉字规律，学会识字方法，举一反三，触类旁通，学生识字速度便能加快。

教育心理学有关课堂情境下汉字学习过程的研究表明，汉字形声、形义的联结形成与汉字的出现次数、分配、相似字形的解释度有直接关系；汉字默写成绩与汉字的练习次数、字形的复杂性、笔画数、字形相似性、字音相近性等特性有关；字词结构、笔画数、字词熟悉度、教学方法、学生水平等均影响学生对字词的学习和记忆。① 因此，组织识字教学活动时，需要根据所教生字的具体情况以及学生的语言经验，突出重点，找准方法，避免对所教的生字平均用力、方法单一。

斯霞老师曾经就此有过精彩的阐述。她指出，字义教学要根据生字的不同情况和字词的内在联系来设计。不同情况的字词要用不同的教法。有些字是儿童在生活经验中早已掌握的，大多数是实词，对这样的字，其教学方法是，通过讲述或谈话唤起儿童的已有经验，不必详细解释。有些字义，儿童脑子里缺乏对应的具体表象，这就需要利用实物、图片、标本等直观教具，或者通过教师的动作演示来帮助学生理解。还有一些生字，如虚词或含义较深的实词，意思比较抽象，若离开语境儿童很难理解，这就要结合具体的语境进行讲解。

斯霞老师还提出，讲解字义时，要不要运用直观教具和演示，主要取决于儿童是

① 辛涛、黄高庆、伍新春：《小学语文教学心理学》，39～40页，北京，北京教育出版社，2001。.

否具有这个字词的概念，其目的无非是帮助儿童清晰地理解概念。在儿童对字词意思缺乏具体概念的情况下，适当地运用直观教具和演示是十分必要的。①

袁瑢老师也曾提到，不同的字词要采用不同的方法进行字词意思的教学。学生容易理解的词教师就不做解释，只是引导学生在口头或书面上运用，比如用生字词说一句话。对于意思比较抽象，难以用语言解释的字词，教师可以运用直观形象的方式，让学生理解词义。如教"另"字时，袁老师左手拿一支红粉笔，右手拿一支白粉笔，要求学生观察后用"另"说一句话，使学生在思考和运用中理解了这个字的含义。对于意思比较容易用语言进行解释的，可以根据构词的生字的和具体情况进行讲解，比如"哄笑""颗粒归公""不约而同"等词语，用分解词素的方法，将各个字的意思讲清楚，再组合起来；再如"喝彩"等词语，则需根据词语的整体意思结合具体情境进行讲解。对于中高年级出现的近义词，多采用比较的方法来引导学生辨清词义。例如，教生词"准确"时，袁老师先解释说："准确就是没有一点儿差错的意思"，接着引导学生把这个词与"正确"和"明确"两个词进行对比。她说："三个词里都有'确'字，可它们的意思不完全相同。'准确'重在一个'准'字，丝毫不差；'正确'重在一个'正'字，没有错误；'明确'重在一个'明'字，明白清楚。"之后，她还举出具体的语境，"做算术题计算要准确"，"你讲的道理很正确"，"你的意思讲得很明确"。②

近年来，汉字学及其研究成果逐渐受到小学语文教学实践及研究者的关注，很多教师在识字教学中引入汉字演化的知识，采用溯源法，结合生字的古代写法或读法进行字理识字教学。对此，有研究者指出，无论是字形溯源还是字音溯源的方法，如果滥用，就可能走向反面，以致分散学生注意和增加学生学习负担。以字音溯源为例，对某些不能表音的声符可以说明其古音。如怡、贻、诒等字里的"台"，猪、诸、著、煮、渚、褚、箸、堵、都、赌、煮等字里的"者"，等等。一般说，字数多的溯源字音才有价值，字数少的就没有必要，如特和待里的"寺"。③

专栏 3-4：三种识字教学方法的比较④

1. 教学内容

为人教版一年级下册《语文园地八》"我的发现"栏目中的韵文。

教学内容

千口舌，舌甘甜。

① 崔峦、陈先云主编：《斯霞、霍懋征、袁瑢语文教育思想与实践》，69～70 页，北京，人民教育出版社，2003。

② 崔峦、陈先云主编：《斯霞、霍懋征、袁瑢语文教育思想与实践》，459 页，北京，人民教育出版社，2003。

③ 夏家发、刘云生：《小学语文教学研究》，223、224 页，北京，教育科学出版社，2014。

④ 陈小菊：《三种不同方法识字的对比与思考》，载《小学语文》，2011(10)。

土里埋，木帛棉。

人门闪，马门闯。

心入门，闷得慌。

合手拿，分手掰。

人失足，跌下台。

2. 教学处理

三个班分别用三种不同的教学方法。一(1)班字理识字；一(3)班韵文识字；一(2)班综合识字。

其中，综合识字的基本做法是：字理逻辑性强的汉字讲字理，如“舌”“甜”“掰”；字理逻辑性不强、不便讲解字理知识的用韵文识字法，如“跌”“棉”“埋”；此外，“闷”“闯”“闪”在讲了“门”的字理后，用归类识字法。最后将10个字义编成韵文。

三个班的识字内容都是以上10个字。参与试验的学生平时用苏教版教材，这10个字之前均未教过。

3. 教学投入的比较

教师备课方面，字理识字教学法备课所花时间是韵文识字法的7倍多，是综合识字法的近4倍。试验教师为找齐10个汉字的字源、字形及造字原理，查《汉典》，读《说文解字》，请教字理专家，所以用时较多。

教学过程方面，字理识字法用到的教学时间是其他两种识字法的近2倍。因为每个字都要究其源，都要“画”字；特别是个别字的字源与今日的音形义差别较大，需要追究其“十八代祖宗”，最为费时。

4. 教学效果对比

从认清字形的效果看，正确率最高的是综合识字，其次是韵文识字。

从读准字音的效果看，三种识字法差不多，除班上极个别学生外，绝大多数学生都能读准字音。

从了解字义的效果看，综合识字效果最好，其次是字理识字，最后是韵文识字。

5. 关于识字教学方法选用的思考

不必逢字必讲字理，要有“度”的把握。字理识字应该遵循“三讲”，即便于巧记字形的讲，如“初”，本义是剪衣服的刀，所以是“衤”旁；有助于理解字义的讲，如“甜”“掰”；有利于掌握构字规律的讲，如形声字。

识字教学应该遵循学生的身心发展特点，一年级学生以机械记忆为主，以韵文的形式呈现，读起来朗朗上口，又有一定的规律性，学生学得快、记得快，且能触类旁通。同时，低年级学生又以直观形象的认知为主，通过展示字源字形，展开联想，学生也颇有兴趣，但仅限于字理逻辑性强的字，若需要讲述很多相关的字理，就显得枯燥无味，而学生有意注意时间太短，兴趣点就会转移。综合识字，充分考虑二者的利弊，择其优者而用之，所以效率最高，效果也最好。

三、学、练、用结合

从心理学角度，识字有两个层次的含义，一个层次是记住某个字词的音形义，并将这三个因素相互联系起来，做到感知其中任何一个因素时，都能准确地再现其他两个因素。① 第二个层次是建立有关字词的心理词典，构建有关字词的心理表征系统，形成有关字词的音形义的统一心理结构。心理词典由许多条目构成，每一个条目都包括某个字词的语音信息、书写信息、语义信息、句法信息等，也就是这个字词的音、形、义、用等各方面信息。②

识字教学需要兼顾两个层次的识字学习，一方面，使学生掌握一定数量汉字的音形义联系；另一方面，在教具体字词的过程中，引导学生发现汉字音形义结合的整体规律，尝试运用这些规律去识字，最终形成不依靠教师而独立识字的能力。这两方面都需要加强字词的运用。

(一)识字与听说读写结合

听说读写与字词学习的关系很明显，听是由音开始联想义，说是由义联想音，读是由形联想音和义，写是由义联想形。其中，读写活动对于字词运用的作用非常明显。

识字教学的实践中从来都不缺听说读写，但并非有听说读写就有字词运用。在以往强调“四会”的背景下，为达到“会读”的要求，主要通过多次复现字词的方式，让学生反复认读；为满足“会讲”的要求，教师通常会要求学生口头解说字词的形状结构特征和解释字词意思，或者抄写、默写字词的释义；同时，字词听写也是常用的练习方法和检测方法。这些练习中也有听说读写的过程，但更多指向的是字的音形义的识记和回忆，很少涉及字词的实际运用。

---

① 董蓓菲：《语文学习心理学》，107页，北京，北京大学出版社，2015。

② 辛涛、黄高庆、伍新春：《小学语文教学心理学》，45～46页，北京，北京教育出版社，2001。

字词运用主要表现为将字词放置于一定的语境中。设计得当的听说活动可以为学生提供字词运用的练习情境。例如，用生字进行口头组词、造句、说话练习，要求学生由字形联想字音和字义，且要实际运用，这对于学生掌握一个个生字很有益处。再如听写，如果能结合词语或结合特定的语境请学生推断出要写什么词，这样学生就不单是由字音联想字形，而是需要结合字音和义字联想字形，有助于强化音形义三者的联系。

斯霞老师曾说，识字和听说读写应是一体的，不能人为地分割开来。听说读写就是把识的字付诸实用。可以这样说：谁学用结合得好，结合得早，谁就在发展智力上占了优势。低年级以语言训练为中心，把识字、阅读、写话结合起来进行教学是一条行之有效的途径。学用结合要由易到难、由简单到复杂，紧扣儿童知识基础、思维水平和生活实际需要，教师要有意识、有步骤地示范、引导，如把要告诉学生的话写在黑板上，让学生读并按要求去做。再如，鼓励学生自己写姓名，辨认同学姓名，识路牌、看商店名称，记班级日志，记种植情况、作物生长情况，给家里的器具贴上自己写的名称提倡有事给老师写便条……这些措施让学生和字词反复见面，让他们体会到识了字用处大，进而提高其识字、学习文化科学知识的积极性、自觉性。[①]

（二）循序渐进培养写字能力

为了有效地培养学生的书写技能，教师要明确书写技能的要求，遵循规律，循序渐进。

根据语文教学心理学研究，学生达到熟练书写大致会经过三个阶段。第一个是要素阶段。学生分别注意写字的各个要素，如坐的姿势、执笔的方法、练习本摆放的位置以及字本身的组成要素，一笔一画地写。这时学生还没有能力顾及整个字各部分之间的结构比例关系。第二个是结构阶段。学生能注意字的整体结构，逐字书写。学生不再是看一笔、写一笔，而是通观字的整体布局。他们对要写的字属于哪一种结构，做到心中有数。第三个是连贯书写阶段。学生可以比较流畅地书写，书写技能已达到自动化，能连贯地写完一个句子甚至是几个句子。写字时能照顾到不同的字大小是否匀称，字与字之间的排列是否整齐，间隔是否适中，等等。

学生初学写字时，可能会出现“顾头不顾尾”的现象，做到这项要求却违背了另一些要求，同时，纠正不正确的习惯比养成正确的习惯要花费更多时间。因此，写字起步教学的练习一定要控制好数量和难度，避免因过多练习给学生带来过重负担，导致其厌烦心理。可以先学写基本笔画和简单独体字，速度放慢一些，每次少写几个，力求写字姿势、执笔运笔动作正确，并把笔画、结构写正确。经过一段时间的练习，学

---

① 崔峦、陈先云主编：《斯霞、霍懋征、袁瑢语文教育思想与实践》，84～86页，北京，人民教育出版社，2003。

生可以逐渐形成熟练书写的技能，写字练习的内容和要求再做相应提升，在写正确的基础上逐步要求学生写端正，做到行款整齐，并有一定的速度。

第三节
小学识字教学实验

学习目标

了解几种主要的小学识字教学实验。

识字教学是小学低年级语文教学的重点内容。关于如何提高识字教学有效性的探索一直没有间断，近些年先后涌现出四十多种识字教学法。有的实验注重识字教学材料的编写结构，甚至涉及识字教学与读写教学的关系，如集中识字、随课文分散识字、注音识字、韵语识字等。有的实验更多地关注识字教学的具体内容和实施策略，如听读识字、猜认识字、字族文识字、奇特联想识字、意义分类识字、字理识字，电脑或多媒体辅助识字，等等。这一节主要介绍前四种识字教学实验，由于其实验时间较长，形成了一定的理论体系，且对现行语文教材编写和识字教学实践产生的影响较大。

一、集中识字

集中识字是我国传统的识字教学形式，表现为入学之初先用一段时间集中识一两千字，而后再开始学习读文。第一章曾提到，我国古代的识字教材以韵语短句呈现，易于记诵。

语文学科设立之后，集中识字教学实验自 1958 年开始，最初由辽宁省黑山北关实验学校进行，主要采用按字音归类的方法教生字。随着教学实验的展开，逐渐变为注重按字形归类识字，且创造了基本字带字和形声字归类等教学方法。运用集中识字法可以使二年级的学生掌握约 2500 个汉字。

之后，中央教科所张田若先生和北京景山学校也分别主持开展集中识字的教学实验。前者形成了“集中识字、大量阅读、分步习作”的教学体系①；后者形成了“以集中识字为

---

① 郭林、张田若：《集中识字教学的理论与实践》，北京，教育科学出版社，1991。

起点，以阅读名家名篇为主体，以作文为中心，读写结合”的景山特色语文教学体系。①

集中识字的基本特点是，先识字，后读书；识一批字，读一批课文；识字和阅读交替进行。识字教学内容的编排主要采用归类识字的方式，归类标准因字而异。主要形式有看图归类识字，主要用于象形字和表示具体事物名称的字，以及会意字归类识字、形声字归类识字、基本字带字、以词句带字等。

集中识字多则把上百字，少则把一二十字集中在一起，按字音、字形、字义的特点归类教学。例如，按基本字带字的归类方式，将带有共同偏旁“又”的字集中起来学习，如邓、难、权、劝、仅、叔等，通过比较这些字的音形义的异同，学生既可以掌握每个字，又可以借助它们之间的联系来辅助记忆字形。又如，按形声字的声符归类识字，如请、清、情、晴、精、睛等，学生可以发现和强化关于声旁“青”的认识，同时感受形声字的规律。归类识字还有助于引导学生进行字与字之间的对比分析，在识字过程中逐渐掌握汉字规律和识记方法，有利于其识字能力的形成。

集中识字的主要优势是教学任务单一明确，有利于初入学儿童学习掌握一定数量的汉字；分批集中识字与阅读教学交替进行，有助于在阅读教学中及时巩固所学的生字。然而，集中识字教学密度较大，生字的呈现不是放置于具体语境中，若教学方法不当，则容易出现教学任务重，学习枯燥乏味，导致学生认得多、忘得快、掌握不牢固，以及在正确运用方面出现困难，等等。

二、分散识字

分散识字也称随课文分散识字或随文识字，主要表现为结合学词、学句、学文进行识字教学。民国时期，人们就开始审视千百年来一直沿用的集中识字教学方式，认为学生对所学的字绝大部分不解其意，不会运用，因而这种教学方式不符合儿童的认知发展特点。五四新文化运动以后，开始进行白话文教学，识字与阅读并进逐渐成为主流教学方式，一直延续到中华人民共和国成立以后。

分散识字方面最有代表性的实践探索是斯霞老师自 1958 年起在南京师范大学附属小学进行的随课文分散识字教学实验。斯霞老师从改编教材和改进教学方法两方面入手。她在原有教材基础上，增加看图识字，并编选补充短语、句子、短文，使学生的识字量大大增加。在教学方法方面贯彻“字不离词，词不离句，句不离篇”的原则，把生字词放在特定的语言环境里使学生感知、理解和掌握，把识字和阅读结合在一起，字词学习与文意理解互相结合，从而提高语文教学质量。

在语言环境中识字，特别有利于字义理解，下面是斯霞老师执教《我们爱老师》的

---

① 刘曼华、周韫玉：《北京景山学校语文课程教学改革 50 年(小学篇)》，210 页，北京，人民教育出版社，2010。

教学片段。①

生：这一课主要讲的是：我们爱老师。

师：讲得很好，现在我们再来看一看，这一篇课文一共几句话？

（结合课文教句号）

生：这一篇课文有三句话。

师：你怎么知道有三句话？

生：我看见课文里有三个句号。

师：对！谁能把第一句话读一读？

生：我们爱老师，老师关心我们。

师："关心"是什么意思？老师平时是怎么关心你们的？

（"关心"是一个新词，让学生从实际生活中理解"关心"的意思）

生：老师教育我们上课要用心听讲，不做小动作。写字的时候要注意姿势。

师：这是老师关心你们的学习。老师还在哪些地方关心你们呢？

……

生：有一次，天很冷，周小松穿的衣服很少，斯老师就找了一件衣服给他穿上，这也是老师关心我们。

师：对！这是老师在生活上关心你们。呵，龚同学也想说，你说吧！

生：有的时候，我们有缺点，老师找我们谈话，要我们向雷锋叔叔学习。

师：你们都讲得很好。老师从学习、生活、思想品德方面关心你们，所以课文上说："老师关心我们。"现在大家把第一句话读一读。

（生齐读第一句）

（经过这样的教学，学生对"关心"一词理解的比较透彻。第一句话先后读过四遍，已经能记住了）

随课文识字强调生字词教学和具体语言环境结合。在学习课文第一句话时，引导学生结合生活经验谈谈对"关心"的理解，使学生对这个生词的意思有比较全面的理解。但是，这种教学方式对教师的要求较高。一方面教师面临识字和读文两重教学要求，另一方面由于生字随文出现，为满足文章表达需要，生字不一定能按由易到难的顺序安排。因此，分散识字需要教师根据字词及文本的特点，以及不同学段学生的学习状况，准确把握教学重点和学生的学习难点，进而采取恰当的教学方法。

关于随文分散识字的益处，斯霞老师有很清楚的论述。她指出，有时一个字就是

① 杨九俊、姚烺强主编：《小学语文课程与教学》，140页，南京，南京大学出版社，2013。

一个词，表示一个概念。但有很多字本身只是一个符号，必须与别的字联合成词，才具有一定的概念，如“玻”和“璃”。还有一些多音字，在不同的词中读音和含义便有所区别，如“音乐”和“快乐”中的“乐”字，“勉强”“强壮”“倔强”里的“强”字等。词作为构成语言的基本单位，其含义在具体的语言中表达得更清楚。此外，含义较深的字词，如“其实”“甚至”“因此”“即使”“由于”“光景”等，也必须结合一定的语句，特别是课文里的语句，联系上下文的讲解才能使儿童理解。

斯霞老师还指出，所谓随文分散识字，并非所有的生字都要结合课文分散学习。在随文识字之前，也要集中教汉语拼音，教看图拼音识字，学习若干短语、句子。只是大量识字任务分散在一篇篇课文中，在教学课文过程中指导学生学习。在教学生字时，也会根据字词特点分析笔画、笔顺、字形、结构，进行听说读写各种训练。

至于一篇课文中的生字词是集中先教，还是部分先教，还是边学课文边教等，那是分散识字时的具体技巧处理问题。或将课文中所有的生字词统一提出来教，或将课文中占主要地位的生字词先给出，或一边讲读课文一边提出生字词，或在理解课文内容后再提出生字。具体方式要看生字在具体语言环境中的地位，以及哪种方式学生感兴趣，便于学生学等。①

三、注音识字

“注音识字，提前读写”，简称“注提”实验，是 1982 年由黑龙江省率先发起的教学实验，为的是解决汉字学习与语言发展的矛盾。传统语文教学都是先识字、后读书，儿童入学后要花费大量时间和精力识字，然后才开始阅读。为了突破这种限制，“注提”实验试图建立一种“先读书后识字，边读书边识字”的教学体系。该实验继承在阅读中识字的传统，同时充分发挥汉语拼音的作用，使学生在掌握了汉语拼音但识字很少的情况下，就能进行读写训练，从与学生口头语言和思维发展水平相适应的文章开始，通过有意和无意两种方式去熟悉和掌握汉字。

“注提”实验的具体做法是，从汉语拼音教学入手，着重进行直呼音节的训练，指导学生读带拼音的词汇和句子，使学生尽早将汉语拼音和语言训练相结合，使学生尽快适应提前读写的需要。

汉语拼音教学之后就开始阅读教学。从纯汉语拼音课文开始，很快过渡到用汉语拼音注音的课文，最后再到纯汉字的课文。引导学生通过阅读掌握语文基础知识，培养独立阅读的能力和良好的阅读习惯。同时，寓识字于读书之中，对汉字的音、形、义和识、写、用分步提出要求。课内外阅读重点解决字词的认识问题，使学生在阅读过程中反复感知生字词，

① 崔峦、陈先云主编：《斯霞、霍懋征、袁瑢语文教育思想与实践》，81 页，北京，人民教育出版社，2003。

达到不断巩固已学汉字、增识汉字的目的，其实质也是一种分散识字的形式。

实验另设写字课和作文课。写字课重点解决字形的记忆和书写问题，培养学生的写字能力。作文课着重在儿童已有口头表达能力和思维能力的基础上，激发学生书面表达的愿望，引导学生通过写话和习作实践掌握写作基础知识，培养写作能力。同时，通过课内外写作解决生字词的运用问题。学生的写作先用汉语拼音或拼音夹汉字，再逐步过渡到全用汉字。

“注提”实验取得了很好的教学效果。学生经过三周时间学会直呼音节，两年间识字量超过 2000 字，每个学生平均阅读量达 100 万字左右，一年级下学期能写 150 字左右的短文，二年级开始能写 200 字左右的命题作文。

这种识字教学方法的主要特点是：首先，发挥汉语拼音的多种功能。其次，识字任务分步完成，难点分散。学生在阅读中反复与汉字见面，越来越熟悉；在写字课上按由易到难的顺序解决字形问题；在写话作文中尝试运用。最后，使语文教学的各项内容相互联系。在学生不识字或者识字不多的情况下，借助汉语拼音进行听说读写的全面训练，促进学生口头语言和书面语言的协调发展，从而收到较好的教学效果。

这种识字方法对教师的教学艺术有较高的要求。一方面，对汉语拼音教学的要求比较高；另一方面，由于识字教学要求分步落实，学生在最初的读写尝试中比较容易出现错字和同音别字，如何在不影响学生学习积极性的前提下，有效地预防和纠正生字词的识写错误是教师必须考虑的问题。

四、韵语识字

韵语识字实验以辽宁省东港市姜兆臣老师为代表。“韵语识字”是“韵语识字・尽早阅读・循序作文”小学语文教育新体系的简称。姜老师在此之前进行过三年集中识字实验和四年注音识字实验研究。

韵语识字将识字教学与阅读训练、作文训练进行系统设计，力求做到读一篇韵文识一批字，识一批字阅读一组文章，阅读一组文章完成一项作文训练。不以识字作为单独的语文教学目的，改变先识字后读书或先拼音后读书，识字与阅读、作文互相割裂的状态。

韵语识字实验从学习笔画名称开始，之后学习基本字，然后学习高频字。学习基本字的时候强调笔画和笔顺规则，但不分析结构。学习高频字的时候，注重分析字的间架结构，强调用大部件分析字形。规定“上为头，下为底；左为旁，右为边；四周为框，中间全为心”，要求学生分析字形时能说清部件，说准方位。①

---

① 戴汝潜主编：《识字教育科学化与小学语文教育新体系探索》，120～121 页，北京，教育科学出版社，1999。

所有字的学习都采用韵语形式，即把常用字词围绕一定的中心或故事情节，编成句式整齐、合辙押韵、通俗有趣、短小精悍的韵文。学习韵文时，按照先整体、后部分的顺序，让学生先将韵文整体输入。这一环节注重借助汉语拼音进行正音，防止方言、多音的干扰。在学生初步理解课文内容后，熟练朗读和背诵。之后再认读单个字。生字都以认读为主，不要求听写。鼓励学生采用定位联想和奇特联想对生字词进行认知加工，加深记忆。

专栏 3-5：韵语识字实验的韵文示例①

例 1：

一人大，二人天。
日月明，小大尖。

例 2：

小白兔，提网兜，沿着山坡捡豆豆。
只顾眯眼盲目扔，上边抛进下面漏。
等它摸兜傻了眼，多亏嘴里含个豆。

例 3：小胖孩儿

小胖孩儿爬窗台儿，
拿个苹果当球玩儿。
使劲一拍碰了脚，
疼得满屋乱转圈儿。

20 世纪 90 年代末，中国教育科学研究院对韵语识字实验进行了比较系统的总结和推广，将韵语识字教学实验的优势概括如下：①识字速度快，一年学认 2000 字以上；②学生学习负担轻，识字任务分步到位，基本不留作业；③语文教学效能高，识字、阅读、作文同步有序进行教学，综合提高学生的语文素质。

第四节
小学识字与写字教学的实施要点

学习目标

掌握小学汉语拼音教学和识字与写字教学的实施要点。

① 戴汝潜主编：《识字教育科学化与小学语文教育新体系探索》，6、5、104 页，北京，教育科学出版社，1999。

上一节介绍的几种主要的识字教学实验尽管各有侧重，但都取得了很好的教学成效。现行语文教材已在一定程度吸收和借鉴了这些教学实验的成功经验，识字教材呈现多样化的形式，包括看图学拼音识字、韵语识字、字义归类识字、字形结构归类识字，以及随课文分散识字，等等。识字教学实践也要吸收借鉴这些实验的经验，遵循识字写字教学的基本原则，采用恰当的方式方法培养学生的识字与写字能力。

一、汉语拼音教学实施要点

汉语拼音对于识字的重要作用表现为正音，即辅助学生掌握字词的正确读音。以前，汉语拼音教学通常在入学之初进行。统编教科书一年级上册第一单元是识字教学单元，从第二单元才开始进行汉语拼音教学。汉语拼音对小学生而言是全新的符号，教学时要特别注意方式方法，注重激发学生的学习兴趣，引导学生准确感知和记忆声母、韵母、声调、拼读规则等。教学汉语拼音的常用方法有直观演示法、示范法、歌诀法、游戏法等。

早在 1961 年进行识字教学改革时，袁瑢老师就对汉语拼音教学的有效方式进行了探索。她总结道，识字教学首先要集中精力教好汉语拼音。但拼音字母是抽象的符号，刚入学的学生要在三周半的时间里记住这些符号的形态和正确发音的确有一定困难。为了使学生积极而有兴趣地学习，袁老师运用实物、标本、挂图、投影仪、录音机等视听教具，力求使教学内容具体化、形象化。

同时，创造条件，将汉语拼音的读、写、看结合，课内与课外结合。一方面教完发音就学写，即认写结合。另一方面，重视教室学习环境的布置。袁老师把一张张带彩图的汉语拼音字母卡张贴在教室的墙壁上，让学生天天跟字母见面，随时找机会看看读读。教室各处还结合展示物品呈现相应的拼音，教室外的黑板报里也配上图片和拼音，增加学生读拼音的机会。袁老师还给每个学生发了一套字母小卡片，指导学生每天拿出来拼读一部分。这样日积月累的练习使学生渐渐地达到一见音节无须拼读就可以直接认读的程度。

在结束汉语拼音集中教学，开始教笔画、笔顺规则、独体字、偏旁部首时，袁老师会根据这些字形出示其名称的拼音。教学中由教师或学生带领全班拼读。这样不仅帮助学生复习了汉语拼音，而且让学生运用汉语拼音来识记字形。[①]

统编小学语文教科书的汉语拼音教学内容对教学方法有所提示。教科书设置了两个单元教学汉语拼音，每个单元都一个“语文园地板”块，提示相应的语文训练项目。

---

① 崔峦、陈先云主编：《斯霞、霍懋征、袁瑢语文教育思想与实践》，442～445 页，北京，人民教育出版社，2003。

第一单元包括8个小节，主要学习6个单韵母、23个声母、部分整体认读音节，第二单元包括5个小节，主要学习8个复韵母、1个特殊韵母、9个鼻韵母和其余的整体认读音节，每一部分都包含着汉语拼音的认读与书写指导。

在教学方法方面，首先可以将汉语拼音学习和情境图结合。情境图是利用与拼音字母形状相似或读音相似的事物组成的一幅图片，生动形象地展示了拼音字母的音和形之间的联系，使学生可以借助具体形象的事物感知和记忆抽象的拼音符号。教师可以充分利用情境图，引导学生认真观察图片，识记拼音的形态，还可以试着描述图中事物，将拼音学习与口语表达结合。其次可以将汉语拼音学习和记诵儿歌相结合。教科书在一些拼音字母学习部分，安排了极具趣味性的儿歌，既复现学生学过的拼音字母或音节，也使抽象的拼音符号在一定的语境中显现出意义。教师可以带领学生朗读和背诵儿歌，以巩固拼音学习。最后，可以指导学生进行多种形式的拼音运用练习。教科书在汉语拼音单元的“语文园地”板块中安排了不同类型的练习，包括读一读、连线、看拼音做动作、涂色归类等。教师可以参照这些练习提示为学生提供复习和运用汉语拼音的多种机会。

二、识字教学实施要点

根据现行语文教材的识字教学内容安排，识字教学可以分为归类识字和随文识字两大类。这两类识字教材的教学处理各有侧重。

(一)归类识字的教学策略

统编小学语文教科书在1～2年级设置了专门的识字单元，“语文园地”板块有“识字加油站”栏目，其中都有归类识字的内容。归类识字大致有两类。一类是看图识字，通常是通过图画表示字义(见图3-1)。教学中可以结合图画引导学生观察和说话，将字词与图画内容及自己的已有经验建立联系，理解和记忆字词的音形义及其相互联系。

另一类是按照汉字音形义某一方面的共性将一些字合为一组来集中识字，包括会意字归类、字义归类、偏旁归类等。会意字归类识字，如“日月明、田力男，小大尖、小土尘，二人从、三人众，双木林、三木森”。字义归类识字，如“阴、晴、雾、雷电、冰雹、阵雨、霜冻、暴雨、雨夹雪”等和天气有关的字词一起学。偏旁归类识字，如“钩子、金、铲子，梅花、木、柿子，源头、水、涨潮，火炬、火、灿烂”等。这类识字教学重在引导学生观察、分析、比较，既要努力发现一组字的共同特点，找出这一组字所体现的汉字规律，又要尝试运用汉字规律区分组内不同字之间的差异，准确掌握每个生字。

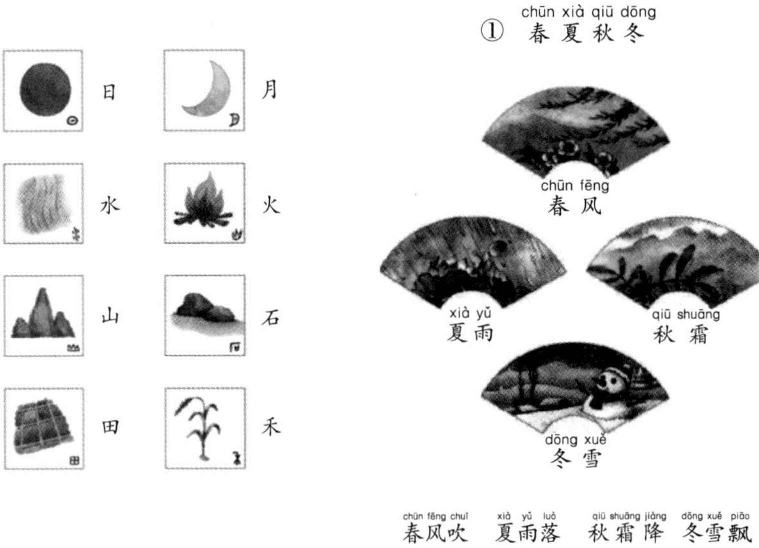

图 3-1　教科书中的看图识字示例

(二)随文识字的教学策略

目前，小学语文识字教学的主要方式是随课文识字。这里的“课文”包括词串、句子、儿歌、故事、文章等。生字词置于一定的语境中，即若干包含生字词的句子组合起来描绘一个场景或讲述一段故事。随文识字的教学策略包含三种方式：一是先听读学文而后识字，二是边读课文边识字，三是先识字后读课文。具体采取哪一种方式，要根据课文的生字数量、特点以及课文的特点而定。

先听读学文而后识字的方式主要针对低年级的韵语识字或韵文识字，如“姓氏歌”“古对今”“人之初”“对韵歌”等。这些识字材料读起来合辙押韵，朗朗上口，但语句之间往往没有直接的意义联系，教学时注重朗读背诵和指导学生理解字词意思。

边读课文边识字的方式适用于课文生字不多，字词意思宜于结合语句来理解的情况。多见于 1～2 年级，如“操场上”“动物儿歌”“树之歌”等。这个阶段还有些课文直接呈现汉字的结构特点，比如字族文《小青蛙》，既有一定的语境，又集中呈现以“青”为声旁的一组形声字“清、晴、睛、情”；《“贝”的故事》介绍“贝”这个偏旁及相关汉字的演变历程等。教学时，教师可以指导学生在读课文过程中，借助汉语拼音读准字音，多次朗读，反复感知字形，结合课文里的语句理解字词意思。课文学完之后，还要用各种方式复习生字，特别是对字形进行分析，使学生头脑中建立起生字词音形义的联系。

3～6 年级的识字教学基本属于课文教学的一个环节，主要形式是先识字后读课文。通常的做法是，教师通过预习环节，请学生课前自学生字表中本课的生字。上课时以检查预习的形式，根据学生朗读课文的表现判断其字音掌握情况，而后再组织生字再认、释义、运用等活动。虽然是将课文里的生字词集中学习，但在教学时还要结合课文中的词句来理解意思。对于课文篇幅较长、生字较多又比较分散的情况，可以把那些结合课文语境能更好理解字义的生字随着课文阅读来教，其他的生字词则可在读文之前先学习。此外，科技类课文往往有一些生活中不常用的科技术语，这部分字词一般也适宜在学文之前先集中学习。

无论采取哪种教学安排，具体到每个生字词的教学，都要注意分析生字词的音、形、义，结合说话和读写活动加强运用，在复习环节引导学生对所学字词进行分类或归类并阐述理由，强化学生对汉字规律的记忆和运用。

三、写字教学实施要点

写字教学是识字教学的一个组成部分，只有当学生能在特定的语境中正确书写生字词时，他们才算真正地掌握了这些字词。但学写字与学认字的心理过程却有一定的差异，特别表现为写字要求学生对汉字的字形有非常细致而准确的感知，并且需要学生手部精细动作的参与。

(一)写字教学基本步骤

作为一种技能学习，学写字离不开模仿和演练。写字教学大致可以分为四个步骤。

第一步，指导学生写字要突出重点、难点。开始时要逐个笔画讲清要领，引导学生观察重点笔画，包括笔画的粗细长短、起笔收笔、角度等。

第二步，教师范写。示范要准确、清晰。教师课前一定要认真读帖。范写时力求做到讲解与示范相结合，让学生边听边看，弄清楚每个笔画的起笔、行笔、收笔以及运笔时的提、按、快、慢。可通过字体颜色的变化突出重点笔画，也可引导学生和教师一起书写。

第三步，学生练习书写。教师要巡回指导，及时发现普遍性的错误，以便在下一步提出来共同讨论，加以纠正。对个性化的问题及时进行个别指导。学生抄写生字的练习并非越多越好。有研究显示，单个生字连写 3 遍为好。若将一课生字一起练，则以不超过 4 遍为宜。最好是将一课生字的每个字连写 3 遍，再将所有生字按顺序写 1 遍，如此学生的记忆较为深刻。[①]

第四步，批改与讲评。教师应认真、及时批改学生的写字作业。批改时以鼓励为主，标识出学生写得好的字，或通过评语提示学生进步之处。对于学生写错的地方应

---

① 朱作仁、祝新华：《小学语文教学心理学导论》，110 页，上海，上海教育出版社，2001。

该提示学生对照范字，自主修改。

(二)错别字的预防与纠正

写字教学面临的最大问题是错别字现象。根据对学生常见错别字的分析，我们发现导致错别字的原因有很多，包括字词本身结构复杂，教法选用不当，学生手眼协调能力不佳、学习态度和习惯不好，等等。

通常，一年级的学生出现的错字比别字多，二年级以后别字较多。初入学的小学生大多六岁左右，控制笔的能力还不是很强，同时其感知觉比较笼统，不容易把握字形的细微特征，因而容易发生增减笔画、颠倒结构等错误。心理学研究表明，学生对字形的遗忘率高于对字音和字义的遗忘率。默写中字形结构混淆、笔画增减、形近字相混等“形错”字的数量超过因字音或字义相近而混淆的字的数量的三倍。①

错字出现的频率与字的笔画多少和结构有关，笔画少而简单的字容易出现增笔错误，笔画多而复杂的字容易产生减笔错误。错字的具体表现与字形结构有关，左右结构的字容易出现左右部位互移，全包围结构的字常出现在其中增减笔画的错误。② 有些错别字是由已学过字的负迁移造成的，如因为学过的偏旁“忄”而将“博”字的偏旁写错，等等。

1. 错别字的预防

从教学角度，为防止错别字的产生，教师应从教每一个字做起，让学生正确、清晰地认识每一个字。同时针对常见的错别字类型采取针对性的预防措施。

首先，针对学生知觉不精细的特点，引导学生注意字中容易混淆的部分。如“燕”字，要让学生注意到上顶是“廿”，不是“艹”；“冰”字，左边是“冫”，不是“氵”等，防止出现或改变部分字形或增减笔画的错误。

其次，为防止熟字对生字学习的干扰，要特别指出熟悉的结构单位在生字中的位置。引导学生把生字和熟字或熟字的偏旁联系起来。低年级识字教学要尽快从笔画分析过渡到部件分析、结构分析，通过大部件分析简化识字的心理过程。

最后，调动学生思维积极性，引导他们对同音字、形近字等进行仔细观察和对比。例如，“青”和“清”，“末”与“未”的对比等。再如，结合词语的意思进行同音字或形近字的辨析，如“气”与“汽”，“即”与“既”等。

袁瑢老师对于错别字预防有很好的教学经验。她指出，随着学生识字量的扩大，难免会出现读错、写错、用错的情况。为此，要把识字方法教给学生，这样就能防患于未然。她主要教授了两种识字方法。第一种是“音形义”结合识记法，即在教学过程

---

① 潘菽主编：《教育心理学》，231页，北京，人民教育出版社，1980。

② 辛涛、黄高庆、伍新春：《小学语文教学心理学》，42页，北京，北京教育出版社，2001。

中不断提醒学生，遇到生字先拼读音节，读准字音，再分析字形，想办法记住这个字是怎样写的，还要想想这个字是什么意思。三者结合不等于三个方面要平均用力。对于学生在入学前的日常生活中已经熟知字音、字义的生字，只要注上拼音，学生就能把汉字与口语中的常用词汇联系起来，了解字义。这时候的主要任务是帮助学生攻下字形关，培养辨析字形的能力，掌握书写汉字的基本技能。

第二种是归类分析比较法。在学生认识了一批字后，要经常提醒学生注意新旧知识的联系，归类分析比较，明确它们之间的相同点，区别它们之间的不同点。每到一定阶段就可以进行一次集中复习。归类分析的类型有五种，即读音归类、意义归类、形近字归类、多音字归类，以及一词多义。等学生掌握分析汉字的工具和方法之后，就可以放手让学生自主识字，培养学生独立识字的能力。①

2. 错别字的纠正

唐自杰等对纠正错别字的多种教学方法进行了比较。这些方法有“只练不讲”“只讲不练”“讲练结合”“学生主动分析与练习相结合”“学生主动分析与多次练习相结合”“学生主动分析与连词(连着词写)多次练习相结合”等。结果发现，“只练不讲”效果最差，教师指导下“学生主动分析与连词多次练习相结合”的效果最好。② 纠正错别字时，如果只要求学生按正确书写抄几遍，其教学效果很有限。教师需要将学生常出现的错别字呈现出来，引导学生进行正音、辨形、释义、运用等综合性练习，把分辨正误和自觉识记结合起来，这样才能有效纠正错别字，并提高学生学习识字与写字的自觉性。教师可以把学生的错别字故意写在词语或句子中，让学生去辨别和改正，或者让学生根据一定的语言情境，在容易混淆的字之间做出选择，预防比纠正错误更重要。

专栏 3-6：《课程标准》关于识字、写字的教学实施建议：

识字、写字是阅读和写作的基础，是第一学段的教学重点，也是贯串整个义务教育阶段的重要教学内容。

识字教学要注意儿童心理特点，将学生熟识的语言因素作为主要材料，综合学生的生活经验，引导他们利用各种机会主动识字，力求识用结合。

要运用多种识字方法和形象直观的教学手段，创设丰富多彩的教学情境，提高识字教学效率。

---

① 崔峦、陈先云主编：《斯霞、霍懋征、袁瑢语文教育思想与实践》，448～450 页，北京，人民教育出版社，2003。

② 参见朱作仁、祝新华：《小学语文教学心理学导论》，106 页，上海，上海教育出版社，2001。

按照规范要求认真写好汉字是教学的基本要求，练字的过程也是学生性情、态度、审美趣味养成的过程。每个学段都要指导学生写好汉字。要求学生写字姿势正确，指导学生掌握基本的书写技能，养成良好的书写习惯，提高书写质量。第一、第二、第三学段，要在每天的语文课中安排 10 分钟，在教师指导下随堂练习，做到天天练。要在日常书写中增强练字意识，讲究练字效果。

汉语拼音教学要尽可能有趣味性，宜多采用活动和游戏的形式，应与学说普通话、识字教学相结合，注意汉语拼音在现实语言生活中的运用。

本章小结

我国的小学语文教学中，识字与写字教学主要包括汉语拼音教学、认字教学、写字教学三大部分。识字是儿童从运用口头语言到学习书面语言、学习文化知识的初始环节，与儿童的认知过程紧密联系。识字与写字教学内容包括汉字基础知识、识字方法、写字要领、查字典的方法等。其中，汉字基础知识包括汉语拼音和笔画、笔顺、偏旁部首、部件、独体字等字形结构知识。《课程标准》对各学段识字与写字的课程目标和内容有比较明确的规定。

根据我国传统语文教育以及当代语文教学实践经验，小学识字与写字教学的基本原则包括调动学生识字的积极性，灵活选用教学方法，学、练、用结合，在语言文字实践中培养学生的识字能力。

为了提高识字教学效果，长期以来很多研究者和小学教师对多种识字方法和教学模式进行了探索和试验，比较有代表性的实验有集中识字、分散识字、注音识字、韵语识字等。这些实践探索所证明的一些好的教学方法已体现在现行的语文教科书中。

就识字与写字教学的具体做法而言，汉语拼音教学要注重激发学生兴趣，提出难度适宜的要求，与教科书提供的情境图结合，与记诵儿歌结合，让学生通过多种方式练习运用。识字教学可以分两种类型，一是归类识字，教学时要注意引导学生分析和归纳同类生字的特点，对比字与字之间的差别，理解汉字音形义彼此联系的规律；二是分散识字，需要根据课文的内容和语言特点进行识字教学的组织。写字教学要兼顾正确书写和培养良好的写字习惯，通过示范、讲解、对比分析等多种方式帮助学生准确记忆和正确书写汉字，预防错别字。

关键术语

识字与写字教学　识字工具　认字教学　写字教学　集中识字　分散识字　“注音识字　提前读写”

章节链接

在这一章，你读到……	在其他章节中，你将发现相关的讨论……
识字教学基本要求	第一章第三节 语文课程目标和内容 第一章第四节 统编语文教科书的相关内容
识字教学原则	第二章第二节 语文教学基本原则 第二章第三节 语文知识教学和语文能力培养的教学方法
识字与听说读写结合	第四章 阅读教学中的生字词教学 第六章 结合字词学习进行口语表达训练

批判性思考

1. 在我国，识字与写字是语文课程里一个相对独立的研究领域，与阅读、写作、口语交际、综合性学习并列。其他国家和地区的母语课程里极少有这样的安排。以英美为例，英语课要学习词法分析和单词拼写等内容，但这些是在基础阅读或写作教学中进行的。那么，我国将识字与写字教学单列的做法是否有必要？为什么？

2. 目前，汉语拼音教学的基本定位是能借助汉语拼音认字读词，没有对注音提出要求。为此，语文教学实践中出现了一些有争议的现象。例如，低年级学生写话时遇到不会写的字，尝试用拼音代替。有的老师认为宁可空着或者写错别字，也不鼓励学生写拼音。再如，有些中高年级学生抄写生字时，注音经常出现错误，有的老师认为既然不要求注音，那么写错了没关系，另一些老师则认为要写就要写正确。对于汉语拼音教学的具体要求，你有怎样的看法？

体验练习

1. 运用思维导图或表格整理小学识字教学的主要内容和相应要求。

2. 观摩小学识字教学的一节课例，对照识字教学原则分析和评议其教学特点。

3. 选择一个比较有代表性的识字教学实验，查阅相关研究资料，分析和总结其教学特点。

4. 在小学语文教科书中选择一项汉语拼音或识字、写字的教学内容，尝试做一份教学活动设计。

拓展读物

1. 崔峦，陈先云．斯霞、霍懋征、袁瑢语文教育思想与实践．北京：人民教育出版社，2003.

2. 戴汝潜．识字教育科学化与小学语文教育新体系探索．北京：教育科学出版社，1999.

3. 郭林，张田若．集中识字教学的理论与实践．北京：教育科学出版社，1991.

4. 刘曼华，周韫玉．北京景山学校语文课程教学改革 50 年．北京：人民教育出版社，2010.

第四章

小学阅读教学

本章概要

本章主要介绍小学语文阅读教学的基本理论和操作要点，包括小学阅读教学的意义、内容和要求，基本原则，实践探索经验，实施要点。

结构图

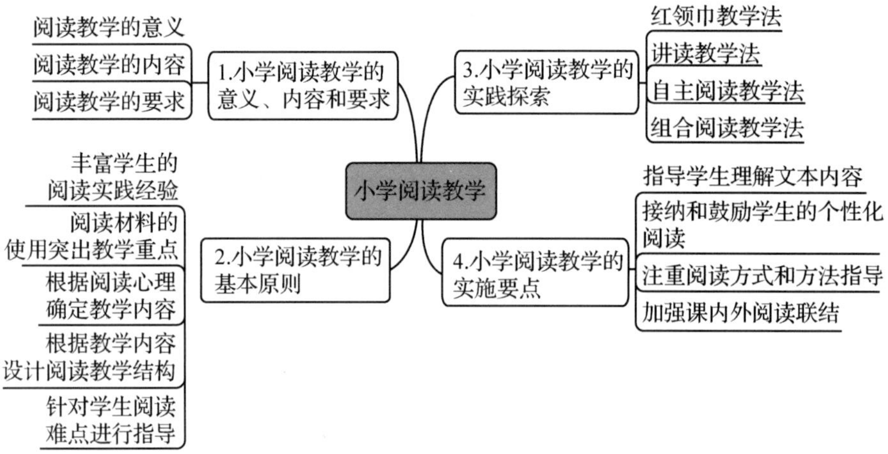

学习目标

1. 理解小学阅读教学的意义、主要内容和基本要求。
2. 掌握小学阅读教学的基本原则。
3. 了解我国关于小学阅读教学结构的主要实践探索。
4. 掌握小学阅读教学的实施要点。

读前反思

本章主要讨论阅读教学的相关问题。请你结合自己的阅读经验，思考如下问题：

1. 怎样算是“会阅读”？或者，一个好的读者在读书时有怎样的表现？
2. 你的阅读能力从何而来？你的中小学教师对你学会阅读有过什么样的帮助？
3. 有哪些阅读方法或技巧是小学应该学但你没有学过的？

对于阅读教学的含义可以做不同层次的理解，狭义的阅读教学指以培养学生阅读能力为目标的语文教学。在小学语文教学实践中，阅读教学的含义比较广泛，包括教学生阅读的活动，也包括教师引导下的学生自主阅读活动，以及在阅读过程中进行的语文综合训练。本章讨论的是广泛含义的阅读教学。

第一节 小学阅读教学的意义、内容和要求

学习目标

理解小学阅读教学的意义、主要内容和基本要求。

阅读是从书面符号获取信息和建构意义的过程。我国著名语文教育学家张鸿苓先生认为：“阅读是读者借助视觉器官，运用自己已有的知识经验，去了解文字符号所表达的内容的一种心理活动。”①无论阅读的是单篇文章还是整本书籍，不管是把文字变为语音进行朗读，还是默默品读，只要是从书面符号里获取信息，就都是阅读。阅读是非常复杂的行为，包括感知、记忆、思维、想象等多种认知过程，以及注意、兴趣、意志、情感等多项心理活动。

人们通过阅读获取生活和工作所需要的信息，了解他人的见闻和感受，进入他人创造的想象世界，学习科学知识，继承优秀文化传统，等等。具体到阅读活动，会因阅读目的的不同和情境的差异表现出不同的层次。有时是复述性阅读，也就是对所读文字做字面理解，通过感知字词，对文章做出最初的直接理解和记忆；有时是理解性阅读，试图从字里行间探寻文章的写作思路以及作者想要表达的思想情感；有时是评价性阅读，要在理解基础上对所读材料在内容和表达方面的优劣、是非、真假进行辨别，或欣赏或批判；有时是创造性阅读，在阅读之后，依托原文而又超越原文，形式自己的见解。

一、阅读教学的意义

鉴于阅读在人们生活和工作中的重要作用，小学阅读教学的重要性也不难理解。

① 张鸿苓主编：《语文教育学》，176页，北京，北京师范大学出版社，1993。

阅读教学是小学语文教学的重要组成部分，对实现小学教育教学目的具有举足轻重的作用。我国现行小学语文教材多采用文选式，课文及配套练习构成语文教材的主体，这种教材表现形式表明了阅读教学或者说课文教学在语文教学中的重要地位。

首先，阅读教学可以培养学生的阅读能力。阅读教学的首要任务是教会学生读书，包括对基本的书面符号即字词的认读，对文意的理解，根据阅读目标选书、选用读书方法，监控自己的阅读效果，等等。通常，学生的书面语学习是从小学开始的，小学是阅读能力形成的奠基阶段。学生一旦学会读书，也就获得了自主学习的能力。

其次，阅读教学可以促进学生认知、情感、道德等方面的发展。阅读教学主要依托学生的阅读过程进行，阅读与教学同步进行。阅读教学能够使学生增长见识、开阔眼界、活跃思维、丰富情感体验，可以对学生进行科学思维方法的训练，还可以对学生进行人生观、价值观、世界观的引导。

最后，阅读教学有助于提高学生的口头及书面表达能力。阅读教学中学生可以接触大量的词语、句式，这有助于学生积累语言，增加其语言表达的丰富性。同时，阅读教学还可以指导学生揣摩作者的观察视角、分析方法、表达方式等，鼓励学生在自己说话或写作时尝试模仿和运用，这必然会促进学生表达能力的提高。

二、阅读教学的内容

根据我国已有的小学语文教学大纲和课程标准，以及其他国家母语阅读教学的经验，小学的语文阅读教学的内容大致可以分为四个方面。一是常用的阅读方式和阅读策略，包括朗读、默读和出声读，背诵和复述，选择和提取信息、概括信息，圈画批注等；二是阅读基础知识，包括常用的词汇、句式以及经典语段和名家名篇，常见的文本类型，语法及读写法则等；三是常见阅读文本的内容题材，如与课文有关的自然科学或社会科学知识、人生态度、生活方式、价值观、审美情趣等；四是良好的阅读习惯，包括多读多思，认真读书，摘录记诵。

(一)常用的阅读方式和阅读策略

朗读，顾名思义，是用响亮的声音将文字读出来，做到正确、流利、有感情。通过朗读，学生可以展现其对文本的理解水平和熟悉程度。

默读与出声读是就读书方式而言的，前者读的时候不出声，后者会出声。它们的目的都一样，即通过读来疏通文字、理解和记忆文章要义。其教学要点是，在要求学生默读或出声读的时候，就文意的理解或鉴赏提出明确的任务，引导学生边读边思考。同时，阅读教学还应当指导学生对不同的阅读方式进行一些对比，分析它们各自适宜的文本特点。例如，对于经验和知识较少的低年级学生而言，出声读可以发挥“出声思维”的作用，帮助他们对文字和语句进行理解和记忆，而对已经掌握默读技巧的中高年级学生乃至成人而言，在遇到自己不熟悉或内容复杂的文章或段落，因为理解困难而无法集中注意的时候，也可以通过出声读的方式，借助声音和听觉来帮助自己集中注意和进行思考。

背诵和复述是再现阅读所得的方式。背诵要求逐字逐句，完全再现原文。复述重在再现原文内容，不要求完全按原文字句来表述。

选择和提取信息是实现阅读目标的重要环节。阅读能力强的读者往往能根据自己的阅读目的，快速浏览阅读材料，从中筛选重要的信息来细读。通常情况下，书面材料会在一些关键部位呈现重要信息，如书籍或文章的开篇和结尾，图书的内容介绍和目录等。此外，作者一般会对重要信息进行具体而详细的描写，阅读时可以从作者详写的部分入手，提取其重要信息。

阅读的主要目标是从铺陈的文字里抽取要点，这就需要在阅读中对所提取的重要信息进行概括。具体表现为用简明的语言表述文章各部分的主要内容，识别各部分之间的联系，厘清文章的脉络，条理清晰地归纳核心观点和写作意图。统编小学语文教科书将理解文章内容的方式方法作为一个训练序列，在各年级对应的单元提示里指明了教学要求。表 4-1 列出了 4～6 年级教科书中关于把握文章主要内容的教学要点。

表 4-1　4～6 年级教科书中关于把握文章主要内容的教学要点

年级	单元提示
四上	了解故事的起因、经过、结果，学习把握文章的主要内容。
	关注主要人物和事件，学习把握文章的主要内容。
四下	学习怎样把握长文章的主要内容。
五上	阅读时注意梳理信息，把握文章内容要点。
六上	抓住关键句，把握文章的主要观点。
	借助相关资料，理解课文主要内容。
六下	借助作品梗概，了解名著的主要内容。

圈画批注是伴随阅读进行的活动，其有助于读者集中注意力，也是对信息选择、提取、概括的结果进行记录的过程。圈画是指用勾、画、圈、点等方式，给文中的重点、难点、疑点、亮点、趣点等注以不同的标记，如用单横线、双横线、波纹线等不同记号标注生字、新词、重点词句、标点等。圈画的过程是一个发现、比较的过程，是学生对知识进行筛选、分类、鉴别的过程。圈画的符号可以使学生筛选出的重点信息一目了然。批注是在圈画基础上，对字词、句段进行标注和写批语，如给生字词标注拼音和注释，写下自己对文本的质疑、感受、评价，等等。

统编小学语文教科书专门设置了阅读策略教学单元，结合若干篇课文指导学生学习预测，提高阅读速度，有目的地阅读等。

(二)关于阅读的基础知识

首先是常用词汇、句式以及经典语段、名家名篇等。词汇和句式既要求理解、记忆，更要求能运用。经典语段和名家名篇重在朗读和背诵积累。

其次是文本类型，或称文章体裁，简称文体。《课程标准》里提到的文本类型主要有童话、寓言、故事、儿歌、诗文、叙事性作品、说明性文章、非连续性文本等。对于同样的内容，不同文体表达的重点和表达的效果各有不同。叙事性作品着重讲述事件的起因、经过、结果，说明性文章重在描述事物的性质和特征，诗歌通过含蓄的、富有韵律的语言表达某种思想感情。专栏 4-1 是澳大利亚维多利亚州英语课程标准列出的文本类型，表 4-2 是统编小学语文教科书中与文本类型有关的单元学习提示。从中可以看出各类文本的基本特征和教学要点。

专栏 4-1：澳大利亚英语课程标准中的文本类型①

文学作品用语言再现、再造、塑造和探讨人类的经验；可以建立在虚构的基础上，也可以建立在事实的基础上。文学作品包括图画故事、传说故事、小说、戏剧、诗歌、传记，等等。通过阅读文学作品，学生能扩展对世界和自身的理解，懂得文化信仰和价值观是如何形成的。

日常文本包括日常生活中的各种印刷和非印刷文本。包括各种分类广告、个人信函、留言、说明书、标签、电子邮件、网页，以及与特殊的学习相关的标志、时刻表等。小学阶段从强调在家庭和学校出于个人的非正式目的的简单的日常文本，逐渐转向在家庭和更广泛社区运用的，更加正式和复杂的文本。

媒体文本包括面向公众的印刷品、图表和电子信息。这类文本的建构涉及许多人，并受其制作过程所运用的技术的影响。语文教学的媒体文本可以来自报纸、杂志、电脑软件、互联网及影视、广播。

工作文本包括经常在企事业工作场合遇到的印刷品和电子信息，包括商务信函、个人简历、备忘录、简短的报告、正式和非正式的会议纪要。练习理解这些文本有助于学生为未来工作和继续学习做准备。

---

① 从立新、章燕主编译：《澳大利亚课程标准》，13 页，北京，人民教育出版社，2005。

表 4-2　统编小学语文教科书中与文本类型有关的单元学习提示

年级	与文本类型有关的单元提示
三上	感受童话丰富的想象。
三下	读寓言故事，明白其中的道理。
四上	感受神话中神奇的想象和鲜明的人物形象。
四下	初步了解现代诗的一些特色。体会诗歌的感情。
	感受童话的奇妙，体会人物真善美的形象。
五上	阅读简单的说明性文章，了解基本的说明方法。
五下	初步学习阅读古典名著的方法。
六上	读小说，关注情节、环境，感受人物形象。
六下	了解作品梗概，把握名著的主要内容，就印象深刻的人物和情节交流感受。

最后是语法及读写法则，如词语搭配规律、段落或篇章结构、详略安排、常用标点符号、主要表达方式、简单修辞等。阅读教学应引导学生对独具匠心的文章布局进行揣摩，一方面，帮助学生把握作者的写作意图，深化学生对文章内容和主题的理解；另一方面，使学生学习布局谋篇的多种方式，鼓励他们在自己的写作中尝试运用。表 4-3 为统编小学语文教科书中与课文写法教学有关的单元提示。

表 4-3　统编小学语文教科书中与课文写法教学有关的单元提示

年级	与课文写法教学有关的单元提示
二上	感受和体会课文语言表达的多样性，学习表达。
三上	体会作者是怎样留心观察周围事物的。
三下	了解课文是怎样围绕一个意思把一段话写清楚的。
	了解课文是从哪几个方面把事物写清楚的。
四上	体会文章准确生动的表达，感受作者连续细致的观察。
	了解作者是怎样把事情写清楚的。
四下	体会作家是如何表达对动物的感情的。
	了解课文按一定顺序写景物的方法。
五上	初步了解课文借助具体事物抒发感情的方法。
	初步体会课文中静态描写和动态描写。
五下	学习描写人物的基本方法。
六上	了解文章是怎样点面结合写场面的。
	体会文章是怎样围绕中心意思来写的。

续表

年级	与课文写法教学有关的单元提示
六下	阅读时分清内容的主次，体会作者是如何详写主要部分的。
	体会文章是怎样表达情感的。
	体会用具体事例说明观点的方法。

(三)常见阅读文本的内容题材

这部分教学内容主要是文本的内容及其传达的事实、观念、情感等，表现为理解课文内容，弄清楚课文所记叙的人物、事件以及故事情节，推断隐藏在这些人、事、物背后的思想和情感。这些内容的教学对增加学生知识经验，发展学生思维，丰富学生情感，提高学生思想认识有重要意义。

小学阶段阅读材料的内容题材从学生熟悉的家庭和学校生活、动植物故事、浅显的科学知识等开始，逐渐扩展到与学生经验有一些距离但又能被学生理解的事物，如自然生态、人文景观、革命历史、伦理关系、道德品质等。比较常见的主题有反映人与人关系的如亲情、友谊、尊重、信任、合作，反映个性品质的如诚信、勇敢、善良、坚强、自信，反映社会价值观的如爱国、环保、和平、科学精神，等等。表 4-4 为统编教科书三年级单元人文主题示例。

表 4-4　统编教科书三年级单元人文主题示例

年级	单元	单元主题	单元导语
三上	一	校园生活	美丽的校园，成长的摇篮，梦想启航的地方。
	二	金秋时节	金秋的阳光，洒在树叶上，洒在花瓣上，也洒在我们的心上。
	五	生活中的美	生活中不缺少美，只是缺少发现美的眼睛。——[法国]罗丹
	六	祖国山河	祖国，我爱你。我爱你每一寸土地，我爱你壮美的山河。
	七	我与自然	大自然赐给我们许多珍贵的礼物，你发现了吗?
	八	美好品质	美好的品质，犹如温暖的阳光，带给我们希望和力量。
三下	一	可爱的生活	飞鸟在空中翱翔，虫儿在花间嬉戏。大自然中，处处有可爱的生灵。
	三	中华优秀传统文化	深厚的传统文化，中国人的根。
	四	奇妙的自然	看，花儿在悄悄绽放。听，蜜蜂在窃窃私语……自然界如此奇妙，留心观察，会有新的发现。
	六	多彩童年	在童年的百花园里，我们看到了缤纷的世界。
	七	奇妙的世界	天地间隐藏着无穷无尽的奥秘，等待着我们去寻找。

(四)良好的阅读习惯

习惯是人在一定情境下自主地进行某种动作的需要或特殊倾向。良好的阅读习惯表现为不需别人要求而可以自觉地选择好书来读，在阅读过程中有良好的行为表现等。小学阶段培养学生良好的读书习惯将使他们受益终身。小学生良好的阅读习惯主要有以下几点。

第一，多读多思。形成自觉读书的习惯意味着学生把阅读当作生活的一部分，能轻松自如地做到经常阅读。但是，如果读书的时候只是简单地了解字面意思，不求甚解，那么即便是天天翻书恐怕也没有太大意义。读书的时候需要开动脑筋，对自己所读的内容进行思考，力求概括读物的要点。

第二，认真读书。即学生要对阅读表现出一种积极态度。阅读的时候能够聚精会神，把注意力全部放在阅读的对象上，力求理解阅读材料的内容；要经常回顾自己的阅读过程，看看自己是否理解，对于不懂的地方则要想方设法地弄懂。例如，对不认识的字词借助工具书来弄懂，查阅其他相关资料补充阅读所需的知识经验，或者运用已经掌握的读书方法尝试克服阅读难点等。

第三，摘录记诵。在阅读过程中，对于文中的好词佳句、精妙的描写可随时摘抄、记诵。这既有助于巩固阅读中的收获，也有助于丰富语言积累。

三、阅读教学的要求

根据我国已有的教学大纲和课程标准，小学语文阅读教学的基本要求包括以下四个方面。

(一)阅读习惯和态度的教学要求

培养良好的阅读习惯要以一定的阅读积累为基础。《课程标准》就阅读量和背诵量提出了明确的要求。低年级学生刚开始学习书面语，处于识字起步阶段，阅读量方面的要求相对少一些。中、高年级学生有识字基础，阅读量要求迅速提升。

良好的阅读态度主要表现为对阅读活动的兴趣和自觉阅读的行为倾向。兴趣的培养需要在低年级打好基础。根据《课程标准》的学段目标和内容，第一学段教学目标指向使学生在阅读中“对感兴趣的人物和事件有自己的感受和想法，并乐于与人交流”；第二学段要在阅读叙事性作品时“关心作品中人物的命运和喜怒哀乐”；第三学段要在阅读后的“交流和讨论中，敢于提出看法，作出自己的判断”，能在阅读叙事性作品时“说出自己的喜爱、憎恶、崇敬、向往、同情等感受”。

(二)阅读理解的教学要求

各学段阅读教学都要指导学生理解词句意思，把握文章内容，展开想象，领悟诗文的大意，体验诗文及作者的情感。

《课程标准》在学段目标和内容中没有规定阅读材料具体覆盖哪些思想或情感主题，但在语文课程的总体目标和内容中有明确表述，包括爱国主义、集体主义、社会主义思想道德和健康的审美情趣；积极的人生态度和正确的世界观、价值观；民族文化智慧、多样文化；科学的思想方法、实事求是和崇尚真知的科学态度，等等。各学段有一些相关的要求。例如，第一学段阅读教学要引导学生“向往美好的情境，关心自然和生命”；第二学段要引导学生“关心作品中人物的命运和喜怒哀乐”；第三学段要引导学生“受到优秀作品的感染和激励，向往和追求美好的理想”，并在阅读说明性文章时能抓住文章要点，也就是能够理解文章要说明的具体内容。

(三)语言积累和运用的教学要求

词句的学习除了理解词句的意思外，还表现为要随时积累。第一学段要“在阅读中积累词语”，“积累自己喜欢的成语和格言警句”；第二学段要“积累课文中的优美词语、精彩句段，以及在课外阅读和生活中获得的语言材料”；第三学段要“背诵优秀诗文 60 篇(段)。”

在文本类型方面，第一学段主要学习儿歌、儿童诗，及浅近的童话、寓言、故事、古诗等。第二学段除继续学习优秀诗文外，还要了解和把握叙事性文本的特点和阅读策略，课外除了读书还要读报。第三学段在学习优秀诗文、叙事性作品之外，还要学习说明性的文章、简单的非连续性文本，并在诗歌的学习上有了更加具体的要求。

此外，第三学段阅读教学还要使学生学习词语的感情色彩、文章的表达顺序和基本表达方法，了解叙事性作品的事件梗概，能简单描述场景、人物、细节，了解说明性文章的基本说明方法，以及把握诗文的语调、韵律、节奏，等等。

(四)阅读方式和阅读策略的教学要求

《课程标准》关于朗读学习目标的表述在各学段之间仅有细微的差异。第一学段是“学习用普通话正确、流利、有感情地朗读课文”；第二学段是“用普通话正确、流利、有感情地朗读课文”；第三学段是“能用普通话正确、流利、有感情地朗读课文”。根据对朗读的“评价建议”，朗读能力表现在语音、语调、感情等方面。

默读的学习从第一学段开始，第二学段初步学会，到第三学段时要求有一定速度。此外，第二学段要学习略读，复述叙事性文章的大意；第三学段开始学习浏览。

阅读策略方面，第一学段主要是“结合上下文和生活实际了解课文中词句的意思”，以及“借助读物中的图画阅读”。第二学段在词句理解方面除了联系上下文之外，还要抓关键词，并“能借助字典、词典和生活积累，理解生词的意义”。篇章的阅读策略主要是质疑，即“能对课文中不理解的地方提出疑问”；再就是“在诵读过程中体验情感，展开想象，领悟诗文大意”。第三学段的词句理解要求是“能联系上下文和自己的积累，推想课文中有关词句的意思”；篇章阅读策略主要是阅读叙事性文章时抓事件脉络，反思自己的阅读感受，说出自己印象最深的部分；阅读诗歌时进行想象；阅读简单的非连续性文本时，将图与文结合，寻找有价值的信息。

上述四方面的阅读教学内容和要求是在理论上所做的区分，实际教学中往往将不同方面的教学内容进行整合。例如，对不同类型的文本选用相应的读书方式和阅读策略，结合对词句和篇章内容的理解学习语法和读写知识等。

第二节
小学阅读教学的基本原则

学习目标

掌握小学阅读教学的基本原则。

阅读是实践性很强的活动，也是极具个性化的活动。阅读教学不是让学生将教师或教材编写者关于课文的理解当成自己的理解，也不是为了让学生就若干读书方法侃侃而谈，而是需要学生在有指导的阅读实践中掌握基础知识，学会选用恰当的阅读策略，养成独立阅读的习惯。

一、丰富学生的阅读实践经验

阅读能力是读者运用自己的知识、经验和技能顺利进行阅读的一种能力。阅读是一项极其复杂的活动，阅读能力由多种因素构成。关于阅读能力结构，不同研究者有不同的概括。综合起来，决定一个人阅读水平的能力大致包括认读能力、阅读理解力、阅读鉴赏力、阅读记忆力等。认读能力是指提取文字符号所包含的意义和所表达的内容的能力，简单说就是读懂字面意思。它以掌握一定数量的常用汉字和词汇为基础。阅读理解力是对由认读获得的信息进行加工并由此获得知识的能力。对文章进行阅读理解的活动包括辨识文体、厘清思路、把握结构、归纳主旨、揣摩写法、辨析修辞等。阅读鉴赏力指在理解的基础上，对作品内容和形式的好坏进行鉴别和欣赏的能力。阅读记忆力主要表现为对文本内容进行识记、储存、再现的能力。

小学生的阅读能力还处于发展阶段，在阅读实践中需要教师给予适当的引导、支持和帮助。例如，关于文体知识的教学，目标不能仅仅停留于让学生知道或能说出常见的文体的特点，识别某一具体文本属于何种文体。语文教学应引导学生发现这些文体知识对阅读的意义，如读者的阅读预期和计划与所读文本的文体相关，选取的读书方法或策略也需要与特定的文体相适应，对文学虚构类往往侧重理解情节或人物，对诗歌侧重感悟意境或情趣，对说理文本侧重抽取观点和评析论据，对信息类的实用文本则侧重选取自己需要的重点信息，等等。为落实这些教学目标，语文教学要使学生有机会阅读不同文体的文本，分析比较这些文本的异同，在阅读过程中尝试运用多种不同的读书策略，感受读书策略用于不同文本的阅读效果。

阅读教学注重引导学生自主阅读。在课文的教学中，要给学生足够的时间深入文本，认读字词，并由字词展开联想，将文中内容与自己的生活经验建立联系。学生通过自己努力获得的理解可以加深其对课文的印象，同时也可以体验不同的阅读方法。

例如，《詹天佑》的课文写道，我国杰出的爱国工程师詹天佑在修筑京张铁路的过程中为解决青龙桥附近坡度特别陡的困难，设计了“人”字形线路。学生对这一段内容的理解比较困难。一位教师在教学时，先让学生自己读读课文，看看火车是怎样爬坡的；紧接着请学生谈谈理解，结果大多数学生说不清楚，似乎没有读懂。这时候，教师出示自己精心制作的课件，在屏幕上呈现两个头的火车，“人”字形的铁轨，以及火车爬陡坡的过程。这种演示将课文内容以非常直观形象的方式展现出来，有助于学生理解“人”字形铁轨的特点。但从阅读教学的角度，这样的做法不一定合适，因为这是以教师的理解取代了学生自己的阅读和理解。这篇课文通常出现在小学高年级的教材里。教师完全可以引导学生多读几遍课文，尝试根据课文里的描写画一画，或者尝试把这一段的内容给别人讲一讲。带着这样的任务，学生可以通过自己的努力慢慢地真正弄懂课文的意思，同时学会如何应对阅读中的难点。

在 20 世纪 90 年代的语文教学中，经常可以看到这样一幕：在对课文逐段分析和讲解之后，教师会在黑板上写下课文的主要内容和中心思想，学生们都在自己的课本或笔记本上奋笔疾书，在随后的复习阶段他们会花很多时间记忆这些笔记内容。师生写下的主要内容和中心思想往往是教学参考书里的“标准答案”。按照这样的教法，极少数悟性很强的学生可能慢慢会领悟到概括文章主要内容和中心思想的基本思路，并在遇到其他文章时用到这些知识，但大部分的学生可能只获得了关于一篇篇课文的具体信息，未能由那么多的课文学习形成一定的阅读能力，遇到新的文章仍不会分析，不会概括要义。这种教学模式容易使学生只关注对每一篇课文内容的记忆，忽略概括文章主要内容和中心思想的过程和方法，对培养其阅读能力收效甚微。小学语文教学要尽量避免采用这种教学模式。

学生在阅读教学中学到的读书方法和策略需要通过自主阅读来演练和巩固，语文基础知识也需要在自主阅读活动的运用中来强化。小学语文教材通常将精读课文置于一个单元的起始部分，随后再安排泛读或略读课文以及自读课文，为的就是让学生在精读课文学习新的知识或方法后，能有其他篇目来进行巩固练习和迁移运用。对于这些课文，教师可以提示学生在阅读中尝试运用先前学过的方法，然后把时间留给学生，让他们自己去读书和整理读书收获，只在他们遇到困难的时候给予恰当的点拨。语文教学还要给学生提供丰富多样的阅读材料，放手让学生去读、思、议，使学生通过多读而熟练掌握基本的阅读技能。

二、阅读材料的使用突出教学重点

第二章曾经提到过，单独分析某一篇选文，它可能承载多个不同的教学目标，或为定篇，或为例文，或为样本，或为用件。就某一次阅读教学而言，必须确定该选文的教学目标究竟指向哪一方面。在进行阅读教学目标的设计时，教师需要综合考虑选文所在教材、单元的具体要求，选文本身的文体及语言特点，以及学生与该选文有关的经验和阅读基础等。例如，就选文本身而言，文体不同引导学生阅读的侧重点就不同。诗歌、散文侧重感知文章营造的情境及文章语言的凝练和美感；故事、童话侧重把握情节线索、人物关系、思想情感等；说明性文章多侧重了解说明方法，训练逻辑思维，感受科学态度等；小说侧重感知人物形象，学习人物描写的方法等。

一般来说，语文教材的选文大多文质兼美，在思想内容、语言表达、写作方式等多方面都可以作为学习的样板。在国外，有些阅读教学就是围绕某一部经典作品，用多个课时从多个角度开展的，但具体到某一次的教学，还是会相对集中于某个方面的教学内容。目前，我国的阅读教学还主要是围绕一篇篇的课文进行，且每一篇课文的教学时间有限，因此，每一次阅读教学还是很有必要对每一篇课文的教学目标和教学内容有所选择和设计。

以朱自清先生的名篇《匆匆》为例。这篇课文既可用于指导学生了解散文的特点和学习阅读散文的基本方法，也可用于指导学生体会文章的内容主题或学习作者的语言表达方式，并进行积累和运用。若教学侧重前者，那么教师可以先简要介绍散文的基本特点，然后让学生分析和感受课文在内容和写法上是否符合这些基本特点。例如，一位教师在上课伊始引用余秋雨先生的话，对散文的特点做了简要说明，然后让学生一边听课文朗诵录音，一边快速标记让其感到时间匆匆的地方。交流之后，教师总结道“散文的特点是形散而神聚。匆匆遍布全文，但又很集中”。学生结合课文实例感受到了散文的特点。从学生交流的情况看，他们对课文主旨及各部分的内容已经有一定的认识。接下来，教师没有指导学生深入细致地分析和感受课文的具体内容，而是请学生回忆以前学过的散文作品，让学生结合多样化的事例理解散文的特点，并总结和概括阅读散文的基本思路，那就是从文本中寻找能使看似分散的各个句段聚合在一起的文章的“神”即“中心”。

小学语文教材中，《匆匆》一课的学习往往侧重后两个方面，即理解作者通过平凡小事获得的对生活的感悟或体会作者表达感悟的方法。

如果以第一个方面也就是理解和感悟为教学重点，教师可以结合本课具体内容，采用内容分析的思路，对照课文的各个部分，让学生联系自己的生活实际和感受，在分享和交流中深入理解朱自清先生对时间流逝的独特体验。同时，适当引入其他关于时间流逝的文章，丰富学生对“匆匆”的认识和感悟。

如果以第二个方面为教学重点，也就是指导学生学习作者的语言表达方式，积累并尝试运用。教师应当在教学目标里明确提出学生要学习和积累哪些语言表达方式。然后，按照感知、理解、积累、迁移运用、反馈更正的过程组织学生学习。迁移运用的方式包括让学生通过复述或背诵积累词语、句式，或者出示运用同样表达方式的新文本，让学生巩固对表达方式的理解，又或者让学生仿照课文的写法，组织自己的生活经验，尝试表达。例如，学习第二至第五自然段时，教师可以重点引导学生朗读和感悟“茫茫然”“凝然”“飞走”“溜走”等词语，学习作者如何捕捉细节，感悟生活。教师可以让学生联系自己的生活经验，仿照课文的写法说一说。

分析一篇文章可以承载什么教学目标，这要依据文章在内容、文体、语言表达等方面的特点，还要依据学生的生活经验和理解水平。小学语文教科书在编选课文时已经对此有所分析和考虑，一般会在单元说明或课后习题中对某篇课文的教学重点有所提示。教师在进行教学设计的时候，还是需要对教科书的相关内容进行一些分析，以此作为设计教学的基本依据。

三、根据阅读心理确定教学内容

针对阅读理解的心理过程，心理学家提出了多种运行模式。比较有代表性的有自下而上模式、自上而下模式、相互作用模式、交互阅读模式等。

自下而上模式又被称为材料驱动模型，注重阅读中的解码过程，是初学阅读者常用的模式，表现为由字组合成词，再由词组合成句子，进而理解文章的内容。这一模式中，词义的理解和句式的掌握是阅读过程中的关键。

自上而下模式又称观念驱动模型，是指在阅读过程中，随时根据所读文字，运用头脑中已有的知识对下一步要读的内容做出预测，然后通过阅读来检验自己的猜想和期待是否成立。

相互作用模式认为上述两种模式都无法单独解释阅读理解的心理过程。阅读理解既受到阅读材料的制约，又取决于读者已有的知识经验以及其所采取的阅读方式。相互作用模式强调任何层次理解上的缺陷可相互填补。若读者认字能力不足，那么他对文章已有的一些概念，可由上到下地帮助他理解；若读者没有一些知识，他的认字能力可以让他由下而上地来理解文章。

交互阅读模式强调阅读情境对阅读过程的影响。如果阅读材料、阅读情境与读者的经验和预期一致，则阅读理解的效果较好。①

综合上述四种模式，读者进行阅读理解的关键要素如下：首先，要有一定的书面语知识，包括一定的识字量以及基本的语法和句法知识等；其次，头脑中有与读物内容有关的知识经验；再次，有一定的阅读策略，如浏览、预测、监控、检验等；最后，还需要明确此次阅读的具体任务要求，等等。

此外，阅读教学的目标不仅仅是帮助学生理解一篇篇课文，更重要的是培养学生独立阅读的能力。小学语文阅读教学要为学生未来的阅读打好基础。因此，阅读教学的内容不仅有语文知识、阅读策略及其适用的情境，还要为学生提供题材广泛而又能为学生理解和接受的大量读物，以丰富学生的知识经验，特别是反映人类社会共同经验和普遍情感的知识经验。

四、根据教学内容设计阅读教学结构

一般说来，侧重文本内容理解的阅读教学，其选文在题材方面应是学生可以理解但又不是很熟悉的。如果文本的题材为学生非常熟悉，那么不需要教师指导，学生就能理解和感悟其内容和主题。侧重文本内容理解的阅读教学重在引导学生对文本进行阅读理解和感悟，经历从语言文字入手，到理解文章内容，再到探究文章主题的复杂过程。

字词、语法、篇章结构、文章体裁等语文知识的教学可以分为感知、对比、尝试运用等环节。教师要根据阅读文本的特点，将其中的特定言语形式作为示例，引导学生注意；随后，通过朗读、对比等多种方式，引导学生体会该言语形式的特点和表达效果；之后还可以采用读写结合的方式，引导学生在自己写作时尝试运用该言语形式。

阅读策略的教学通常包括感知或体验、回顾和总结方法、迁移运用等环节。主要活动方式如下：教师先带领学生运用某种阅读策略来完成某一个段落或某一篇文章的阅读理解和感悟；之后引导学生对所用的阅读策略，也就是阅读的过程和方法进行总

---

① 董蓓菲：《语文教育心理学》，189～198页，上海，上海教育出版社，2006。

结，弄明白之前是怎样阅读的；接下来，提供新的阅读材料，指导学生尝试运用刚刚总结的阅读策略，使这些阅读策略得以迁移和巩固。对于已具备一定阅读经验的第一、第二学段学生，教师可以将一些简单的阅读策略直接介绍给学生，然后指导他们尝试运用，在运用过程中通过反馈来进行有针对性的指导。[①]

五、针对学生阅读难点进行指导

从阅读教学的角度，教师需要充分了解学生有关阅读的各个方面的状况，有针对性地帮助学生理解课文内容。很多时候，学生之所以会在阅读中遇到困难，是因为他们缺少与课文有关的知识经验，这时候教师就需要适时补充阅读材料的背景信息，如作者信息、创作情境、他人评论等。了解作家的写作背景不只是为了积累语文知识，更是为了加深对课文内容的理解，特别是对于语文课本中那些远离当今时代的作品，离开写作背景介绍学生便无从理解。需注意，不仅应当在课文学习的起始阶段介绍写作背景，而且要根据实际情况在阅读过程中适时引入关键背景的介绍。

例如，六年级的课文《我的伯父鲁迅先生》里有一句话："你想，四周黑洞洞的，还不容易碰壁吗?"要使学生真正理解这句话的深意，教师必须向学生介绍相关的时代背景，再引导学生结合前后文进行理解，知道这里的"黑洞洞"并非是指夜晚的黑暗，而是指当时的社会黑暗。"碰壁"所指的是遭受迫害之意。文中这句话是一个反问句，表现了鲁迅先生顽强的斗争精神和风趣幽默的语言风格。

还有的时候，学生面对一篇文章，心中唤起的是与文章主旨关联不大的经验，这也会影响他们对文意的理解。为此，教师需要在学生阅读之前营造一种与读物主旨有关的心理氛围，唤起学生的相关经验，使学生为阅读理解做好经验和情绪上的准备。下面的教学案例很好地说明了这一点。

教学案例 4-1[②]

记得开学第一节课课前，我兴致勃勃地走进教室，发现一群学生围在一起指指点点，争论不休。好奇心驱使我上前探身一瞧，原来他们正翻开《马踏飞燕》那幅图议论纷纷："你看这马，身肥腿细，还比不上我爸摆放在柜子里的那匹瓷马来得逼真!""哇，这铜马这么值钱，可惜不是金的!""哪天我送一匹漂亮的'马'让你一代代传下去，没准会造福子孙后代呢!"

---

① 夏家发、刘云生主编：《小学语文教学研究》，223、241、247页，北京，教育科学出版社，2014。

② 参见钟艳：《引导学生欣赏"美"——〈马踏飞燕〉教学案例浅谈》，见《人民教育》编辑部编著：《新课程优秀教学设计与案例：小学语文卷》，272页，海口：海南出版社，2002。

……几个同学正以嘲讽的口吻评价着那匹铜奔马，人群中一位女孩面红耳赤，嘴噘得老高，显然她不同意那几个人的观点，而且也为此据理力争过，现在寡不敌众。一丝忧虑从我脑海中闪过。

上课铃响了，我没有直接进入课文学习，而是以《风竹图》的故事作为学生兴趣的激发点，启发学生的思维："……同学们，你们知道《风竹图》是怎么画的吗？"一石激起千层浪，学生兴致盎然，纷纷在纸上画起来。

而后，我从每组各选一名代表分别在黑板上画了一幅他们想象的《风竹图》，再把李方膺画的风竹图的内容边描述边画在黑板上，在相互比较评议中，一方面，学生以卡通形式形象生动地勾勒风的形象，充满童趣和创意，得到大家的肯定；另一方面，学生不得不叹服李方膺用几株向一边倾斜的竹子，尤其是几片随风飘落的竹叶来体现劲风吹过竹林的巧妙构思。

此时，课堂气氛极为活跃，于是我以此为切入点，让他们细读课文，审视评析"马踏飞燕"之所以能成为艺术珍品的原因。此刻的学生便纷纷从艺术构思的角度去发现铜奔马的美。原来，作者以奔马踏飞燕，而飞燕来不及躲闪竟安然无恙之形态来体现马奔跳之快的奇思妙想，独特的造型的确体现了古代劳动人民丰富的艺术想象力和创造力。"马踏飞燕"堪称独一无二的艺术珍品。学生由此迈出了从艺术角度去鉴赏艺术品的关键一步。

接下来，以寻找重心和支撑点为突破口，引导学生在动手实践过程中细细品味奔马形象蕴藏的力学知识。最终他们发现：没有规则的物体的重心最难找。

于是我启发学生："结合刚才的实验，想想'马踏飞燕'除了其独特的造型、巧妙的构思外，还有什么原因能使它闻名于天下？"于是，学生认真自读自悟课文，结合课文插图，并大致画出了奔马重心及其支撑点的简易图，对作者设计上的匠心独运加深了认识，课文中那复杂难懂的内容迎刃而解。通过这个富有趣味的动手实践活动，学生又迈出了从制作原理中鉴赏艺术品的坚实一步。

上述课例中，教师针对学生课前对《马踏飞燕》一课内容的理解，将教学重点放在培养学生的艺术鉴赏力上，试图让学生在感受前人创作之美的同时，激发他们学会欣赏美与创造美。学生先前是基于自己的生活经验认为插图中的铜马不美，于是教师从学生的这个已有认识出发，由《风竹图》将学生的关注点引向艺术作品的巧妙构思，很好地激发了学生的思维，拨动了学生的审美心弦。

现有的课程文化和教科书编写主张充分发挥教师的专业自主性。对于教科书所提示的教学内容，教师必须要根据学生的学习基础和学习能力状况来确定具体的教学重点和难点。针对某篇课文的教学重点，教师还可以设计一些教学活动，对学生掌握该重点内容的初始状况进行检测。对于学生已经会了的内容可以少花些时间来指导，让学生能够展示他们的理解和感受即可；对于学生不会的内容则需要多投入一些时间，通过演示、讲解、任务要求和反馈等方式进行指导，使学生实现从不会到会的转变。

例如，统编教科书四年级上册《为中华之崛起而读书》一课，单元提示的阅读方面的语文要素是“关注主要人物和事件，学习把握文章的主要内容”。有的教师在分析教科书的要求时，不局限于本册教科书的本单元，结果发现三年级已有与本单元语文要素相关的学习内容，即“了解故事的主要内容”，而且本册书已学过的第四单元也有相关内容，即“了解故事的起因、经过、结果，学习把握文章的主要内容”。学生的这些学习经验对他们学习这篇课文很有帮助。《为中华之崛起而读书》这一课文主要写了三件事，学生需要在把握了每件事的主要内容后，将其串联起来获得对整篇课文主要内容的理解。然而，当一位教师考察了几位同学对这篇课文的理解现状后，发现他们在把握文本主要内容方面表现出了三方面的问题。第一，不能确定这篇文章讲的是两件事还是三件事，容易认为第二、第三件事是一件事。第二，在概括一件事的主要内容时，因为抓不住主要内容导致语言冗长。第三，理不清三件事的关系，即便能说出每件事的要点，也难以有逻辑地连起来概括全文主要内容。基于这样的分析，一位教师最终确立了两课时的教学目标①：

1. 认识“崛、沈”等 8 个生字，会写“肃、晰”等 13 个字，会写“严肃、若有所思”等 17 个词语。

2. 默读课文，能归纳课文讲述的三件事，并连起来说清楚课文的主要内容。

3. 能查找资料加深对课文内容的理解，说出周恩来立下“为中华之崛起而读书”这个志向的原因。

4. 把自己读书的目的写出来，理由写清楚。

其中，第一课时的具体教学目标有两点：

1. 能认识“崛、范”等 8 个生字，能正确朗读课文。

2. 默读课文，能区分和归纳课文讲述的三件事；弄清楚事与事之间的关系，将三件事连起来说清楚课文的主要内容。

---

① 郭蕾：《〈为中华之崛起而读书〉教学设计》，参见《首届全国统编小学语文教科书优质课观摩交流活动会议手册》，2019 年 11 月。

实际教学中，课堂大部分时间集中突破第二项教学目标。在学生读通和读顺课文之后，教师请学生用手势表示他们认为课文讲了几件事。有的学生示意两件事，有的示意三件事。教师没有急于让学生达成一致意见，而是引导学生抓住文章的主要人物周恩来，分析课文讲了哪些事情，并按照周恩来做了什么或经历了什么的方式概括每件事的要点。之后再请学生尝试概括全文的主要内容，当学生的表述逻辑不清楚的时候，教师再适时点拨，引导学生按照课文叙述的顺序，或者按照事件发展的时间线索有条理地说出全文要点。①

第三节
小学阅读教学的实践探索

学习目标

了解我国关于小学阅读教学结构的主要实践探索。

阅读教学的过程，是学生在教师的指导下，凭借阅读教材，主动进行阅读基本功训练，从读不懂到读懂，从不会读到会读，逐渐形成阅读能力，发展智力，丰富情感的过程。这是一个由多种因素组成的动态过程。阅读教学诸因素的联系和组合构成了一定的教学结构。优化阅读教学结构的研究一直受到广泛关注，且取得了一些颇具影响力的成果。

一、红领巾教学法

1953年，苏联教育专家在北京参加了一次中学语文教学观摩活动。教师讲的是初二(八年级)语文教材里的《红领巾》一课。课后苏联专家对教学中存在的普遍性问题进行了批评，并提出了建设性的意见。其基本观点是，课文的教学不能过低估计学生程度，不应把课文逐字逐句地讲解着“喂”给学生；应当让学生多说，教师少说；课文的分析应该让学生来做，教师给以启发、引导、补充即可。讲课的教师根据苏联专家的意见进行了第二次试教。这一经验很快在全国推广，且逐渐成为中小学通用的阅读教

① https：//www.pep.com.cn/xw/zt/xkzt/haikou/xianchang/201912/t20191226_1948493.shtml，2020-08-26.

学程序，也被称为“红领巾教学法”。①

这种教学法的教案编写和课堂教学都遵循组织教学、检查作业、讲述新教材、巩固新教材、复习和布置作业五大环节。教学主要运用谈话法和讲授法，由教师按照教学重点引导学生进行分析，课堂教学注重师生共同思考和研讨，分析内容包括作品的时代背景、段落层次、情节结构、人物描写、写作特点，以及作品蕴含的思想道德教育主题等。

二、讲读教学法

讲读法最早是1923年《新学制课程标准纲要小学国语课程纲要》提出的，当时主要强调教师的讲。1956年小学语文教学大纲提出，“阅读教学的进行采用讲读法”，这种方法“不仅仅是教师的讲述和解释，而且是培养儿童自觉的阅读能力的一系列的教学工作的综合”。自此，关于学生读的因素得到逐步加强。

讲读教学包括准备谈话、词汇教学、朗读和默读指导、课文内容和结构的分析、课文复述、总结谈话等环节。不同的文章要采用不用的教学程序。文学性的课文一般采用从整体到部分再到整体的教学程序。大致分四步：第一步准备谈话，介绍作者和时代背景，教生字词，唤起学生与作品有关的经验和情感；第二步初读全文；第三步分段阅读，逐段分析，深化学生对文章的理解；第四步结束谈话，概括学习经验，总结课文的思想内容，对文中人物做出评价。知识性的课文一般采用从部分到整体的教学程序。大致分三步：第一步准备谈话，把学生引入与课文有关的知识领域；第二步分段阅读；第三步结束谈话，总结从文中获得的知识。②

讲读教学法重在发挥教师对学生阅读学习的指导作用。老一辈语文特级教师围绕如何有效运用讲读法提高阅读教学质量进行了大量的实践探索，形成了一个共同的经验，即“精讲多练”。

著名特级教师霍懋征在20世纪50年代就提出，讲读法需要教师在钻研教材，读透教材的基础上，抓住重点、难点部分，以“讲”为主、以“读”为辅，强调以“讲”引路、讲读结合的方法。80年代，霍老师带领其教师团队通过实践研究，在总结过去行之有效的讲读教学法基础上，提出“精讲”“多练”“合理组织课文”的教学理念。③

“精讲”，主要讲具有规律性的语文知识、课文的重点部分、读写方法等。精讲时强调让学生多读，教师进行适时引导、启发和讲解，让学生在读中发现问题，探讨问

---

① 林治金主编：《中国小学语文教学史》，442页，济南，山东教育出版社，1996。

② 林治金主编：《中国小学语文教学史》，467～468页，济南，山东教育出版社，1996。

③ 崔峦、陈先云主编：《斯霞、霍懋征、袁瑢语文教育思想与实践》，241～243页，北京，人民教育出版社，2003。

题，最后设法解决问题。

“多练”，为的是使学生能够熟能生巧。“练”要有明确的目的，形式要多样，要从学生的实际出发，从教与学的实际出发，在练中引导学生在旧有知识基础上学习新知识。练的方式包括读、写、说话、朗读、背诵等。

“合理组织课文”，是把联系紧密或有相同之处的教材组织成一组文章集中教学。有的精讲，有的让学生自读，辅导学生学会阅读同类文章，从而提高教学效率。

袁瑢老师对讲读教学的讲、练关系做了清晰的总结。“讲”的方面，教师要抓住关键，把必须讲的东西准确地讲出来，可讲可不讲的都不讲。教师的讲解是为了排除学生学习上的障碍。有些知识，不经过教师适当讲解则学生暂时无从理解，而学生不理解这些知识又会影响学生学习课文，这些就是教师必须讲的内容。教师必须在教课文之前，仔细研究学生的经验和能力基础，明确该讲哪些知识和讲到什么程度。上课过程中要随时捕捉学生的学习过程，针对学生不能深入理解的内容及时讲解。讲解时要注意学生的思维过程，随时纠正学生错误的或片面的认识。阅读教学中讲和练穿要插进行。尽量留出较多的时间让学生练。“多练”不是单纯地增加练的数量，而是要讲究质量。练的形式包括听说读写各个方面。①

三、自主阅读教学法

早在 20 世纪 50 年代，就有人提出以学生自学为主的五步教学程序。第一步是学生预习，自读课文，解决自己能解决的问题，并提出自己不能解决的问题；第二步是检查预习，考察学生的预习效果；第三步是有重点、有计划地解决学生没有解决的问题；第四步是整理总结；第五步是复习巩固。②

20 世纪 80 年代，一些学校开始把最初源自小学数学学科的尝试教学法移植到小学语文阅读教学中。基本做法是先练后讲，以练为主；先学后教，以学为主。在学会独立读课文，掌握课文大意的基础上，设计比较复杂的尝试练习题，引导学生独立理解课文。

近年来，随着课程改革的深化，人们越来越注重学生在学习中的主体地位，主张课堂教学要给学生提供足够的学习时间，引导学生自主学习。下面是几种强调学生自主阅读的课堂教学结构。③

① 崔峦、陈先云主编：《斯霞、霍懋征、袁瑢语文教育思想与实践》，475～478 页，北京，人民教育出版社，2003。

② 林治金主编：《中国小学语文教学史》，440 页，济南，山东教育出版社，1996。

③ 参见吴忠豪：《小学语文课程与教学论》，286～297 页，北京，北京师范大学出版社，2008。

(一)导读—扶读—自读

这是一种突出学法指导的阅读教学模式，也称导学型阅读教学，主要适用于教某一读书方法的课型，尤其适合文章的几个组成部分写法基本相同的课文。如《美丽的小兴安岭》，课文主体部分按春、夏、秋、冬四季的顺序，每个部分写法大体相同；又如《再见了，亲人》分几个部分分别写大娘、小金花、大嫂为志愿军的付出，每部分的写法也大体相同。

“导读”是指学生在教师指导下阅读课文的某一部分。学完后，教师引导学生回忆上一部分的学习方法。接下来，对课文另一部分采取“扶读”的方法，即学生尝试利用之前总结的方法进行阅读，教师对学生运用读书方法的过程进行指导。课文剩下的部分采取“自读”的方法，即完全由学生运用前两部分学会的方法自学课文，在自己读书、思考的基础上展开讨论和交流。这种教学结构有助于学生在理解课文内容的基础上，积累和运用学习方法。

(二)朗读型阅读教学

这种教学把指导学生有感情地朗读课文作为教学的主要目标，适用于文字通俗易懂的抒情性文章、诗歌，以及低年级篇幅短小的课文。其教学过程大致分为导入、初读、深读三个环节。导入环节或谈话或创设情境，主要是激发学生的学习兴趣。初读环节，学生自读全文，学习字词，把课文读通读顺。深读环节往往采用以读代讲的策略，着重指导学生在读中感悟，并在理解课文基础上学习有感情地朗读课文。

(三)探究型阅读教学

这种阅读教学注重引导学生从课文中发现问题，摆脱了烦琐的提问和多余的分析，有助于培养学生的思维能力和实践能力。这一阅读教学方法大致可分为初读课文，提出探究主题，思考探究，成果交流等环节。学生初读课文后，提出自己不懂的问题，教师和学生一起将这些问题分类整理，从中抽取最值得探究的主题。接着，学生在思考探究环节独立思考或分组讨论，合作探寻问题的答案，并将探究结果在成果交流环节进行展示。有的随后还有拓展延伸环节，即将课内探究的方法和成果扩展运用到课外。

四、组合阅读教学法

组合阅读教学法是根据一定的教学目标，将在主旨、题材、作者、结构、语言风格等某一方面彼此联系的若干篇课文组织起来进行教学的一种方法。这种教学方式也称作群文教学、组文教学、单元整组教学等。第二章介绍的主题教学模式也采用的是多文本阅读教学模式。

多文本组合阅读的课堂结构以一篇带多篇为主。这是指在教师精讲一篇课文的基础上，学生自主学习多篇有相同之处的文章，也就是教师先给学生一个框架，让学生在学会方法的基础上阅读同类型的文章。

霍懋征老师有一个经典的教学案例。她在教学《找骆驼》一课时，为了培养学生观察和分析问题的能力，又选了《沙漠之舟》和《蜜蜂引路》两篇文章。她先让学生认识骆驼，看骆驼的模型，听《沙漠之舟》的录音，自读课文，复述骆驼的外形特点。然后正式学习《找骆驼》一文，审题后，她先要求学生读课文，在读中厘清文章的思路：丢骆驼—找骆驼—找到骆驼；在读中体会课文老人是如何从看到的情况推想出走失骆驼的样子的。她把“看”和“想”两个词写在黑板上，引导学生把“看”和“想”换一种表达方法表示，学生说出“看就是观察，想就是分析”，“老人善于观察又善于分析”，有学生说出“正是因为老人既善于观察又善于分析，所以商人才找到了骆驼”。这样，学生在大量的阅读中，自己总结出了文章的主题和中心思想。接着，霍懋征老师带领学生学习《蜜蜂引路》。她先提出问题：“列宁为什么能自己找到养蜂人?”然后，学生通过反复读课文了解到，因为列宁善于观察，善于分析，跟着蜜蜂走，找到了养蜂人。这样做不仅扩大了学生的阅读量，也让学生把学到的方法运用到了阅读实践中，对于学生提炼文章主题的能力的提高也有很大助益。

霍老师采用一篇带多篇的方式，在三年级第一学期带领学生学习了 95 篇课文。每天课后作业的时间从不超过 30 分钟。然而学生的阅读能力大大地提高了。①

教学案例 4-2：

六年级主题单元教学设计案例②

苏教版六年级上册第一单元，主题为“祖国啊，你永远在我心中”。本单元课文有诗歌《我们爱你啊，中国》、记叙文《郑成功》《把我的心脏带回祖国》以及《古诗两首》；单元练习涉及轻声的作用、《爱我中华》歌词欣赏和口语交际《介绍我国的一个民族》；习作《我的假期生活》。

几位作者用不同文体，分别向读者讲述了不同时代、不同国家的人关心祖国命运，为祖国的统一而不停努力的故事；也展现了不同时代，不同国家，被侵略后人们的苦难。这几篇文章不约而同地告诉读者：唯有国家的强大才是不被欺凌，维持统一的保障；每个人都是自己民族的一员，国家的一分子，都有责任关心自己的民族与国家。

---

① 崔峦、陈先云主编：《斯霞、霍懋征、袁瑢语文教育思想与实践》，243～244 页，北京，人民教育出版社，2003。

② 参见顾春明、丁俊：《苏教版六(上)“祖国啊，你永远在我心中”》，载《小学语文教学》，2011(7)。

阅读本单元文章，一方面，增强学生的民族自豪感；另一方面，更要增强学生的民族荣誉感、尊严感、危机感，从小事做起，关心国家命运，维护国家统一。

主要教学流程如下。

第一，自主预习。凭借预习单，自主预习本单元课文，自学生字新词，初步了解课文内容，思考单元主题，正确流利朗读课文，结合感兴趣的问题小组合作、自主探究。

第二，检测预习，整体感知。通过游戏、练习等形式，检查学生自主预习情况，总结自读方法，初步感知课文内容，重点理解《古诗两首》主要内容，体会人物情感，提炼单元主题，提出探究问题。

第三，探究主题，品文悟情。先品读《郑成功》《把我的心脏带回祖国》《古诗两首》，通过诵读、表演读、抓关键词等联系实际，运用对比、想象、品悟等方法，理解课文内容，体会人物情感。接下来品读《我们爱你啊，中国》，拓展阅读《爱我中华》等，激发学生爱我中华，振兴中华，维护祖国统一的强烈情感。随后通过比较阅读，全面深化学生对探究主题的认识，增强整体意识，学习自主阅读方法，培养主题阅读能力。

第四，主题拓展，实践运用。了解我国的少数民族，向同学介绍；推荐阅读《钢铁是怎样炼成的》，确定感兴趣的话题，指导课外研究方法，自主课外阅读探究，全班汇报。

第五，主题表达，习作迁移。赏析《郑成功》《把我的心脏带回祖国》课文中作者进行场景描写的方法，想象《古诗两首》中的场景训练表达，并结合《我的假期生活》习作，训练将经历的场面写具体的方法，相互评价修改。

组合阅读的另一种组织方式是群文齐读，即教师和所有学生一起学习一组文本，从中提取出一个共同的结构或组合出一个综合结构。这种组织形式需要教师对这一组文章的整体结构有很好的理解和把握，能够清晰地认识每个文本对整体理解结构的价值。

还有一种群文共享，是指不同的学生分别读不同的文本，然后把自己阅读的内容和收获与大家分享。这种方式可以在有限的时间内使学生获得更多的信息，促进学生之间的交流。群文共享需要教师从学生共享的信息中构建清晰的理解结构。[①]

---

① 于泽元、王雁玲、黄利梅：《群文阅读：从形式变化到理念变革》，载《中国教育学刊》，2013(6)。

第四节
小学阅读教学的实施要点

学习目标

掌握小学阅读教学的实施要点。

阅读教学以学生读书为基本环节，学生读书贯穿教学全过程。初读课文力求做到把课文读准、读通。深入学习时着重理解文章内容、体会作者思想感情，通过边读边想，准确把握文章主旨，并尝试带着相应的情感练习朗读。领悟文章中心之后，还可以继续读书，积累其中的好词好句，开展朗诵、表演、复述等语文实践活动。

一、指导学生理解文本内容

理解是阅读的核心，也是小学语文阅读教学的训练重点。阅读理解的范围，包括辨识文体、厘清思路、把握结构、归纳主旨、揣摩写法、辨析修辞等。

(一)整体感知与局部分析相结合

在阅读一篇文章时，要理解文章的全部内容和精神实质，就必须把整体分解为局部，把集中的内容分散理解，这就是分析；然后又由部分到整体，由分散到集中，这就是综合。若要形成一定的阅读能力，还需要由个别到一般，从现象到本质，这就是概括；由此及彼，温故知新，这就是联想。分析、综合、概括、联想等都是思维能力在阅读中的表现。

小学语文阅读理解的教学通常遵循对阅读材料从整体到部分，再从部分到整体的阅读过程。在阅读的起始阶段，应充分调动学生的阅读兴趣，激活阅读预期。随后，教师应注意通过不同层次的问题，引导对文本的内容进行由浅入深的理解，包括厘清事件的先后顺序或地点的变换顺序，梳理文章各部分的相互关系，就文中未直接写出的情节做出合理推断，揣摩作者的观点和写作意图，等等。文本局部细节的分析需要置于上下文的语境之中。例如，《将相和》一课，看似以蔺相如的故事为主，但实际上这是一个双主角的故事，教师需要在教学中引导学生关注廉颇这个人物，这样学生才能准确地感受将与相从不和到和的过程，准确把握整篇课文的主旨。

(二)调动和补充与文本有关的经验

阅读理解最明显的表现是，读者能将阅读收获嵌入自己已有的生活经验，在头脑中形成一定的意义网络。因此，阅读教学要注重联系学生的生活实际。小到词义的理解，大到文章中心思想的把握，都需引导学生调动生活经验，促使学生在课文的启发下对社会现实产生更加深刻的认识。

下面关于“《我的伯父鲁迅先生》中“饱经风霜”的词语教学”的案例表明，调动学生与词语有关的原有经验并结合具体语境尝试运用，不仅对学生理解和记忆这个词语有非常积极的作用，而且有助于他们深入体会作者的思想感情。

教学案例 4-3：

《我的伯父鲁迅先生》中“饱经风霜”的词语教学[1]

文中句子：“我们走过去，看见他两只手捧着脚，脚上没穿鞋，地上淌了一摊血。他听见脚步声，抬起头来，饱经风霜的脸上现出难以忍受的痛苦。”

师：同学们，请闭上眼睛想一想，在生活当中有没有看到过“饱经风霜”的脸？如果有，请举手示意。

一部分学生举手。

师：请你用自己的话说一说车夫的这张脸，要求是不能使用“饱经风霜”这个词，但要把这个意思说出来。

生：我看到车夫额头上面布满了一道又一道皱纹，嘴唇干裂干裂的，有一道一道的裂纹，眼眶深深地陷进去，颧骨高高地突出来。

师：对！这就是饱经风霜的脸。

生：我看到那个车夫的脸色蜡黄蜡黄的，他实际上只有三十来岁，但是看上去却已经有五十好几了。

师：对！这是一张饱经风霜的脸。

生：他的头发乱得像一堆稻草，脸精瘦精瘦的，就剩下一张皮了，明显的营养不良。

师：对，这就是饱经风霜的脸。

师：同学们，你们能不能从这张饱经风霜的脸上看出一些别的什么来呢？

生：我知道那车夫干活肯定非常累，没日没夜地拉车，不管是烈日酷暑，还是暴风骤雨，为了家庭生活，他要拼命干活。

---

① 王崧舟：《王崧舟讲语文》，55～58 页，北京，语文出版社，2008。

生：那车夫家里肯定很穷，估计是吃了上顿没下顿。

生：那车夫的身体肯定不好，他可能是带病拉车，他肯定是被生活所逼，没有办法，本来他应该休息。

师：是呀，就是这样一个车夫，那么冷的天，他居然还赤着脚在拉黄包车。现在，他的脚被玻璃的碎片刺破了，他躺在地上痛苦地呻吟，他想起来却又起不来。如果你当时就在现场——

生：那我一定把身上所有的钱都掏出来给他。

生：那我就用黄包车把他拉到人民医院。

生：我要在现场，就立马打电话给我爸爸，因为我爸爸是一名外科医生。

生：我要打 110，把警察叔叔叫过来。

师：同学们，我很感动，因为你们是一群富有同情心的孩子。那么让我们来看看，鲁迅先生是怎么对待这个黄包车夫的。

……

两个月之后的效果检测中，共有两道题目：一是请学生尽量多地写出形容一个人脸的词语，二是描绘《父亲》这幅油画中父亲的脸(一张典型的饱经风霜的脸)。检测的结果是：第一题写出“饱经风霜”的同学占 94%；第二题能用“饱经风霜”形容的占 91%。在另一个按常规方法教学的班级里，这两个数据分别是 19%和 9%。

阅读教学需要调动和补充的不仅是学生已有的生活经验，也可以是学生已经读过的其他文本内容，甚至是其他学科的学习经验。例如，一位教师在教五年级课文《迟到》时，为了帮助学生理解林海音父亲对她的严格要求也是一种爱的表现，引导学生回忆四年级学过的课文《钓鱼的启示》。学生很容易发现，两篇文章中的父亲对孩子的管教行为似乎都显得不近情理，但他们的初衷都是希望孩子好好成长。事实上，两篇文章里的子女在成年后都理解了父亲当年的苦心。通过这样的比较，学生对文章内容和父爱、严爱等主题的理解能够比较准确和深刻。

二、接纳和鼓励学生的个性化阅读

学生对文本的感受可以是对文本内容的理解，也可以是对文本内容及形式的评价，还可以是自己关于文本的好恶态度。这与学生的阅读鉴赏能力有关。鉴赏是较高级的阅读能力成分，是对阅读材料思想内容、表现形式、文章结构、艺术技巧、写作风格等进行鉴别、评价、欣赏的能力。鉴赏能力建立在理解的基础上，是在不断分析、比较、质疑、推理、综合过程中形成和发展起来的。[①] 鉴赏能力受很多因素的制约，如阅读者的思想水平、文化修养、生活阅历、知识准备、智力状况等。鉴赏一般从品评词句开始，可以要求学生根据上下文联系理解词句的意思和作用，鼓励学生表明自己对文本或其中的语言表达是喜欢还是不喜欢，并能说明理由。

阅读时，人们总是带着自己的经验对文本进行理解和感悟。不同的读者对同一个作品可能产生完全不同的感受。正所谓"一千个读者就有一千个哈姆雷特"。阅读教学需要对学生的个性化解读给以肯定和鼓励。这对于保护和培养学生的阅读积极性是非常必要的。

小学生在体会课文思想感情方面可能会遇到一些困难，但有许多情感体验，如满足、愉快、喜悦、痛苦、悲哀、惧怕、忧愁等是人类所共有的，小学生当然也不例外。若能联系自身的情感体验来体会文本，则可能与作者产生共鸣。例如，老舍先生在《养花》一文中写到，"下了暴雨，邻家的墙倒了，菊秧被砸死三十多种，一百多棵，全家几天都没有笑容"。有学生认为这是作家的夸张，但有一位学生却不这样认为。她谈到自己经历过的一件事。从前她养了一只狗，搬家时送给了邻居，后来回到以前住的地方，马上想到去看那只狗，但听说狗已经死了，她为此难过得哭了一场。这位同学联系自己的经验准确地理解了文中人物的情感。再如，对于经典课文《田忌赛马》，学生在谈学习收获时，有的主要从孙膑献策的角度谈要仔细观察、认真思考，靠智力解决问题；有的从田忌反败为胜的角度谈失败后不要灰心，要积极想办法；还有的从齐威王先胜后败的角度谈取胜后不能骄傲；也有同学整合全文，谈要胜不骄败不馁，遇到问题要开动脑筋，用智慧取胜。

教师可以创设宽松自由的阅读交流情境，尽量给每个学生提供展示自己的平台，使每个学生都能把自己的阅读收获表达出来。在与教师、同学交流阅读感受时，学生可以听到其他读者对文章的理解和感受，体会关于文章的不同阅读视角，通过相互补充获得对文本的全面理解。在教学案例4-4中，在学生把握了课文的主要内容之后，教师结合课文里的一个细节，提出了可能引发争议的问题，请学生联系自己的阅读经验提出各自的看法，并预设了学生可能做出的回答。

教学案例 4-4[②]

教师布置的讨论题：

"我决定咬了牙拿起一本《三国演义》，自己一知半解地读了起来，居然越看越明白。虽然字音都读得不对，比如把'凯'念作'岂'，把'诸'念作'者'之类，因为只

① 夏正江：《试论中小学生语文阅读能力的层级结构及其培养》，载《课程・教材・教法》，2001(2)。

② 韩沐霏：《忆读书》教学设计，参见 http：//xiaoyu. pep. com. cn/xxsx _ 176803/xxsxwd/201912/t20191206 _ 1947854. html，2020-08-26。

学过那个字的一半。”你是否赞同作者的这种读书方法？和同学讨论，说明理由。你还有哪些读书方法？

预设 1：我赞同这种方法，作者当时年纪尚小，要她像成人那样去读一部长篇小说显然是不现实的。对于七八岁的小孩，读书时从整体入手，不要过分纠结于某个字、词的含义，只要把握大致内容就可以了。虽然不是很了解所读文章具体的内容，但也能够扩大阅读量，增长见识。

预设 2：我不赞同这种读书方法。字音读不对，自然也很难理解这个字以及与之相关的词语、句子的含义，不利于理解整本书的内容。我们在读书时还是要尽可能把握每个词语、每句话的内涵，这样才能加深理解，从中学到有用的知识。

虽然大部分学生是在上学识字后才开始正式学习阅读，但他们在入学前已有丰富的语言经验，有的已通过听的方式接触过书面语言。在学习阅读的过程中，学生多多少少都会对阅读材料形成一定的认识和感受。教师可以组织学生分组合作，一方面，学生之间可以互学互教，由经验多的学生带动经验少的学生，互相解答疑惑；另一方面，学生在小组里可以分工合作，进行分角色朗读、课本剧表演等活动。

三、注重阅读方式和方法指导

学生通过朗读、背诵、复述、表演、改写等方式再现文本的过程是他们对文本内容和语言进行深度加工的过程，可以促进他们对文本的理解和记忆，也有助于他们学习和运用文本的语言表达。阅读教学需要对上述活动方式给予指导。

以朗读为例，阅读教学中对朗读的指导应该有一定的目的性，即提高学生的朗读能力，使他们学会朗读。从低年级开始，教师就不能把眼光只停留在指导学生把一篇一篇的课文朗读好，而要就如何能朗读好给学生一些指导。不少学生一拿到课文就着急地读起来，磕磕绊绊，读几遍还在同样的地方出错而改不过来。教师可以就一些具体的阅读策略做一些提示，如刚开始的时候可以指读，一个字一个字挨着看过来；转行或翻页处要注意提前准备；朗读之前小声地读一读，把生字词找出来，解决了读音和词义后再连着读；重复读几遍以达到流利；对特别拗口的地方多练几遍；边读边记忆，等等。

至于有感情地朗读，涉及情绪情感的理解和表达。深入理解课文是有感情朗读的必要条件，但不是充分条件。读懂意味着理解课文的思想感情，是正确把握感情色彩的基础。但是，读懂了不一定能在朗读过程中把感情表达出来。学生必须知道如何把这些感情表达出来。在具体的指导中，一方面要借助学生已有的生活体验，如引导学生回忆自己在与文中人物类似的情感体验时会怎样说、怎样做，由此有感情地朗读相应的对话和心理活动的表述；再如引导学生对课文内容产生某种情感经验——为主人公担心，钦佩其勇气等，由此在朗读中把自己的感受表达出来。这里所说的学生经验既包括他们的直接经验，也就是他们自己经历过的悲伤、失望、愤怒、欣喜、自豪等，也包括他们在生活中或从影视作品里曾经看到或听到过的他人的情感体验和表达经验。另一方面对学生的声音表情方式和方法也要进行一些指导，如教学生一些简单的声音表情手段——运用停顿、重音，调节音调、音量等。教师需要在朗读要求和评价反馈的环节做有意识的引导，否则学生可能只是想当然地"有表情"，却不知道究竟怎样朗读才能表现出特定的情感。在这个意义上，指导学生有感情地朗读课文与口语交际训练是有一定关联的。

表演活动对学生的语文学习也很有意义，不仅可以激发其学习语文的兴趣，加深其对课文内容及相关语言表达的记忆，而且可以使其将书面语内化，以丰富和扩展自己的语言表达。在阅读教学中，表演要以学生充分的朗读为基础，要在学生充分把握文章之后才能进行。

阅读教学的一项任务是增进学生的语言积累。这与其对书面语言的理解和记忆有关，包括对词句和语段的识记、储存、提取等。教师需要对学生进行记诵方法的指导。识记最简单的方法是重复，也就是熟读成诵，对于朗朗上口的古诗、韵文，小学生可以在不理解的情况下通过反复朗读而记住，但语文教学还是强调以理解为基础的记忆，注重记忆方法的指导。例如，先梳理文段的层次，列出各层次的关键词语，再以这些关键词语为支点，尝试背诵和回忆；对于篇幅较长的文本，可以逐段理解和尝试背诵。

教师还可以结合阅读理解的指导教学生摘录和记忆文本信息的方法。例如，教师和学生一起讨论最近读过的文章或书籍的内容要点和自己的收获。又如，运用不同形式的表格、示意图等，对所读的内容进行分类整理，使阅读材料里的各部分关系变得清晰、可视，这样也便于学生记忆。列表的类型多种多样，有罗列式、比较式、关系式，也可以是统计图表、概念网络图、示意图等。如教学案例 4-5，教师教给学生不同的批注方式，学生自己选择一种或几种整理课文的要点，将课文内容的分析、理解、记忆与批注方法的具体指导结合起来。

教学案例 4-5

五年级上册《忆读书》教学片段[①]

1. 快速浏览课文，借助“批注小工具”，找一找冰心回忆了自己读书的哪些经历，她认为什么样的书才是好书？

批注小工具

① 运用不同符号，如 ○ □ 等在文中进行圈画。

② 分条列点式

③ 时间轴式

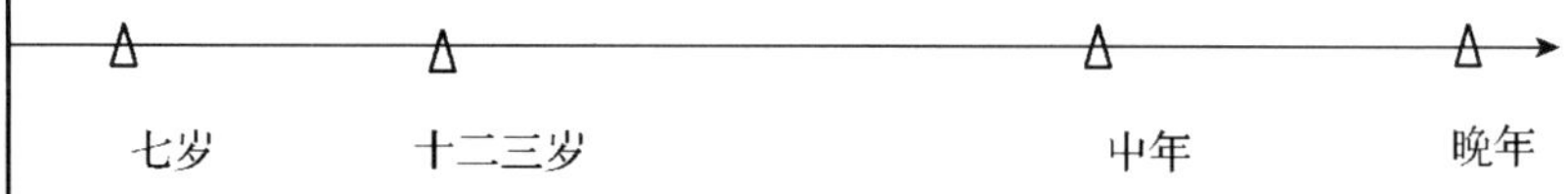

④ 列表格式

⑤ ……

四、加强课内外阅读的联结

课外阅读主要表现为学生在课堂之外，阅读教材之外的图书。所读书籍可以是学生自选，也可以由教师推荐或指定。课外阅读对学生文化素养的提高和身心健康发展有重要作用。课外阅读是课内阅读的延伸。学生要将在课堂上学到的阅读方法变成阅读能力，就必须有大量的课外阅读做支撑。同时，课外阅读也是学生开阔视野，陶冶情操的最佳途径。在小学阶段养成课外阅读的好习惯，是一件终身受益的事情。

(一)激发课外阅读兴趣

当学生有了强烈的课外阅读兴趣，才能积极主动地去进行课外阅读活动。

首先，良好的阅读氛围能够调动学生课外阅读的主观能动性，激发学生课外阅读的兴趣。学校可以按照校园的环境规划，精心设计每一个可利用的空间，使整个校园充满浓厚的文化氛围，让学生从中得到陶冶。利用班级图书角摆放学生感兴趣的课外读物，让学生一走进教室就能感受到浓厚的阅读氛围。图书管理要便利，使学生可以

① 韩沐霏：《忆读书》教学设计，参见 http://xiaoyu.pep.com.cn/xxsx_176803/xxswd/201912/t20191206_1947854.html，2020-08-26。

利用课余时间阅读自己喜欢的书籍，体验阅读的快乐。教室内可以设置读书专栏，张贴并定期更换学生的阅读收获，如读后感、书评、图书推荐等。

其次，开展丰富多彩的课外阅读活动。一方面可以对学生的课外阅读行为和结果进行检测，另一方面可以通过分享与交流使学生体验阅读的成就。教师可以组织读书汇报会、故事会、读书交流会、课本剧展演等多种形式的活动；可以每节语文课利用几分钟时间，轮流请学生把最近阅读摘抄的优美段落、名人名言读给同学听，再由同学们相互交流，也可以用一节课的时间，请不同的学生来朗读或讲述。教师也可以组织诗歌朗诵比赛、古诗文吟诵比赛、故事大赛、百科知识竞赛，或者评比“阅读之星”等活动。这些活动的重点是利用学生的好胜心，激励他们在备赛过程中多读、多思、多记。

最后，巧设悬念，吸引学生课外阅读。教师给学生讲故事时，可以“留一手”，适时向学生推荐相关书籍。让学生在享受奇妙的故事情节之余，感受课外读物的诱惑，主动进行课外阅读活动。

（二）加强课外阅读指导

统编语文教科书围绕学生的课外阅读，统筹安排了相关的教学内容。每一册都设立了一个“快乐读书吧”栏目，提示每学期的课外阅读指导重点。一年级主要指导学生认识图书，激发学生的读书兴趣；二年级主要读童话故事和儿童故事；三年级主要读童话书和中外寓言故事；四年级读神话故事书和科普读物；五年级读民间故事书和中国古典名著；六年级读成长主题小说和世界名著。阅读材料从短篇故事逐渐过渡到整本书。

此外，一年级在语文园地设置了“和大人一起读”栏目，提供带注音的儿歌、小故事等阅读材料，通过亲子共读培养学生的阅读兴趣，帮助学生积累阅读经验。二年级开设的是“我爱阅读”栏目，提供生字带注音的短文，让学生自主阅读。三年级开始，一些课文的课后练习部分安排了“资料袋”和“阅读链接”栏目，联系课文的内容或体裁，提示可以进一步拓展的阅读材料。

教师可以参照课程标准和教科书的提示，对学生课外阅读进行指导。教师可以参照《课程标准》的推荐读物向学生推荐一些优秀的、适合其阅读的、深浅适度的读物，兼顾各类文体、不同国家、多种主题。不仅要有童话、寓言，也要有诗歌、散文、历史故事、成语故事；要有现代文，也要涉猎一些浅显易懂的古代作品；要读趣味性强的作品，也要读相对深奥的哲理性作品；要读纸质作品，有条件的还要通过网络阅读，从而扩大阅读量和阅读面，培养广泛的阅读兴趣。教师还可以结合教材选文以及学生当下感兴趣的话题给学生推荐课外读物。教师在给学生推荐阅读作品时，不仅要考虑作品的优劣和其蕴含的意义，还应该关注不同年龄段学生的需求，关照学生的不同兴趣爱好。教师要支持和鼓励学生选择自己感兴趣的课外读物，把课外阅读转变为学生的自觉活动。

本章小结

在小学语文教学实践中，阅读教学的含义比较广泛，包括教学生阅读的活动，也包括教师引导下的学生自主阅读活动，以及在读文过程中进行的语文综合训练。阅读教学是小学语文教学的重要组成部分，对实现小学教育教学目的具有举足轻重的作用。小学的语文阅读教学内容大致可以分为四个方面：一是常用的阅读方式和阅读策略，二是关于阅读的基础知识，三是常见阅读文本的内容题材，四是良好的阅读习惯。《课程标准》分学段规定了阅读教学的具体要求。

小学阅读教学的基本原则有四点，一是丰富学生的阅读实践经验；二是阅读材料的使用突出重点；三是根据阅读心理确定教学内容；四是根据教学内容设计阅读教学结构；五是针对学生阅读难点进行指导。

阅读教学是一个由多种因素组成的动态过程。阅读教学诸因素的联系和组合构成了一定的教学结构。关于优化阅读教学结构的研究一直受到广泛关注，且取得了一些颇具影响力的研究成果。比较早的阅读教学模式有学习苏联的红领巾教学法和讲读教学法；关注学生自主阅读教学法强调以学生自读自悟为主，教师在学生汇报阅读收获时进行指导；近些年多文本的组合阅读教学法越来越受到关注，这一阅读教学法以一篇带多篇为主要形式，旨在扩大学生的阅读面和增加学生的阅读实践。

阅读教学要指导学生理解文本内容，接纳和鼓励学生的个性化阅读，在学生的阅读实践中注重对其阅读方式和方法进行指导，加强课内外阅读的联结。

关键术语

阅读教学　阅读策略　自下而上阅读模式　自上而下阅读模式　相互作用阅读模式　红领巾教学法　讲读教学法　组合阅读　课外阅读

章节链接

在这一章，你读到……	在其他章节中，你将发现相关的讨论……
小学阅读教学内容	第一章第三节 语文课程目标和内容
教科书中关于课文写法的教学内容	第五章第二节 结合阅读教学练习写作
教科书中课文的内容题材；接纳和鼓励学生的个性化阅读感受	第二章第一节 语文能力培养与情感教育相统一原则
每篇课文的教学要突出重点	第二章第二节 教科书选文类型划分
多文本组合阅读	第二章第四节 主题教学模式

批判性思考

《课程标准》对学生的背诵及课外阅读量，还有整本书阅读提出了明确要求，其用意是指引学校和教师重视扩展学生的阅读经验，帮助学生形成良好的阅读习惯，并由此提升学生的阅读能力。但是，一些学生因为一再“被要求”阅读指定或推荐读物，逐渐失去了自主阅读的动力和积极性，这对培养学生的阅读兴趣极为不利。那么，对于课外阅读，如何兼顾量与质，如何在培养能力与培养自主兴趣两方面取得平衡，是值得我们思考的问题。

体验练习

1. 采用思维导图或表格的形式整理小学阅读教学的主要内容和相应要求。

2. 在统编小学语文教科书中选择一篇课文，分析可用该课文进行阅读教学的多方面内容，再结合课文所在单元的单元提示，确定其教学重点。

3. 选择一种比较有代表性的阅读教学模式，查阅相关研究资料，分析和总结其教学特点。

4. 观摩一节阅读教学课例，对照阅读教学原则和实施要点分析和评议其教学特点。

第五章

小学写作教学

本章概要

本章主要介绍小学写作教学的基本理论和实践要点。包括小学写作教学的意义、内容和要求，小学写作教学的基本原则，小学写作教学的实践探索，以及小学写作教学的实施要点。

结构图

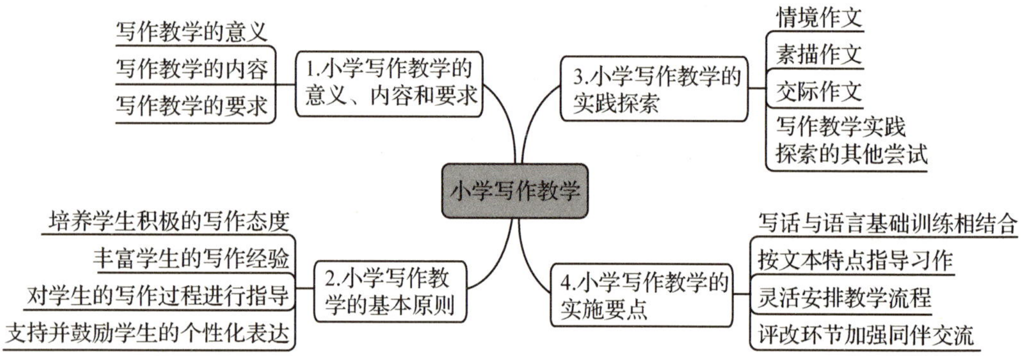

学习目标

1. 理解小学写作教学的意义、主要内容和基本要求。
2. 掌握小学写作教学的基本原则。
3. 了解我国关于小学写作教学的主要实践探索经验。
4. 掌握小学写话和习作的教学实施要点。

读前反思

本章讨论小学写作教学的相关问题。读者可以结合自己的写作学习经验，思考如下问题：

1. 你是如何学会写作的？你的中小学教师对你学习写作有什么样的帮助？
2. 小学生学习写作的最大困难可能是什么？教师应该如何应对？

写作教学，也称作文教学，是小学语文教学的一项重要内容。写作是人们进行书面表达和交流的重要方式。写作能力是学生认识水平和语言表达能力的综合体现。自2001年以来，小学阶段(1～6年级)写作教学的目标和内容与初中阶段(7～9年级)有所区分。第一学段即1～2年级，为“写话”，第二、第三学段即3～6年级，为“习作”。

第一节
小学写作教学的意义、内容和要求

学习目标

理解小学写作教学的意义、主要内容和基本要求。

《课程标准》将小学写作分为写话和习作两个阶段是为了降低写作起始阶段的难度，注重培养学生的写作兴趣和信心。

写话是学生学习书面表达初级阶段的内容和方式。[①]写话是学生在教师的指导下，根据知识基础和生活经验，将自己的对世界的观察和理解转化为文字的过程。写话的前提是学生有相应的生活经验。写话前，学生需要先回忆自己生活中的具体事物和事件，然后对其进行口头描述，即将观察到的世界通过口头语言表现出来，最后学生将口头语言转化为文字。写话是较低形式的书面表达，通常只要求学生基于事实进行口头表达和书面表达，即“我口说我心”，“我手写我口”。

习作指学生以语言文字为载体，通过对世界的观察和想象，将心理活动和口头语言转化为书面语言的过程。随着年级的升高，习作的要求逐渐提高，具体表现为篇幅增长、主题增加等。习作内容更为丰富，可以写实也可以写虚。习作素材更丰富，随着课内外阅读量的增加，学生习作时可选择的材料更多。习作分类更为明确，学生在教师指导下，开始有意识地区别习作方式，学习写作记叙文、说明文、议论文和应用文等。

一、写作教学的意义

写作教学不仅可以提高学生的口头表达能力和书面表达能力，而且有助于培养学生的观察力、想象力和逻辑思维能力，以及提高学生的认识水平。

---

① 《义务教育语文课程标准(2011版)解读》，188页，北京，高等教育出版社，2011。

(一)提高学生的口头表达能力和书面表达能力

写作是提高表达能力，尤其是书面表达能力的重要途径。写作建立在听话、说话和阅读的基础之上，是对语言文字运用的较高层次。学生通过观察身边的事物来获取信息，在教师的指导下，将身边的事物进行有选择、有顺序、有逻辑的口头表达。开始时会感到比较困难，但熟练之后，学生的口头表达能力会逐渐增强。随着年级的升高和写作的熟练，口头表达可以从有声转变为无声，也就是人们常说的“打腹稿”；将有声和无声的口头表达转化为文字的过程就是书面表达。书面表达相较于口头表达，更具简洁性、严密性、准确性等特点。口头表达时，听的对象就在眼前，表达者可以根据当时的语言环境，用表情、声调和手势等帮助提高表达效果，而书面表达则只能靠文字来表情达意。学生在不断写作的过程中，书面表达能力也会逐渐提高，如他们会发现如何才能用更完善和精确的文字来表达思想和情感等。

(二)培养学生的观察力、想象力和逻辑思维能力

写作不是单纯的文字堆砌，而是言之有物。不管是现实的物品和事件，还是想象的故事和人物，学生笔下的内容都是能让读者形成具象的“物”。观察和想象是学生写作必不可少的过程，学生通过观察身边事物，通过想象故事情节来表达所见所闻、所思所感。随着写作次数的增加，学生的观察能力和想象能力在以前的经验基础上不断发展。

在写作过程中，无论是选择素材，还是遣词造句，都离不开逻辑思维。很多学生写作时会出现文不对题、主题不明、逻辑不清等问题，这就说明学生写作的思维能力还需要增强。与之相对，如果学生在每一次写作时，都能仔细推敲所用词句，琢磨文章结构，进而使词语恰当，句子通顺，行文思路清晰，内容主次分明，写作主题突出等，那么在不断训练的过程中，学生不仅能逐渐写出优秀的作文，还能发展其逻辑思维能力。

(三)提高学生的认知水平

写作并不是简单的文字练习，而是运用语言文字进行表达和交流的重要方式，是认识世界、认识自我、进行创造性表述的过程。不管是写话还是习作，都是学生在用语言文字表达自己对客观事物的认识和感受，因此，写话和习作都反映了学生的认知水平。从横向来看，学生之间的受教育环境各有不同，对世界的认识千差万别，因此他们认知水平有高有低。从纵向来看，随着学生受教育时间的不断增长，对世界的认识不断丰富，认知水平也在不断提升。基于此，写作在其中起到的作用是，学生能从纷繁复杂的事物之中，将一些信息筛选出来，转化为书面文字。而在这个过程中，学

生需要经过同化和顺应的阶段，其认知水平不断提高。

二、写作教学的内容

写作是中小学语文课程的重要组成部分，其总体目标是培养学生的书面表达能力，使学生能够运用文字、标点等书面符号对自己的经验和想法进行记录、解释，并与他人沟通，达成相互理解。小学语文教学培养学生书面表达能力的活动有很多形式，除了有单独设置的写话和习作板块之外，还有很多分散安排的与写作有关的教学活动，如组词、造句、选词填空等字词练习，修改病句、句子排序、句式仿写等语句练习，以及与课文学习相结合的各种小练笔活动如仿写、改写、续写，等等。

学生在上述各项活动中要学习的知识技能和方法策略等，就是写作教学的内容，包括词汇、句式、标点符号、修辞等语言知识，文本类型、表达方式、语言风格等写作常识，以及写作方式、写作素材的收集和整理、写作构思、习作修改等写作过程和方法，等等。其中，词汇、句式、标点符号、修辞等语言知识的教学通常在识字和阅读教学中进行。下面主要介绍写作常识和写作过程和方法方面的教学内容。

(一)主要文本类型

《课程标准》的学段课程目标和内容对小学生学习写作的主要文本类型做出了明确的规定(见表 5-1)。

表 5-1　《课程标准》要求的写作文本类型

学段	写作文本类型
第一学段	写自己想说的话，写想象中的事物。
第二学段	写下自己的见闻、感受和想象。 能用简短的书信、便条进行交流。
第三学段	能写简单的记实作文和想象作文。……学写读书笔记，学写常见应用文。

从表 5-1 可以看出，小学生学习写作的文本类型大致可以分为三类。

第一类是没有格式规范的书面文字，或者说书面语段，只要能表达意思即可。这类写作教学重在鼓励学生把自己的所见所闻和所思所想写下来。学生需要学习的是如何找到合适的词句，把自己的想法表达出来，让读者能够明白自己的意思。

第二类是简单的作文，也就是写一篇结构完整的文章，通常包含题目、开头、主体内容、结尾等。小学一般学习写通常所说的“记叙文”，内容包含事件发生的时间、地点，事件关涉的主要人物，事件的起因、经过、结果。关于记叙类文本基本要素的知识也是阅读教学的一项重要内容。因此，这类文本的写作教学不仅仅是指导学生写出“要素齐备”的文章，更重要的是指导学生根据每次习作的主题和情境，确立每个要素的具体内涵和组织方式。这类写作根据题材分为记实作文和想象作文两小类。前者还可以细分为写人、记事、游记、状物等不同情况，对所写事物的真实性以及作者的真情实感有所要求，教学内容包括对现实生活经验的梳理和提炼，涉及相应的思维训练；后者主要表现为故事、童话等文学创编活动，教学内容包括这些文体的基本特征，如虚构性、必要的情节冲突等，涉及激发和扩展学生的想象能力。

第三类是常见的应用文，包括日记、书信、便条等个人或日常交际文本，作品梗概、读后感、书评、广告、新闻报道、倡议书等说明类或公共媒体文本，以及提纲、实验步骤、研究报告、策划书等工作类文本。这些文本在信息要素、格式、称谓、应用场景等方面有比较具体的规范，学生需要结合具体的语用场景理解和运用相应的格式和写作惯例。

(二)常用表达方式

常用表达方式主要分为叙述、描写、议论、抒情、说明五种。它们分别为一定的内容表达服务，进而产生不同的表达效果。

叙述也可称为记叙，主要表现为作者对人物的经历、事件的发展变化过程、场景或空间的转换所做的交代，是把人物的经历和事物的发展变化过程表现出来的一种表达方式。叙述在叙事文章中应用比较广泛，是写作中最基本、最常见的一种表达方式。

描写指用生动形象的语言，把人物或景物的状态具体地描绘出来，能够反映事物的细节特征。这是记叙文和文学创作的常用表达方式，其作用是再现自然景色和事物情状，描绘人物的形貌及内心世界，使人物活动的环境具体化。描写通常包括人物的外貌描写、神态描写、语言描写、动作描写、心理描写，环境描写，以及将人物和环境结合的场面描写等。其中，景物描写的具体方法有动静结合、虚实结合、渲染色彩、变换角度等。描写时，作者可以根据表达的需要，使用符合描写对象特征并且带有一定感情色彩的词句来渲染和烘托；也可以保持一种客观中立的态度，尽量使用符合描写对象特征的准确而简练的语句进行表达，几乎不带感情色彩。后者被称为白描或素描。

议论指以概念、推理、判断等逻辑形式对客观事物进行分析、证明、评论的一种表达方式。议论要求论点明确、论据充分、论证周密，其特点是以理服人。学生对周围事物表达自己的喜好，对照一定标准评说作品的优劣，对他人的观点表示赞同或反对，这些都可看作议论。当然，他们需要为自己的评说提供充足的理由，这就是用可靠的论据来进行论证。

抒情即表达情思，抒发情感。抒情往往表现出主观性、个性化、诗意化等特征。抒情方式可分为借景抒情、触景生情、咏物寓情、咏物言志、直抒胸臆、融情于事、融情于理等。

说明是用简明扼要的文字，把事物的形状、性质、特征、成因、关系、功用等解说清楚的表达方式。被解说的对象可以是实物，如山川、江河、动植物、建筑、器物等，也可以是抽象的道理，如思想、观点、概念、原理等。说明方法主要有举例子、列数字、作比较、打比方、下定义、分类别、列图表、作诠释等。

（三）作文常识

作文常识主要指关于文章基本结构框架及其写作特点的知识，包括题目、开头、主体内容、结尾的叙述顺序等。

1. 文章题目

文章题目是文章的“眼睛”。俗话说“题好一半文”，好的标题能精练地反映文章的主旨，具有一定新意，表述精准且具有一定的趣味性和可读性，能激发读者的阅读兴趣。文章题目虽然字数不多，但也需要精雕细琢。很多时候，作者是在完成文章写作之后，再对写作前拟定的题目进行精心地修改。

在小学语文习作教学中，学生不是在进行自然状态的写作，而是在进行任务性的写作。大多数情况下，教师是根据教材提示对学生提出具体的写作要求。学生要写的内容范围已基本确定，也可以说作文的题目范围已基本确定。教学指导的重点往往是如何审题，而不是如何拟题。

有些作文题目是由教科书给定的，属于典型的命题作文。在这种情况下，文章主旨是基本确定的，学生要学习的是如何解读题目，以及根据具体题目确定写什么和怎么写。例如，统编教科书五年级上册第四单元的“二十年后的家乡”，题目对写作内容做出了明确的规定，这是一篇想象作文，主要描绘自己家乡二十年后的模样。教材提示呈现了这次作文的审题思路：“首先要大胆想象，二十年后的家乡会发生什么巨变。如，环境有什么变化？人们的工作、生活有什么变化？”可见，这次作文学生要重点描绘的是二十年后的家乡与今天的不同之处，或者说家乡在未来二十年可能发生的巨大变化。如果仔细分析题目和内容的关系，教师也许可以引导学生感受到，有时候题目并不一定直白地呈现作文的关键词。在这个例子中，作文的关键词是“变化”，而题目里是没有这个词的。

有时候教材会提供不完整的题目，请学生补充完整，然后再写作。这往往会对文章的选材角度提出指引，由学生根据自己的经验确立具体要表达的内容。这一般称为半命题作文。题目里需要补充的往往是文章的中心词语。如统编教科书五年级下册第四单元的“他______了”，给学生的习作提示是：“生活中，谁感动、生气、伤心、兴奋……的样子让你印象深刻？把题目补充完整，如‘他感动了’‘他生气了’‘他伤心了’。回想一下，当时发生了什么事？事情的前因后果是什么？把这件事写下来……”根据教材要求，学生需要明确，题目里需补充的是表现一个人情绪状态的词语，文章的主体部分要写一件事，叙述这个人在什么情况下是什么使他处于这种状态，以及当时他的具体表现是怎样的。

当然，还有一些时候，教材只给出一个写作范围，设置某种写作任务，要求学生根据要求自拟题目。学生对写作内容的选择余地比前两种情况要大一些，但拟定题目的思路与半命题作文比较相似，主要是通过题目呈现文章具体写的事物。与半命题不同的是，学生自拟题目可以在趣味性、新颖性、吸引力等方面做大胆尝试，使其既符合文章主旨，又能给人出其不意之感，如采用修辞拟题、俗语拟题、古语拟题、成语拟题和流行语拟题，甚至可以巧用其他学科公式或符号拟题等。

以统编教科书五年级上册第二单元"'漫画'老师"为例，要求学生"把这些可爱的老师用文字'画'出来"。学生需要在自己接触过的老师中，抓取表现其"可爱"的突出特点，可以是外貌，也可以是性格，还可以是个人喜好等；还要借鉴漫画的表现手法，即要突出特点并配上独特的画风和夸张的情节，力求给人留下深刻的印象。这次习作可以鼓励学生结合所写内容，以夸张或幽默的方式拟定题目，如写行动速度快的老师用"风一般的老师"作为题目；写很注重仪表的老师用"我们学校的'时尚达人'"作为题目；写课后与同学打成一片的老师用"老师'兄弟'"作为题目；等等。

2. 文章外部结构

文章的外部结构主要包括开头和结尾、段落和层次、过渡和照应等。① 古人写文章讲究"凤头""豹尾"。"凤头"指文章的开头要像凤凰的头一样美丽动人，这样才能吸引读者继续往下读；豹的尾巴非常有力，比喻文章的结尾要有一定的表现力，给人留下深刻的印象。无论开头还是结尾，都要与文章所写的内容以及想表达的思想感情保持一致。

文章开头的方式大致有这样几种情况。第一，开门见山，或平铺直叙，或落笔扣题。前者指以事件开始为开头，例如，"上周，我们去参观博物馆……"；又如，教材在"二十年后的家乡"习作中示例的开头是"穿越到二十年后，看到了我的家乡"。后者是在文章开头直截了当地表达主题、直抒胸臆。例如，写人的文章，开头就写"我们班的×××特别关心集体"，随后写这位同学关心集体的几件事例。第二，巧设悬念，引出话题。开头可以以问句形式揭示主题并引起读者的阅读兴趣。例如，写读后感，开头可以是"你知道这本书我读了多少遍吗?"又如，写春游活动，开头可以是"春游遇到下雨，还能好好玩吗?"第三，引经据典。开头可以引用诗词、名言警句、成语俗语等经典词句，这往往能使文章显得文采飞扬。第四，巧用修辞，妙笔生花。巧用比喻、排比、拟人、夸张等修辞手法，使文章开头生动形象、富有气势。

① 董小玉、蒲永川、梁多亮：《现代实用写作》，217页，重庆，西南师范大学出版社，2003。

文章结尾最直接的作用是标记“写完了”，提示读者可以终止这段阅读旅程了。结尾也有多种方式。第一，直述结局。记叙文可以以事件的结果为结尾，例如，“我们的探险之旅终于完满结束。”又如，“回家后，我迫不及待地向妈妈讲述我们的雨中奇遇。”结尾还可以对文章开头或文中的设问做出回应，或者对文章中心加以概括和总结。第二，表达观点，直接抒情。例如，“这真是一次有意义的活动。”言尽意深，引发思考。

文章主体部分需要根据表达需要分段表述。段落层次的安排要符合客观事物规律和认识发展规律，随着事件推进的不同时间阶段，或空间转换的不同进程，或人物心理的不同状态等，安排不同段落进行表述。

（四）写作过程和方法

关于写作过程和方法的教学内容主要包括写作方式、写作素材的收集和整理、写作构思与习作修改几个方面。

1. 写作方式

根据写作练习中学生在写作内容方面的自由度，写作教学可以分为创作、观察写作、改写等几种形式。

创作指学生自己确立写作目的，自己设计写作的主旨和收集具体素材。学生按照教材和教师设置的写话和习作要求，自主决定写作内容的活动都可以看作创作。

观察写作指先对物品、场景、图画、音频、视频，甚至活动等进行系统感知，然后将观察所得写出来。写作内容主要是观察对象的各方面特征及学生感知过程中的相应感受。改写是给学生指定一篇文章，让学生以该文章的内容或结构为支点，展开写作的练习。这样，作品的主旨、材料、线索、基调等特征基本确定，学生主要考虑怎么写的问题。

改写的方式可以分为转述或复述、缩写、扩写、续写、续编和改编等。转述或复述要求学生在重现原文内容的同时，适当地借用原文的语词，学生在内容和语言两方面的自主空间都不大；缩写主要训练学生的概括能力，要求学生抓住原文所写内容的主干并用精练的语言进行概括；扩写往往需要学生就原文中概括叙述的内容展开联想和想象，运用描写的表达方式来补充细节，扩展内容；续编或改编已具有一定的创作成分，要求学生在一定程度突破原文的局限，但其写作终究还是在原文的框架之下进行，即便是改写，人物设定、事件线索等也要与原文基本一致。

2. 写作素材的搜集和整理

很多人在谈到小学生写作的难处时，会提到“巧妇难为无米之炊”，即学生觉得没东西可写。可见，小学写作教学必须要指导小学生按照写作要求收集和整理相关的素材。这主要体现为对学生进行观察力、思考力等写作基本能力的训练。这也是《课程标准》中写作课程目标和内容的组成部分。第一学段要使学生“留心周围事物”，第二学段要使学生“观察周围世界”，第三学段则要使学生“养成留心观察周围事物的习惯”，并且能“有意识地丰富自己的见闻，珍视个人的独特感受，积累习作素材”。

训练观察能力的教学内容包括，引导学生感受观察对写作的重要性，学习和使用有效的观察方法。例如，按照一定的顺序感知观察对象的特点；针对某一观察对象，用持续的一段时间关注和记录其变化；一边感知一边思考，区分图画或事物的主要部分和次要部分，抓取主要部分的细节特征，探究局部特点与整体特征的关系，将观察对象与相关的其他事物进行比较，等等。

与写作思维训练相关的教学内容主要有这样几方面。首先，使学生意识到每个人的日常生活经验中都可以发现一些特别之处，都有值得书写的地方。比如，学生每天上下学经过的街道，可以作为写作内容，向未曾经过这条街道的其他人进行介绍；这条街道上的景物总会随着季节、天气等环境改变而发生变化，这也可以作为写作的素材。其次，教学生学会积累素材的方法。比如准备专门的素材记录本，有时候也称为观察日记本，随时记录自己的所见所闻和所思所感，记录学校或家里、社区发生的趣事或突发事件，记录阅读时发现的印象深刻的事例或好词好句等。有的学校尝试提前一两周布置写作任务，让学生有时间通过素材卡收集和整理与写作任务有关的素材。最后，根据每次写作的具体要求，指导学生对自己收集到的素材以及自己的经验进行认知加工。例如，对一件事情进行分析，厘清事件发展的若干阶段，推断事件发生的原因和可能出现的后果；又如，先从不同角度不同方面分析某一事物的特点，然后再进行归纳，或者综合概括其整体特征；再如，对两个或多个事物进行比较，概括共性，或通过对比突出其中某一个事物的独特性，等等。

3. 写作构思

构思是确立写作思路的过程，是下笔之前的设计过程。学生要根据写作题目的要求，基于已有的相关知识和经验，通过一系列思维活动确立所要表达的中心思想，继而选择和确定与中心对应的内容及相应词句，明确要叙述的事物之间的逻辑关系以及文章的段落层次。写作构思包含着审题、立意、选材、布局谋篇、确定语言表达方式等若干环节，直接决定着下笔写作的表现以及最终写成的作品质量。构思清楚，则写起来顺畅，更容易写成主题鲜明、内容丰富、层次清晰的作品。

小学教学中写作构思的方法主要有如下三个方面。

其一，按照写作任务要求确立写作目标，明确这一次要写一篇什么样的作品。这一步的关键是对写作要求进行分析，尝试提取题目或写作提示里的关键词，再结合这些关键词语从已有的经验里寻找相关的内容。对此，上文“作文题目”部分已有一些讨论。

其二，根据所确立的写作目标，从已有的经验或已积累的素材里选择最合适的材料。这一步需要激活大脑里与写作主题相关的多种经验。例如，教师可以指导学生用

“头脑风暴”的方式，由写作主题展开自由联想，尽可能多地列出并记下能想到的人物、事件、场景等；之后再请学生自主思考或小组讨论，并从中选出最佳素材。

其三，分析梳理上一步选出的材料之间的相互联系，确立各项材料的表述顺序以及表达的详略等。能直接表现中心思想的材料需要详细地记叙和描写，背景或辅助性的材料可以简略地表述。这一步可以借助表格、图示、提纲等思维工具来帮助整理。

4. 习作修改

“好文章是改出来的”，小学习作教学要教给学生初步的写作修改方法，培养其写作修改的意识和能力。习作修改包括对所写内容的修改和对所用词句的修改。内容修改主要涉及增减信息、调整结构等，词句修改主要涉及纠正语法或书写错误，调整标点符号等。习作修改可以是对同学作品的修改，也可以是对自己作品的修改。后者与学生对自己写作过程和写作结果的自我监控有关。小学生的自我监控能力尚在发展之中，需要在习作教学中慢慢学习如何对自己的作品进行修改。《课程标准》从第二学段开始提出习作修改的要求，最先是“学习修改习作中有明显错误的词句”，第三学段要能“修改自己的习作，并主动与他人交换修改”。

三、写作教学的要求

《课程标准》的课程总目标和内容对于写作的要求做了如下表述：“能具体明确、文从字顺地表达自己的见闻、体验和想法。能根据需要，运用常见的表达方式写作，发展书面语言运用能力。”这是对于九年义务教育毕业生写作能力的基本要求。根据各学段的课程目标和内容，小学写作教学的要求大致可以分为四个方面。一是写作的情感态度的要求；二是写作内容的要求，即“写什么”的要求；三是作品质量的要求，可以理解为“写成什么样”的要求；四是写作的过程和方法的要求，或者说“怎么写”的要求。关于写作内容的要求和写作过程和方法的要求已在前面有所阐述。这里主要探讨其他两方面的要求。

(一)情感态度的要求

小学写作教学注重培养学生对于写作的积极情感和态度，希望使学生乐于写作，愿意运用书面语言表达自己和与他人交流。有很长一段时间，作文被列为中小学生最怕的语文学习内容之一。相当一部分学生对写作表现出畏难情绪，对自己的写作能力缺乏信心，害怕写作，甚至抗拒写作。小学写作教学需要扭转这种不利局面，从一开始就重视良好写作情感态度的培养。《课程标准》对此提出了明确的要求(见表5-2)。

表 5-2 《课程标准》提出的写作情感态度要求

学段	情感态度方面的目标和内容
第一学段	对写话有兴趣。 在写话中乐于运用阅读和生活中学到的词语。
第二学段	乐于书面表达，增强习作的自信心。愿意与他人分享习作的快乐。
第三学段	懂得写作是为了自我表达和与人交流。

根据要求，1～2 年级要使学生感受到写话的趣味性，体验写话与生活的联系以及与阅读的联系；3～4 年级主要是使学生能够看到自己的写作成果，体会写作带来的成就感，感受与同学或其他人分享写作经验的快乐；5～6 年级学生不仅仅是像前两个学段那样“出于好玩儿”才写作，他们需要对写作的意义形成理性的认识，感受写作对个人和对人际交往的重要性，从而能够自觉自愿地继续学习和尝试写作。

(二)作品质量的要求

写作质量主要针对学生写出的作品而言，主要涉及内容清晰度、表达适宜性、语言准确性等方面。《课程标准》对此方面有具体要求(见表 5-3)。

表 5-3 《课程标准》提出的作品质量要求

学段	作品质量方面的目标和内容
第一学段	根据表达的需要，学习使用逗号、句号、问号、感叹号。
第二学段	能不拘形式地写下自己的见闻、感受和想象，注意把自己觉得新奇有趣或印象最深、最受感动的内容写清楚。 尝试在习作中运用自己平时积累的语言材料，特别是有新鲜感的词句。 根据表达的需要，正确使用冒号、引号等标点符号。
第三学段	内容具体，感情真实。能根据内容表达的需要，分段表述。 做到语句通顺，行款正确，书写规范、整洁。根据表达需要，正确使用常用的标点符号。 写作要有一定速度。

根据要求，1～2 年级对写话的内容和语言表达几乎没有明确的要求，基本就是学生想什么写什么，说什么写什么。当然，到二年级时需要做到能写完整的句子，主要是陈述句、疑问句、感叹句，并且能正确使用最常用的四种标点符号。3～4 年级习作在内容和表达上的要求仍然较少，比较特别的要求有两项：一个是把相对重要的内容“写清楚”，这主要涉及细节描写、叙述有序等；另一个是尝试运用“有新鲜感的词句”，这不仅涉及词语的积累与运用，更与写作新意、创意有一定联系。5～6 年级学习写文章，除了对内容的丰富性和具体性提高要求外，特别提出对记实作文真实性的要求，

以及对作品结构层次和文稿样貌的要求；此外，关于写作速度的要求实际上是对写作时限以及作品篇幅有所要求。

第二节
小学写作教学的基本原则

学习目标

掌握小学写作教学的基本原则。

根据写作教学的基本规律以及小学生写作心理发展特点，小学写话和习作教学要遵循一些基本原则。首先要关注学生的写作体验，着力培养学生积极的写作态度；其次要丰富学生的写作经验，使他们在写作实践中提高能力；再次要对学生的写作过程进行指导；最后要支持并鼓励学生的个性化表达。

一、培养学生积极的写作态度

这一基本原则是落实小学写作教学情感态度与价值观目标的重要保证。对于小学生而言，写作相对于说话或阅读难度大一些。一方面，学生从上小学才开始正式学习汉字认读和书写，识字量有限，比较容易出现想好了写什么，但因字不会写而无从下笔的情况。另一方面，写作需要运用书面语言，它与口头语言有一些不同，对语句的完整性、意思的连贯性等有更高的要求。加上学生在语文学习中阅读的多是文质兼美的文本，这可能使他们产生某种误解，认为只有这样的文本才是所谓的好文章，他们的写作也需要达到这样的水平。而事实上，小学生由于生活经验有限，认知水平和语言能力尚待发展，其写作表现同典范文本必然会有明显差异。如此种种，很容易导致学生对写作产生望尘莫及的无力感。对于处于学习奠基阶段的小学阶段来说，关注并培育学生对写作的积极态度显得尤为重要。

首先，写作教学需要创设有趣的写作情境。这对于写话和习作起步阶段的教学尤为重要。游戏、幽默、夸张、想象等有趣的写作任务可以激发学生的兴趣，吸引他们参与学习写作的活动。例如，三年级上册第一单元的习作“猜猜他是谁”，请学生“选择一个同学，用几句话或一段话写一写他。不能在文中出现他的名字，但是要让别人读了你写的内容，能猜出你写的是谁”。再如，四年级上册第二单元的习作“小小‘动物园’”，引导学生根据每个家人的突出特征联想某种动物，写出家人与这一动物相像的地方。

其次，写作教学需要设置有意义的写作任务，使学生感受写作对于个人生活、社会交往的重要作用。写作最本质的功能是“对话”，是书面语言交际。① 学生学会写作，也就是学会用书面语言向他人传达自己的观点和情感。国外有一种写作教学理念叫作“真实写作”，重视写作环境的真实性，也就是写作要有真实的读者和真实的写作目的。② 我国有研究者指出，写作教学应该走向“交际语境写作”③，把写作行为看作特定语境下的对话，把写文章看作向某个或某些对象倾诉或与之交流的过程。书信、便条、倡议书等应用类文本的写作教学情境比较容易体现交际性或功能性特点。教师在组织其他一般性的写话和习作活动时，也需要对写作任务做一些设计。统编教材在习作板块的很多地方提示学生要把写的内容与同学交流，或者把写的作品分享给家人。

再次，写作教学要提出难度适宜的学习要求。写作任务要符合学生的原有经验和写作能力，可以有一定的挑战性，同时要给学生提供相应的辅助和支持，使学生能够克服困难，取得成功，获得学习习作的成功体验。写作教学中，教师需要观察和及时把握学生写作的困难所在，并提供相应的帮助。

最后，写作教学要对学生的写作尝试给予充分的肯定。这主要表现在对学生作品的评价和反馈方面。一些有经验的教师总结出一种对学生作文进行反馈和修改的方法，叫作“多就少改”。“就”主要针对学生的写作内容而言，指对学生写出的作品采取基本肯定的态度，教师可以透过学生的文本，推断学生最想表达的是什么，然后顺着学生的思路去进行交流和反馈。“改”的侧重点就放在帮助学生将自己的想法以更加清楚和明白的方式来表达上。这样的反馈策略能使学生感到自己的写作尝试得到了认可。此外，为学生作品搭设展示交流平台也是对其作品表示肯定的重要方式。有的教师通过班级报刊或作文集的形式，将学生作品印制成册进行“发表”；有的学校每学期组织专门的写作展示活动，邀请家长参加，请每一位学生选择自己的一篇作品朗读给家长听；还有的教师借助现代信息技术，组织学生通过网络发表作品，并与更多的读者展开互动。

二、丰富学生的写作经验

写作能力和阅读能力一样，需要在丰富多样的实践演练中逐步提高。对初学写作

① 顾之川、顾振彪、郑宇：《中小学写作教材改革设想》，载《语文建设》，2014(7)。

② 魏小娜：《国外“真实写作”的研究及启示》，载《中小学教师培训》，2010(8)。

③ 荣维东：《交际语境写作：我国写作教学的发展方向》，载《语文教学通讯：小学(C)》，2013(4)。

的小学生来说，多写多练可以说是提升写作能力的不二法宝。多写既可以指写的频率，也可以指写的篇幅。

增加写作练习频率，意味着要扩展写作练习的场景，丰富写作练习的形式。首先，语文教学要提高学生的写作能力，不能只依靠写话和习作教学活动。《课程标准》在写作教学建议部分指出，“要重视写作教学与阅读教学、口语交际教学的联系，善于将读与写、说与写有机结合，相互促进”。阅读教学中有很多让学生练习写作的机会，如各种形式的改写，针对课文内容写下自己的感受，依照课文结构或写作方式进行仿写等。口语交际教学中，可以将听的内容概括地写下来，也可以在说话前先写下发言稿。综合性学习中，更是需要拟写活动策划、设计调查方案、撰写调研报告等。

其次，写作练习不能局限于语文课内。就像课外阅读一样，写作也需要课内外结合。前面关于写作素材收集整理部分已经提到，学生可以通过日记、随笔等方式随时记录日常生活中的见闻和感受。教师要捕捉机会，适当引导学生即兴创作。可以结合近期国际、国内发生的大事件，引导学生进行写作实践。例如，奥运会期间可以读奥运新闻，写奥运赛事报道；宇宙飞船顺利升空后，写一写自己看到这则新闻时的感想，等等。即便是学生身边发生的“小插曲”，如教室里飞进小虫子等，以及同学之间的辩论、小组讨论中产生的奇思妙想等，也可以成为学生即兴作文的机会。例如，冬季的第一场雪来临时，学生坐在教室里，心却飞向了操场。教师考虑到学生对雪花飘飘的场景很有兴致，感觉这是一个比较难得的即兴作文的机会，于是组织学生来到操场上，观察雪花飘舞的形态，对比雪花的多种样式，感受玩雪的快乐；教师还要提醒学生注意周围的环境和人物，记住自己的感觉和想法，待回班后再进行作文小练笔。这样的即兴创作因为学生有切身经历，且有刚刚留下的深刻记忆，因此写起来不会觉得困难，往往会写得比较真实具体、形象生动。

注重交际作文的于永正老师曾经分享过他的一个案例。

> 一天，我校四年级一班邓同学在校外拾到了一个内有700多元现金和重要证据的提包，主动交给了校长，我在得知此事以后，立即组织我班学生写招领启事，并四处张贴，不久，失主便来到学校认领，终于物归原主，我趁势又让学生以“红领巾广播站”记者的身份采访邓同学，把邓同学拾包的具体经过和他当时的心情一一记录了下来，并写成了采访报道，其中一篇送往学校广播站，另一篇投送到报社。①

在这则例子中，于老师抓住了失物招领这一件生活中的点滴小事，训练学生们写

① 参见于永正、潘自由：《于永正小学“言语交际表达训练”作文实验》，15页，济南，山东教育出版社，2000。

招领启事，而后又在失物得到归还之后采访拾金不昧的邓同学，写成了一篇宣传优秀事迹的报道，两种类型的文章都可以达到训练学生的写作能力的目的，同时也为学生们积累了一些生活经验中的素材，如果下次再出现类似的事件，学生们运用起来也会有迹可循，从而较为轻松地写出自己需要的交际作文。

写作频率增加，必然使学生的写作量增大。写的越多则写的过程越流畅。然而，对一部分学生来说，写出长文章似乎很困难，他们常常因为达不到写作的字数要求而苦恼。面对这种情况，鼓励学生写“放胆文”是一种很好的策略，也就是要求学生努力把自己的想法写出来，不管内容是否扣题，不管意思是否连贯，不管语句是否通顺，更不管有没有错别字，只要一口气写下来。尤其是对于能说很多但却写不出多少的学生，一开始就让他不断地写，尽量多写，等他能写出较长篇幅时，再去指导他如何使内容集中、结构合理、表达通顺，在他写不出东西时，跟他说这些写作具体要求，他是没法写的。① 20世纪80年代已有实验研究发现，同注重模仿学习的班级相比，提倡自由表达，鼓励学生写“放胆文”的班级，学生所写文章的篇幅更长。②

三、对学生的写作过程进行指导

写作过程是复杂的心理活动的过程。在写作教学中，为更好地指导学生写作，教师需要研究学生写作过程中的心理活动。自20世纪60年代以来，写作心理研究受认知心理学影响，从信息加工的角度，把写作看成信息摄取、储存、加工、转换、输出的过程。这一时期，弗劳尔和海斯(Flower and Hayes)等人提出写作过程模型。此后，西方国家开始倡导和实践过程写作活动，不是根据写作的产品而是根据作者的活动步骤和程序进行写作教学。③

根据写作过程模型，写作需要作者调动三类知识，分别是有关写作主题的知识、有关读者的知识和有关语言表达的知识。写作过程就是综合运用这些知识产生想法和写下想法的过程，大致分为三个环节，其一，围绕这一次的写作任务制订写作计划，相当于一般所说的写作构思，要确立写作的具体目标并选择和组织材料；其二，动笔书写；其三，写完后进行复查，也就是一般说的修改。④ 在写作教学实践中，书写和复查可以拆分为更加细致的步骤。例如，先写初稿；之后借助同伴分享和交流活动对所写内容进行复查，形成第二稿；接着再次借助同伴分享和交流活动，进行第二次复查，主要针对字词书写、格式、标点符号等语言表达进行修改，形成第三稿；最后，誊抄

---

① 王荣生主编：《写作教学教什么》，17页，上海，华东师范大学出版社，2014。
② 汪潮：《语文学理——语文学习的心理学原理》，399页，杭州，浙江大学出版社，2013。
③ 荣维东：《交际语境写作》，见王荣生主编：《写作教学教什么》，上海，华东师范大学出版社，2014。
④ 董蓓菲：《语文教育心理学》，上海，上海教育出版社，2006。

或打印最终完成的作品，进行展示或发表。[①]

写作教学可以针对写作相关知识的具体内容，以及写作过程的某个具体步骤进行分项指导，也可以通过综合性的写作任务，让学生体验写作的全过程。

写作分项训练可能随课文的学习进行，也可能在单元基础训练的"词句段运用"板块进行。其基本形式是借助范例，让学生模仿学习。如仿照例段，用若干动词"写一组连续的动作"；从示例中学习习作修改符号等。

根据我国小学语文教学的经验，3～4 年级习作教学可以多关注段落写作，对一些具体的写作方法和技巧进行指导，为 5～6 年级作文奠定坚实的基础。例如，三年级下册第六单元的习作"身边那些有特点的人"，可以指导学生在构思时用形象的称谓来概括某人的特点，如"智多星""幽默王子""故事大王"等，再用具体的事例来表现人物的这种特点。学生可以思考这些特殊的称谓会让自己想到谁，为什么会想到他，进而联想到相关人物的行为或经历。同时，这次习作也可以进行拟题策略的教学，使学生了解题目可以"用上表示人物特点的词语"。

再如，同样是三年级下册，第八单元想象习作"这样的想象真有趣"，可以教学生一种想象策略。那就是朝着与现实完全相反的方向去设想，如把某种动物的主要特征去掉，或者把某种动物的能力强项变为弱项，再看它们的生活会发生怎样的变化，然后把想象中发生的奇异事情写下来，如母鸡能在天空飞翔，蚂蚁的个头比树还大等。

又如，四年级下册第五单元的习作指导学生有序表达，写游记，可以先把实际游览的路线图画一画，然后按游览的顺序把印象深刻的景物写下来；写成长经历，可以以学习某种技能为例，按照学习的一步步进程，把其中发生的有趣事件以及自己的心情变化写下来。前者是按空间顺序组织材料，后者则是按照时间顺序组织材料。

综合性的写作任务主要以完成符合一定要求的文本作品为目标，需要学生根据每次写作的具体要求调用已经学过的写作知识和技能。五年级和六年级要求写作的记实作文和想象作文是很典型的综合写作。教师需要观察学生在各个写作环节上的实际情况，针对其困难及时提示，帮助学生唤醒之前学过的写作知识和技能，结合具体的写作主题和内容灵活运用。

四、支持并鼓励学生的个性化表达

小学的写作教学大多以班级授课的形式进行，但实际上学生的写作主要表现为学生

---

① 尼娜·扎拉格萨：《在写作课上指导小学生像作家一样写作》，见［美］Shirley R. Steinberg，Joe L. Kincheloe：《学生作为研究者——创建有意义的课堂》，易进译，119～146 页，北京：中国轻工业出版社，2002。

的独立操作。不同学生写作时，对同一个活动、同一件事、同一个人，看法会不同，认识的深浅也不同；即使看法和认识相同，写文章的顺序和词句的运用也会不同。教师面对几十个学生进行写作教学，必须要尊重学生的个性差异，充分发挥学生各自的创造性。

写作教学实践部分存在着对学生限制过多，练习内容和形式过于统一的现象，这不利于发挥学生的创造性，也不利于提高学生的写作能力。写作教学必须坚持要学生表达自己的思想和情感，让每一次的写作实践都成为学生表达自己思想和情感的尝试。

(一)接受学生经验的多样性

虽然小学生的生活经历比较有限，但是可以在写作中进行表达的生活阅历还是有一些的。从家庭、学校到社会，其中发生的许多事情可以引起他们的关注。除了亲身经历外，他们还可以通过图书、报刊、电视、广播等多种媒介获得各种信息。他们有强烈的求知欲，有自己的喜怒哀乐、爱憎好恶。这些经验和感受都可以作为写作的素材。

写作教学要引导学生重视各自的经验和想法，不要轻易地判断某种经历“好”或“不好”，并据此简单地将某些经历排除在写作素材之外。教师可以结合范文，引导学生认识到生活中不仅有真善美，而且有假恶丑；写作不仅要弘扬真善美，也要鞭笞假恶丑。

对于学生在作文里呈现的与众不同的经验和感受，教师要给以肯定，这不仅是在鼓励学生的个性化表达，而且也是对学生独特经验的尊重。例如，有一次学校组织去恐龙园春游，回来后学生都写日记，抒发了自己愉悦的心情。其中有个学生由于在春游时走神，和班级失散了一段时间，后来很快找到了队伍。由于他的这一特殊经历，他在作文中着重写的不是恐龙园的美景，而是他发现自己和班级走散后的恐惧与彷徨，以及找到班级之后的那种欣喜若狂。小作者的心理刻画十分逼真，尤其是在文章的结尾处，他写道：“唉，今年的春游对我来说，留下的不是美好的回忆，而是无穷的后悔和懊恼，不知我何时再能领略恐龙园的美妙风光。”谁说春游非得表达愉快之情，“后悔和懊恼”才是这个学生真实的感受呢！正是由于小作者写出了自己的真情实感，所以文章特别感人。

接受学生的多样性并非对学生的思想认识放任不管。对于学生写话或习作所表现的片面认识或不当态度，教师需要通过恰当的个别或集体教育活动进行干预，但不能因此否定学生的写作尝试。事实上，创设宽松和谐的课堂氛围，学生才有可能在写作时表达自己的真实想法，教师也才能真正把握学生的思想认识。

(二)设置开放性的写作任务

有时候为了进行具体的知识技能教学必须限制写作主题和内容，这就导致学生作品基本相同，如看图写话、应用文写作等。除此之外，应更多设置主题和内容有较大选择余地的写作任务，最好的方式是让学生围绕自己的个人经验来写。当然，教材或教师还需要通过多样化的示例帮助学生开阔思路，使他们能够真正依据自己的个人经验确定具体的写作主题和内容。例如，前面提到“身边有特点的人”，教材提示的特点既有性格特征，也有能力特长，还有行为习惯等不同方面，这可以引导学生从不同的角度去回顾自己身边人们的特点。这样会减少学生习作出现人物单一、特点集中等问题。即便是在观察或活动类习作活动中，即便是观察同样的物品或场景，也可以鼓励学生结合自身经验展开联想和想象，或者变化观察的视角，就如《画杨桃》故事里的孩子们一样，写出同一事物的不同特质。

（三）发现并鼓励独特的语言表达

教师对学生的写话和习作作品要精心审阅，对学生在语言表达方面的良好表现及时肯定。这不是简单而笼统地说“你写得真好”，而是要结合具体语句表示赞赏，甚至批注说明词句运用好在哪里。这不仅可以使学生因受到肯定而更愿意写作，而且能向学生指明可以继续发扬的优势所在。季羡林先生在《我的小学和中学》一书中写到他的中学老师对他作文的评语对他的积极影响：

> 我这种对文章结构匀称的追求，特别是对文章节奏感的追求，在我自己还没有完全清楚之前，一语点破的是董秋芳老师。在一篇比较长的作文中，董老师在作文簿每一页上端的空白处批上了“一处节奏”“又一处节奏”等等的批语。他敏锐地发现了我作文中的节奏，使我惊喜若狂。自己还没能意识到的东西，竟蒙老师一语点破，能不狂喜吗？这一件事影响了我一生的写作。①

第三节
小学写作教学的实践探索

学习目标

了解我国关于小学写作教学的主要实践探索经验。

我国小学写作教学有很多好的实践做法。很多从事小学语文教育的教师和学者在

① 季羡林：《我的小学和中学》，北京，外语教学与研究出版社，2009。

不同理论指导下，从不同的角度不断地对写作教学的有效举措展开探索，以期更好地揭示写作教学规律。20 世纪 80 年代以来，小学写作教学实践领域出现了一些比较系统的研究成果，如我们在第二章介绍的丁有宽老师的读写结合教学模式。这一节将介绍其他一些比较有代表性的小学写作教学实践研究案例，包括以李吉林老师为代表的情境作文、以吴立岗老师为代表的素描作文、以于永正老师为代表的交际作文，以及写作教学实践探索的其他尝试。

一、情境作文

第二章我们已了解李吉林老师提出的情境教学思想。实际上，李老师对情境教学的探索可以说是从情境作文开始的。情境作文的提出是为了解决学生不知道写什么，以及难以把事物写得具体生动等实际问题。情境作文要求教师为学生提供一定的情境，让学生身临其境，为学生创设生动具体的语言环境。

为指导学生写作而创设的情境要真实、具体，符合学生的认知水平，与学生生活经验紧密相关。创设写作情境的方式有很多种，既可以在教室里借助图画、音乐、视频、书籍等媒介以及教师的讲述营造氛围，或是以游戏或戏剧表演形式让学生投入活动，也可以让学生走出教室甚至走出学校，在公园、博物馆等公共场所进行观察和体验。

运用情境教学法指导学生写作主要可以分为四个步骤。

第一，激发兴趣，引导学生主动进入情境。教师可以通过自己表现出的对情境的愉悦情绪感染学生，也可以通过情境中的有趣活动吸引学生。例如，在一次秋季外出观察中，李吉林老师带着二年级的孩子们去野外观察桂花，当观察活动结束时，孩子们都不约而同地将手里的桂花放在她的手中，这就引发了李老师的灵感，她选出了一位女同学坐在草地中央扮演桂花姑娘，其他同学轻轻地把桂花洒落在她的头上、发辫上、衣服上，这样的场景，激发了学生们学习的兴趣，他们主动进入了教师塑造的这个美丽的情境中，开始编制属于他们自己的“桂花姑娘”的童话。① 可以看出：浓厚的兴趣能促进情境作文教学，与之相应，情境作文教学反过来也能培养学生的兴趣，富有美感的情境更能激发学生的兴趣。

第二，唤起注意，带领学生细致体察情境。在把学生带入学习情境之后，教师可以通过语言提示、手势指引、视线引导等方式，引导学生注意情境中值得描绘的事物，如郊外的暴风雨，校园里盛开的花朵，熟悉的教室里新近出现的盆栽等。教师引导的重点是使学生在熟悉的教学环境之下，体验到一些有新鲜感的事物。在对情境中的具

---

① 王灿明：《创新：情境体验的本质——对李吉林《桂花》教学案例的解读》，载《中国教育学刊》，2010(1)。

体事物深入体察过程中，教师还要鼓励学生由直接感知展开联想，为学生随后写出丰富的内容提供经验基础。

第三，示范方法，指引学生发现情境蕴含的规律。情境教学通过学习字词、运用修辞方法、训练篇章结构等内容，指导学生学习写作的方法，进而发展学生思维。例如，在学习五年级下册第二单元《草船借箭》《景阳冈》《猴王出世》这一组课文时，教师引导学生抓住这三篇课文的写作顺序和关键事件，运用自己的话概括文章的主要内容，并结合课后的缩写课文的练习，使学生最终学会简明扼要地交代清楚一件事情。

第四，训练语言，促进学生表达情境感受。无论什么样的情境，教师都要引导学生通过对情境的仔细体会，把观察、感受和表达统一起来。围绕学生在情境中的感知、行为、想法等，教师适时组织学生讨论交流，使学生可以将情境活动与口头语言建立联系。当学生难以找到与情境活动相符合的词汇，从而无法准确表达想法时，教师要及时提供帮助。

二、素描作文

素描最初是美术用语，指单纯用线条描写、不加彩色的绘画，后逐渐引申为作文中的描写方法，指简洁朴素、不加渲染的描写。素描作文是指学生把观察到的事物如实地用文字记录下来。素描作文的写作前提是观察，训练形式是片段描写和简单篇章写作，旨在训练学生写作的基本功底，培养学生的观察能力和思维能力，激发学生的表达兴趣。

1978年，贾志敏老师把生活中可见的实物，如存钱罐、花束等移至课堂，让学生观察和分析，进而表达，开始了素描作文的教学实践。吴立岗教授在贾志敏老师教学实践的基础上，进行素描作文的理论与实践研究。吴立岗认为，教师要“从素描着手培养小学生独立写作的能力”①，因为素描有助于培养收集材料的能力，有助于培养提炼中心思想和安排文章结构的能力，以及有助于培养用词造句的能力。

素描作文是第二学段作文训练的重点。素描作文的训练分为两类：片段素描和叙事素描。1～3年级以片段素描为主，到了四年级，学生要掌握记叙文的结构特点和综合描写的技能，写作则应从片段素描过渡到完整的描写，即叙事素描。在素描教学的实践中，吴立岗等人借鉴“观察教学法”“情境教学法”和“游戏教学法”等作文教学方法，翻译和阅读一些国外作文资料，博采众人之长，创设了一种作文教学方法——课内素描。课内素描是按照描写对象分单元进行的，包括四项基本内容：①在教室内或校园

① 吴立岗：《引进、融汇、创新——吴立岗小学语文教育文集》，275页，上海，上海教育出版社，2007。

内进行观察与写作，培养儿童的观察能力、想象能力和语言表达能力；②把儿童丰富多彩的学习生活带进教室，激发写作兴趣；③注意训练学生在写作中对基础知识和基本写作技能的掌握；④当堂作文、当堂反馈讲评，培养学生独立写作的能力。

课内素描作文需要教师精心设计写作内容。首先，教师要选择和学生日常生活紧密相关的生动的内容，如学校内常见的植物或有趣的人物，激发学生的写作动机。其次，在训练学生"双基"的基础上，促进学生个性发展。学生掌握了基础的写作知识和基本的写作技能后，可以根据自己的兴趣爱好和写作能力，针对特定题材写作或自由写作。

在课内素描写作指导方面，可以给学生出示一些可参考的范文，指导学生先模仿，再创作。例如，人物动作素描以《周总理的睡衣》为范文，其中写到邓颖超为周总理仔细缝补衣服的场景：

> 邓奶奶七十多岁了。她戴着老花镜，安详地坐在沙发上，给我们敬爱的周恩来总理补睡衣。睡衣上已经有好几个补丁了。这一回，邓奶奶又穿上了线，右手捏着针，略略抬起，左手在熟练地打结。她是多么认真啊。
>
> 一位年轻的护士，双手捧着周总理的睡衣，望着补丁上又匀又细的针脚，眼睛湿润了。
>
> 面前的小凳子上摆着个针线笸箩，笸箩里放着剪刀、线团、布头和针线包。针线包上绣着个红五星，特别引人注目。多年来，邓奶奶随身带着它，一直带到了北京……

通过细致的动作素描，可以体现出人物的性格和情感，并且自然而然地引出全文的中心——总理的睡衣。

又如，人物对话素描，以《会摇尾巴的狼》的片段为范例：

> 狼立刻装出一副又老实又可怜的模样，说："我，你不认识吗？我是又忠诚又驯良的狗啊！为了救一只掉到陷阱里的小鸡，我毫不犹豫地跳了下来。没想到再也爬不上去了。唉！可怜可怜我这只善良的狗吧！"
>
> 老山羊看了狼几眼，说："你不像狗，倒很像狼？"
>
> 狼连忙半闭着眼睛，说："我是狼狗，所以有些像狼。但是，我的性情很温和，跟羊特别亲。你只要伸下一条腿，我就得救了。我一定会好好答谢你，给你舔毛，帮你咬虱子……"
>
> "别再花言巧语了。"老山羊说，"你骗不了我，狗都老老实实的，不像你这样狡猾。"

狼着急了，赶忙说："请您相信我，我的的确确是狗。不信，你看我还会摇尾巴。"

这一段描写，生动地反映了狼利用花言巧语蒙骗老山羊，显示出角色的狡猾，而老山羊则处处透露出对狼的不信任。此外，还有人物外貌素描、动物素描、景物一角素描等题材的训练。教科书中的课文对学生具有指导作用，但是可能远离学生的生活实际和写作技能，教师可以挑选学生的优秀作文作为范文。另外，教师还可选择一些经典美文或描写生动的文章，供学生学习和参考。

其次，素描作文教学对学生的写作要求明确，鼓励学生创作与众不同的作文。教师提出的作文要求必须是明确的，如注意观察顺序、突出事物的主要特征等。教师还要鼓励学生大胆求异，如观察顺序可以是"整体—部分—整体"，可以是"部分—整体"，还可以是"整体—部分"等。

素描作文教学注重进行课内写作讲评。首先，学生当堂写作，教师当堂讲评，鼓励质疑。其次，学生自己修改，学生相互点评，相互修改。教师说明修改作文的重要性，引起学生的重视。教师教会学生修改文章的方法：第一，修改文章的内容和结构。第二，修改文章的遣词造句和标点符号。此外，教师还应鼓励学生建立起修改作文的自信心，敢于修改自己和他人的作文。

三、交际作文

交际作文即按照社会言语交际的实际需要来进行写作训练。言语交际指人们运用语言相互交流思想感情、交流信息的听说读写活动。① 传统作文教学存在一些弊端，如重写轻说，倾向于文学化，脱离了实际生活的需要。因此在意识到作文和生活脱离的弊端的情况下，以于永正为代表的教师开始探索交际作文的教学实践。

于永正老师提出，交际作文的教学目标是根据教学大纲对小学生写作的基本要求和学生生活实际的需要，进行说写训练。教学中针对轻说的弊端，重视"说"的训练，如打电话、自我介绍、描述事件、表达情感等。同时，"写"也是教学重点，如写出说的内容(或一边说一边写)，学习写信、写请假条、写通知等生活中常用的应用文。小学生在毕业以后，能够进行流利的口语表达和基本的书面写作。

交际作文的教学原则一共有三条，分别是根据生活经验写作，结合口语交际写作，以及立体交叉，促进写作。交际作文的主要目的是交流感情。写作如果脱离学生的生活经验，学生只能无病呻吟，不能有效地表达真情实感。因此，交际作文一定是学生

① 于永正、潘自由：《于永正小学"言语交际表达训练"作文实验》，156页，济南，山东教育出版社，2000。

在生活中，基于某一种现象而产生的某些感情的表达。口语交际突出交流双方的语言往来，学生能感受真实的交际需求，更能激发学生尝试表达的兴趣。同时，口语交际可以为书面写作提供材料和思路，对书面表达起一定的辅助作用。“立体交叉”包括听说与写作的交叉、阅读与写作的交叉、各种文体的交叉、语文学科与其他学科的交叉、课内与课外的交叉等。就文体而言，有人曾对一些学生家长进行访问，“您在一年之中动笔写过什么”，调查结果显示，平常写作中各种条据(请假条、收条、借条、留言条等)和书信占多，还有工作计划、工作总结等，很少涉及记叙性文章的写作。当然，考虑到小学生是在学习写作，所以还是把以基本记叙训练为主的记叙文写作放在首位，但同时必须加强应用文的训练。

交际作文的训练将说和写结合起来。按照家庭、学校等情形分别指导。家庭方面，指导学生和家长分享自己在学校的经验，跟家长介绍自己在学校所学到的知识；或者请学生把家庭生活的经验移至课堂，和同学们分享自己家庭生活中有趣或难忘的点点滴滴。学校方面，学生在学校里跟随不同的老师学习知识，与不同的同学交流、游戏等。学生在学校中获得了很多直接经验和间接经验。教师可以从学生生活的某一件具体事情出发，引导学生有针对性地练习讲述和写作。教师还可以抓住学校和班级活动的契机，对学生进行说写训练。例如，学校组织认识树木的主题活动，请专业人士介绍校园树木，学生个人或小组观察树木，然后进行交流和写作。又如，班级组织一些才艺展示活动和竞赛活动，学生参与活动，产生直观体验，然后再写作。此外，教师可以设置交际性的任务，让学生进行多种形式的写作练习，如转述口头内容、写信、围绕争议性话题写辩论稿等。

于永正老师还主张及时把握日常生活中对学生有深刻影响的人或事，引导学生尝试写作。下面是他执教的一个例子。①

晏×同学是一名从外校转进于老师班级的孩子，进班第一天，于老师组织全班同学为她开了一场欢迎会，并让学生致欢迎词(欢迎词是事先让孩子们写好的，挑选几个写的不错的孩子作为代表)，晏同学很感动，就用电子琴为同学们演奏了两首曲子，同学们经久不息的掌声和热情洋溢的话语把她和同学之间的距离顿时拉近了，刚转进班的那种生疏感也慢慢淡去。同学们也因为晏同学精彩的演奏而了解了她的特长。会后，于老师给全班同学出了一个作文题目《我们班来了一位新同学》，给晏同学出了一个作文题目《记欢迎我的“欢迎会”》，从两个不同的角度来记录这件事，同时也让晏同学的家长了解新班级和新老师，从而放下心来。

---

① 参见于永正、潘自由：《于永正小学“言语交际表达训练”作文实验》，15 页，济南，山东教育出版社，2000。

这个例子中，孩子们对新同学有着他们自己的热情和理解，而新同学也被同学们所感染，因此有了自己的感受，在对这件事有了情感体验的基础上，写成的文章，自然是真情的流露。

四、写作教学实践探索的其他尝试

若干年来，广大小学语文教师和研究者围绕如何提高小学写作教学质量，从不同的角度展开了大量的实践探索。有的从激发学生写作动力方面入手，有的注重联系生活写作，有的突出多媒体运用，还有的尝试特殊文体的创作。

在激发学生写作动力方面，管建刚老师基于自己的教学实践进行过系统的总结。[①]他根据自己撰文发表的经验，在自己的班里办了一份班级作文周报，每周将选出的学生作品进行“发表”。这份作文周报不是为少数所谓优秀的学生开办的，而是力求为所有学生创造发表作品的机会。为此，管老师一方面设计了一套非常细致的选文办法和配套的奖励措施，另一方面通过日积月累式的写作任务，以及有针对性的集中指导，帮助学生不断提升写作水平。事实证明，这个发表平台极大地调动了学生常写常练的积极性。

在联系生活写作方面，实践领域出现了生活作文、开放性作文、观察作文等多种尝试。一方面学校和教师通过组织多种多样的校内外活动，如阅读、郊游、参观、文艺演出、体育竞赛、科技制作等，丰富学生的生活经验；另一方面则是努力将日常生活经验带入写作课堂。例如，张化万老师曾在写作课堂上和学生一起做科学小实验，观察水与酒精混合后液体体积是否有变化，探究酒精浸泡过的手绢为什么烧不坏。随后请学生完成写作，可以选择写实验过程，也可以选择写对这次实验课的感受。

在结合多媒体写作方面，图画、声音以及复合媒体等，教师们都有尝试。低年级运用图画的比较多。除了在常见的看图写话中增加漫画、绘本等新的图画形式外，有的教师将画与话结合，有时先画后写，有时写后再配插图，还有时用图画代替不会写的字。有的教师采取音响作文的形式，每次习作先播放某种声音素材，或是自然界的虫鸣鸟叫、风雨雷电，或是城市的汽车鸣笛声、嘈杂人声，或是歌曲、音乐，请学生由听到的声响展开联想和想象并写下来。还有不少教师尝试让学生结合影视观看经验练习写作，或是将影视作品内容进行转述或改编，或是发表感想或评论，有时还会尝试剧本创作。

在特殊文体写作方面，早在20世纪80年代就有余同生老师和滕昭蓉老师的“童话

---

① 管建刚：《我的作文教学革命》，福州，福建教育出版社，2006。

引路”尝试。[1] 在按照教材进行常规教学的同时，每周安排一些时间进行童话的阅读和写作指导。从模仿开始，逐步增加创造成分，培养独立性。一年级主要是听童话、说童话、读童话，后期开始写童话。写童话有七种形式，分别是先听后写、看图编童话、看实物编童话、联系生活实际编童话、结合课文编童话、按提纲编童话、提供开头编童话。学生可以用汉字夹杂拼音的方式写。二年级在继续写童话的同时开始学写观察日记，着重指导学生处理好真实与虚构的关系，童话中的想象力求内容符合生活常理，符合故事的具体情境，符合主人公(植物或动物)的特点。近年来，在科技教育发展的影响下，一些学校开始尝试指导学生写研究性的小论文。例如，邓玉琳老师开展了以问题为导向的研究性写作和阅读教学尝试，形成了一套独特的写作训练系列。[2] 1～2年级学习写问答式的小论文，主要是把研究过程以及查阅书籍的相关内容写下来，论文包括提出问题、猜想问题、解决问题、自己想说的话四个部分。3～4年级通过小组合作完成论文，其间需要家长支持。研究的基本过程是小组成员提出选题、选题分类、确定研究思路和方法、小组分头研究、合作完成文稿、论文答辩。5～6年级在相关领域专家指导下，仍以小组合作形式，完成专题研究论文。研究过程分为开题、专家指导、小组分工研究、撰写初稿、参加答辩、修改定稿等阶段。

比较成功的写作教学改革尝试都符合写作教学的基本原则，力求激发学生的写作兴趣及热爱写作的情感，通过多种方式帮助学生积累生活体验和写作素材，根据学生实际情况提出适宜的写作要求并给予有针对性的指导。

第四节
小学写作教学的实施要点

学习目标

掌握小学写话和习作的教学实施要点。

这一节主要结合统编教材关于写话和习作的内容要求谈谈如何具体开展小学写作教学，包括写话与语言基础训练相结合，按文本特点指导习作，灵活安排教学流程，评改环节加强同伴交流，等等。

---

① 参见杨再隋、雷实：《当代中国小学作文教学风格》，南宁，广西人民出版社，1988。

② 王荣生主编：《语文综合性学习教什么》，上海，华东师范大学出版社，2014。

一、写话与语言基础训练相结合

根据《课程标准》的要求，1～2 年级写话教学的目标可以总结为三点，即体验乐趣、规范言语、养成习惯。① 关于写话要达到的具体要求，《课程标准》提出学生要说真话、实话、心里话，不说假话、空话、套话。可见，学生写话应该是轻松的、自然的、带有口语色彩的；可以针对明确的话语对象，符合某种语境要求，实现一定交际功能；同时能代表儿童个性，符合其真实心态。② 统编教科书在一年级没有设置专门的写话练习，主要是结合识字教学和阅读教学指导学生积累词汇和句子。二年级才开始设置专门的写话训练项目。结合随课文写话的内容，学生实现从模仿到创造的能力提升。

（一）写话基础训练

一年级主要在课文或语文园地的练习里让学生进行与写话有关的积累性训练和仿作训练，旨在引导学生对写话需要的词汇和句子等语言素材进行积累和尝试迁移运用。表 5-4 列出了 1～2 年级教科书中的积累性练习，表 5-5 列出了 1～2 年级教科书中的仿作练习。

表 5-4　1～2 年级教科书中的积累性练习

年级	积累性练习
一上	1.《小小的船》　积累叠词 2.《大小多少》　积累量词 3.《项链》　积累形容词
一下	1.《树和喜鹊》　积累 AABB 式的词 2.《怎么都快乐》　积累动宾词组 3.《彩虹》　积累“×来×去”式的词 4.《荷叶圆圆》　积累叠词
二上	1.《场景歌》　积累量词 2.《妈妈睡了》　积累形容词 3. 语文园地四　积累颜色词 4.《雪孩子》　积累写得详细的句子 5. 语文园地八　积累拟声词
二下	1. 语文园地一　积累形容词 2.《一匹出色的马》　积累句子 3. 语文园地四　积累形容情绪的词 4.《雷雨》　积累句子 5. 语文园地七　积累比喻句

① 林爱娟：《统编教材低年级写话教学的价值追求》，载《教学与管理》，2019(26)。
② 何捷：《例谈统编本写话教学》，载《语文建设》，2018(11)。

表 5-5 1～2 年级教科书中的仿作练习

年级	仿作练习
一上	1.《四季》 仿照课文说自己喜欢的季节 2.《影子》 仿照方位表达 3.《比尾巴》 照样子做问答游戏 4. 语文园地八 仿写新年祝福
一下	1.《我多想去看看》 仿写自己的愿望 2. 语文园地六 照样子写句子 3.《一分钟》 仿说“要是……就……”句式 4.《动物王国开大会》 了解通知 5.《小猴子下山》 看动词说一句话 6.《棉花姑娘》 仿写 ABAB 的事物 7. 语文园地八 写自己的心情
二上	1.《小蝌蚪找妈妈》 用动词说句子 2.《我是什么》 用动词说句子 3. 语文园地一 用“有时候……有时候……”“在……在……”说句子 4.《场景歌》 看照片或图片说话 5.《曹冲称象》 用加点词说句子 6.《一封信》 根据课文内容写信 7. 语文园地三 用“一边……一边……”说句子 8.《黄山奇石》 用加点词说图片 9.《葡萄沟》 仿写句子 10.《寒号鸟》 仿说生动的句子 11. 语文园地五 把句子说具体
二下	1.《找春天》 仿照课文说春天的样子 2.《开满鲜花的小路》 仿照句子说一说 3. 语文园地二 仿照句子说一说，写一写 4.《彩色的梦》 仿照课文写想说的话 5.《枫树上的喜鹊》 看情景写句子 6.《沙滩上的童话》 根据开头编故事 7. 语文园地四 用“一会儿……一会儿……一会儿……”的结构说句子 8.《蜘蛛开店》 续编故事 9.《当世界年纪还小的时候》 选开头，讲故事 10. 语文园地八 仿写句子

教科书设置的语言积累和仿作练习，将口头练习与书面练习结合，符合小学生语言发展特点。一方面，学生在感知、理解、记忆词句的过程中，完成了基础语料的输入，这可以为其输出语言打好基础；另一方面，按照某种结构或主题分类识记词句，可以使学生感受语法句法规则，规范其语言表达。

(二)写话训练

统编教材从二年级开始设置专门的写话模块，其中上册设置三次，下册设置四次，分别针对不同的话题与内容(见表5-6)。

表5-6　二年级教科书中的写话主题

年级	写话主题和类型	语言知识
二上	写物品："我喜欢的玩具" 写便条："学写留言条" 写想象："看图编故事"	标点符号占一格 格式、对象、落款
二下	写人物："我的好朋友" 写想象："看图写话" 写问题："大自然的疑问" 写想法："我想养小动物"	句式和内容仿写 表示时间的词语，有序表达 问句 有序表达

写话教学中，教师需要谨遵《课程标准》的要求，帮助学生从说到写，从读到写，从会写一句话逐步到会写几句话，提升学生的写话质量。教师要注重创设情境，激发学生的写作兴趣。例如，应用类写话任务"学写留言条"，要创设需要写留言的生活情境，结合真实的交际需要学习写话；又如，写"我喜欢的玩具"或"我的好朋友"，可以设置同伴间互相介绍的情境，让学生从"我要告诉你……"的角度来组织语言，写出玩具或好朋友的特点。

写话教学还要注重培养学生良好的写作习惯。一方面从书面语言表达的层面，要先计划写什么，想好了再下笔；另一方面从书写的层面，要注意写字姿势和握笔姿势、占格与空格的规范、汉字和标点符号的正确使用等。

二、按文本特点指导习作

根据《课程标准》要求，3～6年级，每学年课内习作16次左右。统编教材除六年级下册外，基本上每一册安排八个单元，包括七个常规单元和一个聚焦写作指导的习作单元。每个常规单元都有一项专题习作，属于与课文、口语交际、语文园地并列的栏目。从写作文本看，主要涉及记实写作、想象写作和应用文写作。

(一)记实写作教学

记实写作频率最高。根据题材，记实写作大致可以分三种类型：其一是习人记事类习作，以描写人物和叙述事件为主；其二是写景状物类习作，以景物描写为主；其三是议论类习作，以陈述观点和阐述理由为主。每种类型的写作训练都力求体现循序渐进的序列性。[①] 下面先就各类专题习作的教学策略进行讨论，最后谈谈习作单元的教学策略。

1. 写人记事类习作教学

在小学写作教学中，写人记事类文本的写作一直占据着重要地位。写人主要是把人物的特点描写清楚，包括外貌、神态、动作以及人物之间的关系和互动等；记事主要是把事情的来龙去脉交代清楚。写人往往离不开记事，因为很多人物特征要通过其在具体事件中的行为和态度才能得以显现。

表 5-7 列出了各年级以记事为主的习作主题和对应的语文学习要素。从中可以看出，学生不仅需要学习如何把一件事情叙述清楚，还要学习根据表达需要选择要重点或者说要详细叙述的部分，以及把自己在事情中的感受和对事情的看法抒发出来。三年级从简单的事情开始，教师可以指导学生按照事件的基本要素写出时间、地点、人物，以及做了什么事等基本信息。在此基础上，四年级结合具体写作任务学习把活动过程以及自己的感受写清楚。例如，“生活万花筒”以表格形式提示学生要按照事情的起因、经过、结果把一件事写完整。五年级和六年级进行文章写作训练，在把事情基本信息写清楚的前提下，能够围绕中心意思对重点部分的情节或作者感受进行细致描述，综合运用记叙、描写、抒情等多种表达方式。

表 5-7　统编教科书中以记事为主的习作主题及语文学习要素

年级	习作主题	语文学习要素
三上	“那次玩得真高兴”	学写一件简单的事情
四上	“生活万花筒”	写一件事情，把一件事情写清楚
	“记一次游戏”	记一次游戏，把游戏过程写清楚
	“我的心儿怦怦跳”	写一件事，能写出自己的感受
	“我学会了____”	按一定顺序把事情的过程写清楚
五下	“那一刻，我长大了”	把一件事情的重点部分写具体
六上	“我的拿手好戏”	写自己的拿手好戏，把感受、看法写出来
六下	“让真情自然流露”	选择合适的内容，写出真情实感

表 5-8 列出了各年级以写人为主的习作主题和对应的语文学习要素。就写作对象而言，以写自己认识的其他人为主，也包括写自己，还包括写出自己与他人的关系等。主要学习内容包括对人物外在特征和心理活动的描写，以及把握具体事例与人物特征的联系。

---

① 彭丹阳：《语文 S 版与统编本教材习作内容比对研究》，载《语文建设》，2019(16)。

表 5-8　统编教科书中以写人为主的习作主题及语文学习要素

年级	习作主题	语文学习要素
三下	“身边那些有特点的人”	写身边的人，写出他的特点
四上	“小小‘动物园’”	写一个人，注意把印象最深的地方写出来
四下	“我的‘自画像’”	学习从多方面写出人物特点
五上	“‘漫画’老师”	结合具体事例写出人物特点
五下	“他____了”	尝试运用语言、动作、形态描写表现人物内心
	“形形色色的人”	初步运用描写人物的基本方法，具体表现一个人的特点
六上	“有你，真好”	通过事情写一个人，表达自己的情感

学生通过阅读教学已经反复感受了人物描写的主要维度，包括外貌、神态、动作、语言、心理活动等，他们也知道自己写人时也要从这些维度进行描写，但实际写作时却出现千篇一律、不够生动等问题。这种情况多与学生词汇贫乏有关。因此，在指导学生写人的时候，教师可以给予一定的认知支持，把可用于描绘人物各方面特征的词汇分类列表呈现，供学生选择使用。同时鼓励学生根据自己对周围人物的观察，使用列表里没有的词语进行描写，并把这些新的词语补充到列表里，以供其他同学参考。表 5-9 是人物外貌描写词语示例。

表 5-9　人物外貌描写词语示例

维度	词语示例
眉眼	丹凤眼、三角眼、杏核眼、斗鸡眼、细眯眼、单眼皮、双眼皮…… 美目、俊目、秀目、朗目、媚眼、斜眼…… 凝视、注目、眺望…… (目光)呆滞、敏锐、深邃、慈祥、凶狠…… 眉清目秀、浓眉大眼、明眸皓齿、炯炯有神、眼胞水肿……
头发	白发苍苍、满头银发、满头青丝、两鬓斑白、双鬓染霜、乌黑油亮…… 披头散发、蓬头垢面…… 分头、平头、寸头、背头、卷发、直发、辫子、刘海儿…… 乌黑、整齐、蓬松、凌乱、顺滑、柔软……
唇齿	(嘴唇)红润、干裂、苍白、厚、薄…… 齿白唇红、齿如编贝、樱桃小嘴、血盆大口、尖嘴猴腮…… 抿嘴、瘪嘴、噘嘴……
……	……

2. 写景状物类习作教学

这类习作主要采用的表达方式有叙述、描写和说明。根据所写内容与作者的关系又可以分为两种情况，一种主要写作者的直接经验，即作者亲自观察的景物，或作者亲身经历的活动等；另一种主要写作者的间接经验，即综合其他人写的图文资料完成写作。小学以第一种写作为主。表 5-10 列出了相关的习作主题及对应的语文学习要素。

表 5-10　统编教科书中写景状物类习作主题与语文学习要素

年级	习作主题	语文学习要素
三上	“我们眼中的缤纷世界”	仔细观察，把观察所得写下来
	“这儿真美”	习作的时候围绕一个意思写
三下	“我的植物朋友”	把观察到的事物写清楚
	“看图画，写一写”	把图画的内容写清楚
	“我做了一项小实验”	观察事物变化，把实验过程写清楚
四上	“写观察日记”	进行连续观察，学写观察日记
四下	“我的动物朋友”	写自己喜欢的动物，试着写出特点
	“游____”	学习按游览的顺序写景物
五上	“____即景”	学习描写景物的变化
六上	“多彩的活动”	尝试运用点面结合的方法记一次活动

上述习作的教学重点集中于有序观察和特征描写。三年级主要是结合某一具体的植物、动物、场景、图像、活动等，基于一次观察，把单一事物的突出特征叙述出来。四年级五年级注重历时性的叙述，要在连续观察或变换观察角度的情况下，写出事物的动态和变化。六年级则要学习点面结合的表现手法。

这类习作教学的实施需要注意三点。其一，不能只围绕书面表达进行指导。教师需要根据学生感知发展的特点，对其写作前的观察活动进行一些指导，如提前布置观察任务，提示观察方法，提供观察记录表格，定期组织学生汇报交流观察的收获等。其二，与人物特征描写一样，教师可以给学生提供一些语词示例，如表现动植物静态特征的形容词，展现事物动态的动词和副词，还有标记时间或空间转换的词语，等等。其三，从四年级开始，可以鼓励学生在观察或游览时有意识地展开联想，或与事物产生互动，由此在写作时带入自己的主观感受，将叙述与抒情、议论相结合。

统编教科书设置的基于间接经验的习作主要有三项，包括三年级“初步学习整合信息，介绍一种事物”；五年级上册“收集资料，用恰当的说明方法把(自选的)一种事物介绍清楚”；以及五年级下册“收集资料，介绍一个地方”，这个地方是一处中国的世界文化遗产。这几项习作的学习内容包括收集和处理信息的策略和方法，说明方法的运用等。在信息收集和处理信息方面，教师可以指导学生运用表格、思维导图、提纲等多种认知工具整理资料，再根据写作目标对资料进行筛选和组织。在说明方法的运用方面，教师需要引导学生思考每种说明方法的表达效果，并根据自己写作的潜在对象和实际内容灵活选用。

3. 议论类习作教学

以往很多年，小学语文教学主要关注记实性的记叙文写作，很少专门指导学生运用议论的表达方式。统编教材在此方面做了一些新的尝试，自四年级开始每一年都设置了带有议论特点的习作任务，详情见表 5-11。

表 5-11　统编教科书中议论类习作主题与语文学习要素

年级	习作主题	语文学习要素
四上	“推荐一个好地方”	推荐一个好地方并说明推荐理由
四下	“我的乐园”	写喜爱的某个地方，表达自己的感受
	“我的心爱之物”	写出自己对一种事物的感受
五下	“漫画的启示”	看漫画，写出自己的想法
六上	“____让生活更美好”	试着在写事物时融入感情，表达看法

作为常用的表达方式，甚至在学龄前，儿童就在运用议论来表达自己的想法。这种表达的主要特征是必须将陈述观点与用论据来论证结合。学生不仅仅要写清楚自己喜欢什么东西，喜欢什么地方，觉得一件事情传达了怎样的道理，觉得什么事物有价值，更重要的是能通过具体的事例，或结合自己的实际感受，或对照某种既定标准来说明理由。议论类习作教学可以采取与写景状物类习作教学类似的方式，通过图表来提示学生写作的内容要点。例如，四年级下册“我的乐园”习作栏目，提示学生思考“你的乐园是什么样子的？你最喜欢在那儿干什么？这个乐园给你带来了怎样的快乐？”然后，出示以“村头小河边的草地”为“乐园”的例子，请学生以表格形式分别从乐园状貌、乐园趣事、乐园感受三方面写下自己想表达的内容。

（二）想象习作教学

想象类习作可以说是最具有创造性的写作活动。也许人们觉得创作难度太大，不适合中小学生，因此 21 世纪之前，我国中小学的想象类写作活动一直很有限。课程改革以来，人们越来越认识到想象类习作对学生发展的重要意义，即它不仅有助于培养学生的想象力和创造性，而且对于学生运用语言文字进行文学艺术创作具有独特的作用。

小学想象类习作几乎都是写有一定情节的故事(见表5-12)。只有四年级下册“我的奇思妙想”，要求学生写一写自己想发明的东西，以说明为主。

表5-12 统编教科书中想象类习作主题与语文学习要素

年级	习作主题	语文学习要素
三上	“我来编童话”	试着自己编童话，写童话
三下	“奇妙的想象”	发挥想象写故事
	“这样想象真有趣”	根据提示展开想象，续写童话故事
四上	“我和____过一天”	展开想象写故事
四下	“我的奇思妙想”	展开奇思妙想，写一写自己想发明的东西
	“故事新编”	按自己的想法新编故事
五下	“神奇的探险之旅”	根据情境编故事，把事情发展变化的过程写具体
六上	“变形记”	习作时发挥想象，把重点部分写详细
	“笔尖流出的故事”	发挥想象，创编生活故事
六下	“插上科学的翅膀飞”	展开想象，写科幻故事

首先，想象习作教学要指导学生按照每次习作的情境特点打开思路，尝试联想和想象。教师可以充分利用童话类或其他想象类课文，以它们为例，引导学生学习“奇思妙想”的路径。例如，童话世界里，任何事物都和人一样有喜怒哀乐、爱憎好恶；又如，按照事物的突出特征进行相似联想，于是铅笔可以梦想变成“豆角”与“丝瓜”，变成“船篙”和“撑竿”；再如，将人物进行角色调换，于是“小姑娘可以变成树”。教师还可以结合教材里的习作提示，自己先尝试展开想象，然后在课堂上示范和带动学生产生丰富的想象，如教师可以设想自己的“变形记”，或者自己最想与哪位神话人物怎样过一天，等等。

其次，想象习作教学要使学生理解和运用故事虚构的知识，具体表现为故事的合理性、冲突性、曲折性等。[①] 合理性是指文章必须描绘一个虚构的世界，其中的场景和事件是真实世界里没有发生过的，但是这个世界里的人和物却要符合人类及各种事物的基本特征。例如，“笔尖流出的故事”可以学校为场景，那么事件应该在性格各异的学生和教师之间展开，每个人物的行为应当符合其基本特征。又如，“我的奇思妙想”里的发明，以及“插上科学的翅膀飞”里的科幻故事，必须要有一定的科学知识基础。冲突性和曲折性是指文章所写的情节要有一些起伏、转折，如主人公在解决问题或实现目标的过程中，碰到了什么样的障碍，或者陷入了怎样的困境；他是如何克服这些障碍或困难的；在走出困境的过程中又发生了哪些新的变故等。

① 吴勇：《让学生在习作中富有“创造感”——想象类习作教学探究》，载《小学语文教学(会刊)》，2020(5)。

（三）应用文习作教学

统编教科书中安排的应用文习作包括日记、书信、读后感、简单的研究报告、倡议书、作品梗概、策划书等。要使学生了解并熟悉每种文本的格式规范，明晰每种文本适用的交际场景或交际对象，感受与每种文本对应的专有词汇等。教师最好在教学时创设一定的交际情境，让学生身临其境，感受各种文本的实际功能，并在真实或假想的情境中扎扎实实地练习运用，以提高学习的积极性，从而取得良好的效果。

三、灵活安排教学流程

经过长期实践，小学写作课堂教学已形成了相对固定的流程，这有一定的合理性，但是如果所有的写作教学都按这样的流程来组织，就很容易因缺乏新意而使学生厌烦，同时也不能体现不同习作任务的难度差异。写作教学需要根据具体的任务要求及学生的相关经验，灵活安排教学流程。

（一）单次习作的教学

一般从小学三年级开始，每周会有一天安排两节语文课连上，用于习作教学。通常的做法是，每次习作教学分两周进行。第一周进行习作前指导，教师根据教材要求对学生进行习背景介绍，提示写作任务和相应方法，有时会结合例文来讲解习作要求，随后要求学生独立完成初稿写作。当堂写作时，有些教师会针对个别学生当面批改，俗称“面批”，未能当堂完成的学生可以回家继续写。随后，教师收齐学生习作初稿，对每一篇进行批改。第二周进行习作讲评，教师针对习作初稿的共性问题进行反馈指导，再请学生对照教师的批改标记，修改自己的作品，并在修改完成后，将作品完整地誊抄到作文本上。

以上过程基本可以概括为四个环节：教师习作前指导—学生写初稿—教师批改和讲评—学生修改和誊抄。语文教师在进行写作教学展示和研讨时，大多会选择习作前指导环节，说明他们认为这个环节最重要，最能显示教师的专业功力。事实上，在某些情形下，习作指导的确是必不可少的重要环节。例如，应用文习作中创设情境、分析范例；又如，写景状物类习作的观察指导、思路梳理，等等。但是，从学习的角度，学生先自主尝试，暴露写作的难点，教师再针对其突出问题给予有针对性的指导，帮助他们克服困难和解决问题，习得新的思路和方法，这未尝不是一种有效的教学程序。教师不能拘泥于所谓常规的教学流程，要根据每次写作的具体要求，以及学生的已有经验，灵活安排教学流程。如果学生对要写的事物比较熟悉，教师就可以先提出本次习作的要求，让学生尝试习作，之后再做指导。

(二)习作单元的教学

统编教科书在3～6年级每册各安排了一个习作单元，聚焦习作能力发展的某一方面，加强习作在小学语文教学中的分量，使习作教学更具系统性、针对性和可操作性(详见表5-13)。①

表5-13　3～6年级各个习作单元的训练重点

年级	习作单元的训练重点
三上	仔细观察，把观察所得写下来
三下	发挥想象写故事
四上	写一件事情，把事情写清楚
四下	学习按游览的顺序写景物
五上	搜集资料，用恰当的说明方法，把一种事物介绍清楚
五下	初步运用描写人物的基本方法，具体地表现一个人的特点
六上	从不同方面选取不同事例，表达中心意思
六下	表达真情实感

从结构上讲，习作单元中安排有单元导语、阅读课文、交流平台、初试身手、习作例文、习作六个板块，全部围绕本单元习作训练的语文要素展开，并呈现由读到练再到写的逐层递进模式。

以四年级下册为例，单元导语提出集中训练的项目是“学习按游览的顺序写景物”。两篇精读课文《海上日出》《记金华的双龙洞》，分别按照时间顺序和空间顺序写景物，为学生提供了按一定顺序写景物的两种方法。

“交流平台”以学生的口吻，对精读课文里描写景物的方法进行分析和总结。主要有三个方面，一是按照游览顺序来写，二是把特别吸引你的景物作为重点来写，三是可以按照景物的变化来写。

“初试身手”让学生尝试运用所学景物描写方法进行口头表达或写片段。本单元有两项任务，第一项是在植物园示意图上标注参观路线，再按顺序说一说。第二项是观察附近的一处景物，再试着按一定的顺序写下来。

随后，“习作例文”《颐和园》和《七月的天山》以旁注的形式提示了写游记的一些具体方法，如承上启下的过渡句、转换观察视角、按一定的方位顺序描写、对局部美景的细节描写等。从功能上讲，习作例文具有示范性和衔接性作用。一方面，习作例文是学生习作的示范；另一方面，习作例文是阅读篇目与学生习作的衔接，是由读到写

---

① 陈先云：《课程观引领下统编小学语文教科书能力体系的构建》，载《课程·教材·教法》，2019(3)。

的过渡，习作例文中的批注对具体的写作方法进行提示与指导，对降低学生习作难度起到了一定的作用。①

本单元的习作是一篇半命题的作文，请学生选择自己游览过的印象最深的一个地方，把“游____”题目补充完整，再按游览顺序写写这个地方，把游览的过程写清楚。

习作单元的教学要特别注意紧紧围绕习作能力训练进行单元整体教学设计，将单元各板块联系起来。精读课文需要在完成常规阅读教学任务的同时，结合本单元习作训练要点指导学生分析课文的写法。教师要在语文课上搭建真正的“交流平台”，组织学生总结和讨论从精读课文中学到的写法，并把交流得到的收获运用到随后“初试身手”的练习中。习作例文不仅仅服务于其后的习作，教师可以引导学生对照习作例文对“初试身手”的作品进行评价和修改。

四、评改环节加强同伴交流

写作评改活动通常有集体评改、小组评改和个人评改三种方式。

集体评改是教师组织全班学生一起参与批改。这种方式目标清楚，要求明确，能充分发挥教师的主导作用。教师可以用自己写的文章或学生中的代表性作品为样本，先呈现评改的主要项目和基本标准，调动学生积极性，使其共同商讨、评议，找出文章的优点和需要修改的地方，最后由教师或启发学生总结此次修改的要点及本次活动可以学到的作文修改技法。

小组评改是在教师的指导下，以小组为单位进行作文修改。学生小组以3～5人为宜。人数太多则学生发言机会太少，不利于发挥学生的积极性，也无法保证每个学生都得到作文评改的锻炼。相对于集体批改，小组活动时学生的参与面比较广，更容易畅所欲言，使得大部分同学能获得训练。至于各组评改的作文如何分配，可以由学生自由选择，也可以由教师事先计划，轮流安排。

个人评改就是学生独立批改。一般要在集体评改和小组评改基础上，待学生掌握一定的评改方法后才可进行。对学生独立修改文章的要求要根据学生的实际水平循序渐进，每一次评改的内容不宜太多。个人评改的材料可以是由教师选定的全班统一的文章，也可以是学生自己的文章，或者是小组同学的文章。学生修改和写评语后，教师可以查阅并及时总结评改情况，选取评改恰当的作为榜样，鼓励学生互相学习，既感受好作文的品质，也体会怎样才算好的修改。

在集体评改和小组评改时，教师要鼓励学生围绕同学的写作内容和写法进行交流与探讨。教师可以让学生相互阅读其他同学的作文。学生在阅读其他同学的作文时，

---

① 汪潮：《统编教材习作编写特点及教学建议》，载《语文建设》，2019(20)。

他们首先是一个读者。教师要引导他们用善意、赞赏的眼光来看待别人的作品，肯定别人的优点，然后他们才是一个评论者，要温和、委婉地指出别人需要改进的地方。

学生的评论可以包括两个方面，一是写得好的地方。不管是字迹工整、行款整齐，还是用词准确、情节曲折、思想深刻，每一篇作文都有其优点。教师引导学生发现别人写作的优点，然后组织好语言，做出口头肯定。二是有待改进的地方，小到错别字和标点误用，大到语焉不详或不知所云。当然，针对后者的反馈要就事论事，用诚恳的语气来交流。例如，“这件事情好像没写清楚，我不知道中间的过程是什么样的，你能补充完整事情的经过吗?”再如，“你说这件事很有趣，可是我没有看出来怎么有趣，你要是把有趣的地方写出来就好了”。

在这个过程中，除非学生出现常识性和知识性的错误，教师应尽量减少发言，要多鼓励学生互相交流。

本章小结

写作教学，也称作文教学，是小学语文教学的一项重要内容。写作教学不仅可以提高学生的口语表达能力和书面表达能力，而且有助于提高学生的观察力、想象力和逻辑思维能力，以及提高学生的认知水平。目前，1～2 年级写作教学称为“写话”，3～6 年级称为“习作”。写作教学的内容包括词汇、句式、标点符号、修辞等语言知识，文本类型、表达方式、语言风格等写作常识，以及写作方式、收集和整理素材、写作构思、习作修改等写作过程和方法，等等。《课程标准》分学段规定了写作教学的具体要求。

小学写作教学的基本原则有四点：第一，培养学生积极的写作态度；第二，丰富学生的写作经验；第三，对学生的写作过程进行指导；第四，支持并鼓励学生的个性化表达。

20 世纪 80 年代以来，在小学写作教学实践领域，出现了一些比较系统的研究成果。情境作文注重以直观形象、生动有趣的场景丰富学生的表达内容和激发学生的表达欲望。素描作文重在培养学生的观察能力和思维能力，训练描写、叙述等写作基本功。交际作文注重根据社会言语交际的实际需要来进行写作训练。这些实践探索和其他比较成功的写作教学改革一样，都符合写作教学的基本原则，力求激发学生的写作兴趣及热爱写作的情感，通过多种方式帮助学生积累生活体验和写作素材，根据学生实际情况提出适宜的写作要求并给予有针对性的具体指导。

在具体实施方面，写话教学要与语文基础训练相结合；习作指导要符合写作文本的体裁和题材特点；习作流程要根据学情和具体写作要求灵活安排；

写作的评改活动要突出交际性，加强同伴交流。

关键术语

写话　习作　真实写作　多就少改　“放胆文”　情境作文　素描作文　交际作文　习作单元

章节链接

在这一章，你读到……	在其他章节中，你将发现相关的讨论……
小学写作教学内容	第一章第三节 语文课程目标和内容
培养对写作的积极态度；注重学生的个性化表达	第一章第二节 工具性和人文性的统一 第二章第一节 语文能力培养与情感教育相统一原则
情境作文	第二章第三节 情境教学模式
在阅读教学中指导写作	第二章第三节 读写结合模式 第四章第二节 教科书中关于课文写法的教学内容
在口语交际教学中指导写作	第六章第三节 口语交际教学活动的组织

批判性思考

1. 小学语文教学是否可以要求学生尝试文学创作，如写诗、写童话、写小说等？为什么？

2. 实验步骤、研究报告等专业性的写作可以结合科学、道德与法治、综合实践活动等课程来进行教学和指导。那么，语文课是否还需要就此组织专门的教学活动？为什么？

体验练习

1. 运用思维导图或表格整理小学写话和习作教学的主要内容和相应要求。

2. 观摩一次写作教学的课例，对照写作教学原则分析和评议其教学特点。

3. 选择一项比较有特色的小学写作教学改革项目，查阅相关研究资料，分析和总结其教学特点。

4. 在统编小学语文教科书中选择一项写话或习作内容，分析写作文本的类型和具体写作要求，并根据分析结果设计主要教学流程。

5. 在统编小学语文教科书中选择一个习作单元，写出单元整体教学的设想。

拓展读物

1. 管建刚. 我的作文教学革命. 福州：海峡出版发行集团、福建教育出版社，2010.

2. 王荣生. 写作教学教什么. 上海：华东师范大学出版社，2014.

3. 吴立岗. 引进、融汇、创新——吴立岗小学语文教育文集. 上海：上海教育出版社，2007.

4. 于永正. 于永正小学"语言交际表达训练"作文实验. 济南：山东教育出版社，1999.

第六章

小学口语交际教学

本章概要

本章主要介绍小学口语交际教学的基本理论和实践要点，包括小学口语交际教学的意义、主要内容和要求，小学口语交际教学的实施要点和小学口语交际教学活动的组织。

结构图

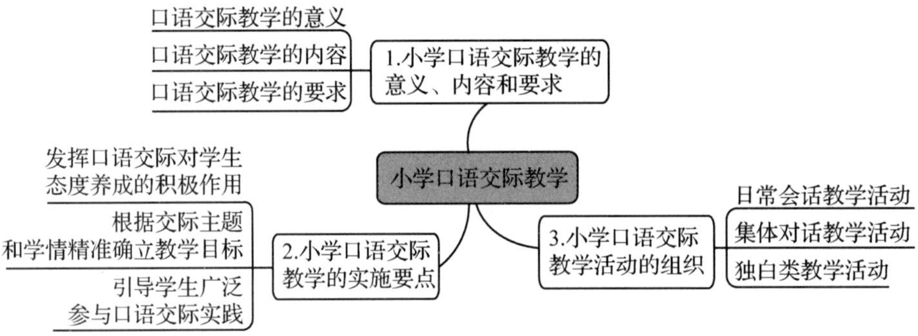

学习目标

1. 了解小学口语交际教学的意义、内容和要求。
2. 掌握小学口语交际教学的实施要点。
3. 掌握各类口语交际教学活动的组织策略。

读前反思

长期以来，听力和口语训练往往是外语教学和外语能力测试的重要组成部分。我国中小学语文课程里一直有与口语学习相关的内容和要求，2000 年之前分听话教学和说话教学两部分，之后两部分整合并改称为口语交际教学。可以结合自己的经验，思考如下问题：

1. 口语交际与听话、说话有什么区别和联系？
2. 语文课是否需要安排专门的时间进行口语交际训练？为什么？

口语是人们谈话时使用的语言，与书面语有一定的差别。口头语言是在人与人直接的交际过程中，通过口说耳听而形成的，可以同时伴随手势、表情，带有较大的情境性，在社会共同认同、不致引发歧义的情况下允许对语言进行压缩简化。广义的口语交际是以口语为载体，实现人与人之间交往的活动。狭义的口语交际是交际双方为了特定的目的，在特定的环境里，运用口头语言和适当的方式传递信息、交流思想、表达感情的双向互动的言语活动。自 20 世纪 80 年代世界各国相继开展母语基础教育改革以来，注重口语交际的价值和发展成为各国母语教育的共同趋势。我国中小学语文教学大纲一直有听话教学和说话教学的相关要求。2000 年的语文教学大纲修订版正式将“听话”“说话”两部分统一起来，并更名为“口语交际”。这标志着单一的听说训练开始向实用的交际取向转变。在随后发布的《课程标准》中，口语交际成为和识字与写字、阅读、写作、语文综合性学习并列的语文课程五大领域之一。

第一节 小学口语交际教学的意义、内容和要求

学习目标

了解小学口语交际教学的意义、内容和要求。

一般，儿童四五岁就已达到自如运用母语与周围人交流的程度。那么，中小学语文教材为什么还要设置“口语交际”板块？具体到小学阶段，口语交际教学有哪些具体的要求？本节结合《课程标准》的相关说明回答这些问题。

一、口语交际教学的意义

口语交际是一种综合性很强的言语活动，在人们的生活和生产劳动中发挥着重要作用。学校口语交际教学以培养学生的口语交际能力为基本目标，对学生综合素养的发展具有重要意义。同时，口语交际教学在推广和普及普通话方面也发挥着非常重要的作用。

（一）为学生适应社会生活做准备

口语交际能力是一种在交往过程中表现出来的灵活、机智的听说能力和待人处事

的能力。这种能力，是个人在日常生活、学习、工作中必备的能力，应用范围非常广泛。日常生活中，除了一般性的对话和听新闻、获取娱乐资讯外，人们也需要利用现代信息技术进行交流，比如打电话、语音留言，甚至通过人机互动“指挥”机器。学习和工作中有各种形式和不同规模的会议，人们需要按照相应的规范和程序进行口语交际。教育心理学有研究指出，在人们日常生活中，应用听、说、读、写占有的比例分别约为45%、30%、16%、9%。① 口语交际教学所培养的听说综合能力在其中居于绝对优势的地位。随着科学技术的发展，扎实的口语交际能力越来越成为人们进行人际交往的必要能力，口语交际教学也越来越凸显其在语文教学中的基础性作用。

（二）帮助学生提高学习质量

“上课要专心听讲”，这是对学生课堂学习的一个基本要求，也是经过实践证明最有利于学生提高学习成效的一项学习策略。这需要学生有良好的听的习惯和听的能力。“不懂的要问”，这是学生主动学习的一种策略，通过寻求他人帮助增进自己的理解，而这需要学生有请教他人的胆量和恰当的对话方式。此外，学校各门学科都会组织各种形式的小组讨论或合作学习活动，学生需要与同伴对话、商量，争取达成共识。

以上学习过程都对学生的口语交际能力提出了要求。学校口语交际教学会训练学生的听力和口语表达技巧，这有助于改善他们的学习策略，提高学习质量。

（三）促进学生认知能力发展

语言是思维的载体。不管是口头语言还是书面语言都与人的思维有着密切的联系。口语交际的过程也是人们进行大量的思维活动的过程。听人说话要听得清楚、准确，及时理解讲话内容，分析所说内容的层次，抓住重点，这些都离不开大脑的高速运转和大量思考；想要清楚明白地表达自己的意思，不仅要明确自己想要表达的内容，更要思考语言的组织、表达的方式、语调的选择，这些也离不开思维活动。

听说以声音为载体，而声音稍纵即逝，没有即刻回顾的视觉凭证，没有细细品味的时间，这对于听者和说者都提出了非常高的要求。可见，听说训练对学生的感知记忆能力是一种锻炼，有助于提高短时记忆的加工能力，提高思维的敏捷性。

二、口语交际教学的内容

认知心理学视野下的口语交际是一个信息的输入、输出、处理和综合运用的过程。“听”是信息的输入，是个体对接收到的语言信息进行接码和解码的过程，包括声音感

---

① 张鸿苓主编：《语文教育学》，143页，北京，北京师范大学出版社，1993。

知、意义建构和行动决意三个阶段。“说”是内部言语转化为外部言语的信息输出，经历组码、编码、发码三个过程，是个体对外界信息进行心理思维和操作后的结果，包括主观意义构建阶段、表达动机产生阶段、内部言语生成阶段以及外部言语形成阶段。连接信息输入与输出的中间过程是“心理应对”的意义建构阶段，这种心理应对一般包括分析、综合、推理、判断、归纳、概括等策略，在整个言语加工的过程中起决定性作用。口语交际就是言语信息在言语主体间不断传递与反馈的过程。①

交际学理论从人际交往的角度，关注言语活动的外在行为方式，重视交际双方的互动性，以及交际主体与交际环境间的动态相互作用。总的来说，口语交际包含交际目的、对象、情境、有声语言与态势语等要素。相应地，口语交际教学涉及语言知识、听说策略、交际方式和规则等内容。

(一)语言基础知识

学生进行口语交际，需要有一定的口语词汇量，需要掌握正确的普通话语音，并能用符合现代汉语规范的词句来理解和表达。对于方言地区和部分少数民族地区的师生而言，普通话的教学有一定难度，但也是重点。口语交际主要是通过语音来表情达意。音调高低、语速缓急和响度大小可以暗示和解读不同的话语意义。音量适中、语调和缓、节奏适宜的表达更容易给人一种舒适亲切的感觉。②

口语交际教学要根据学生已有的生活经验和语言基础，结合具体的交际场景指导学生积累口语词汇和常用句式。口语词汇包括常用的礼貌用语，如请、请问、您、您好、谢谢、不客气等；标记事件进程的时间序列词语，如一开始、先、接着、后来、最后等；还有常见事物的名称及描述其样貌和动态的形容词和动词等。常用句式包括陈述句、疑问句、感叹句，以及常见的带有关联词的复合句等。

这些语言基础知识的学习不能脱离具体的语言情境。而且，教师还要引导学生感受具体词句与交际情境的关联，如面对不同的交往对象应该用不同的称呼等。

(二)基本的口语交际规范

口语交际教学要指导学生了解基本的交际规范，并且使其明白设置这些规范的原因。交际规范指的是交往双方在音量、语速、语调、措辞，以及表情、手势、眼神、姿态等体态语方面的具体表现，要与其自身角色以及交际的目的、对象、情境等相适应。

举个简单的例子。有的语文教师在阅读教学中要求学生“大声地自由朗读课文”，

---

① 李丽主编：《口语交际学习论》，65～73页，北京，语文出版社，2013。

② 陈丛耘主编：《口语交际与人际沟通》，78页，重庆，重庆大学出版社，2010。

然而当一个班中所有学生同时大声读课文的时候，往往会从自由读变为齐读。许多人处于一个空间的情况下，每个人都自由读意味着应该是读给自己听，所以绝对不能大声，而且应该特别小声，尽量做到只有自己能听到，不要干扰其他人，否则便不能“自由朗读”。还有一种类似的情况，教师要求学生“在小组里大声地互相读课文”，这里对音量的要求也不符合小组活动的情境特点。因为小组里互相读，意味着学生的音量比读给自己听要略微大一些，但要有一定的控制，保证本组同学能听到而不干扰其他组的同学。“大声朗读”只有在学生面向全班同学，或者在舞台展示时才需要。

体态语属于非言语性的表达手段，小学生可以学习理解和运用一些基本的表情或手势。比如，听话或说话时注视对方的眼睛；听别人说话注意对方表情、姿势传达的情绪信号；讲述故事时以夸张的表情或音色变化渲染氛围，演讲时通过手势引起听者重视等。

小学口语交际教学特别需要使学生感受口语交际的得体原则。得体主要表现为真诚而有礼貌，但不是一味地赞誉对方或放低自己。学生要学习尊重他人，努力以对方能够理解和接受的方式表达自己的观点，或陈述不同的见解；同时对别人的不同意见表示理解和尊重。

(三)常见的口语表达方式

语言学认为口头语言以对话语言和独白语言为主要表现形式。对话语言通常需要依托具体的语境，还常常借助手势、表情来加以补充。而独白语言则是个人独自进行的，是在摆脱了即时互动情境限制下进行口头表达的言语方式。

对话可以分日常会话和集体性的对话。前者指实现特定交际功能的口语交际，如请教、协商、劝说、安慰、讨论等，可以是模拟现实生活的交际场景，也可以是角色扮演式的场景。每一种对话都服务于特定的交际目的，有一些惯例性的句式。后者指多种形式的小组或班级讨论交流活动，如读书汇报、专题研讨、谈判、合作商议、辩论会等。集体性的对话往往有相对固定的程序和角色分工，还有一定的时间限制。例如，一般会议，会议主持人负责安排与会者发言顺序，并要在发言者之间进行过渡，最后还要总结；又如，辩论会可能由双方轮流陈述观点、自由辩论、双方代表总结等环节组成。

独白有点类似口头作文，通常面向多位听众，表现形式多样，如自我介绍、作品发布、专题演讲、转述或讲述等。独白语言很大部分与书面语类似，要求语句完整、内容连贯；同时也带有口头交流的一些特点，比如常常会用第二人称，或向听众设问，或对听众发出倡议，有时候会有意识地重复某些语句，或加重语气，以示强调。独白类口语交际的教学中，教师还需要围绕学生的说话主题和内容进行指导，这与写话和习作教学类似。

(四)基本的口语交际策略

听的过程需要集中注意力、辨清语音、理解语义、把握实质、归纳要点、分清表里、比较异同等。说的过程需要语音标准、口齿清晰、语速适中、重音得当、用词准确、语法正确、语句连贯、逻辑清楚等。①

在听的策略方面，首先，要学习如何在听的时候集中注意，比如看着说话者的脸，视线跟随说话者移动，一边听一边尝试回忆等。其次，要学习快速把握要点的方法，比如针对所听到的关键词语展开联想，及时整理说话者的话语要点，把刚听到的内容与之前记住的内容进行对比，边听边做简要笔记等。再次，要学习对所听到的观点进行分析和评价，比如留意说者的情绪状态及变化，对照自己的经验或一般标准，对所听到的观点的正误以及说者的表达清晰度做出评判等。最后，还要学会积极倾听，即根据自己听的情况及时以恰当方式向说者做出回应，或表示赞同，或请求解释，或提问请教等。

在说的策略方面，首先，了解各种交际情境的特点及对口语表达的要求，能够根据具体的交际情境选择相应的表达方式。说话时还要注意语速和话语量，考虑对方接受信息的情况，既要注意表达内容的丰富性和完整性，又要注意语速适中，便于对方理解。其次，为了使说话时语音标准、口齿清晰，学生可以经常听语音示范，尝试模仿和多加练习。再次，独白式的表达要围绕一定的话题展开，有观点和内容，表述有条理。这就像写作一样，需要在说之前通过观察或阅读收集整理素材，确立明确的目标和计划，想清楚了再说。必要时可以先把叙述要点写一写，然后再说。最后，对话式的表达需要根据对方的反应及时调整说话内容和方式，及时回应对方提出的疑惑；在对方表示没听清或不明白时，重复或对之前说的话加以解释；当对方表现出心不在焉或没兴趣时，尝试转换话题或以幽默风趣的方式调节气氛。在口语交际教学中，教师可以结合安慰、商量等情境，教学生换位思考，即站到对方的立场，体会对方的情绪，从而能够以对方能接受的方式给予回应。

三、口语交际教学的要求

口语交际教学以培养学生口语交际能力为根本目的，《课程标准》对口语交际教学提出的总目标是，使学生“具有日常口语交际的基本能力，学会倾听、表达与交流，初步学会运用口头语言文明地进行人际沟通和社会交往”。小学各学段口语交际课程目标和内容大致可以分为三个方面，即口语交际的情感态度、听话能力和说话能力。

---

① 张葆森：《听说能力的培养》，159～172页，北京，北京教育出版社，1993。

(一)口语交际情感态度的教学要求

根据第一学段的课程目标和内容，1～2 年级学生在听的方面，要“能认真听别人说话，努力了解讲话的主要内容”。这表现为学生在口语交际过程中积极投入的状态，比如在听别人说话前想一想，在别人说完后尝试用自己的话复述，或者尝试针对对方说的内容进行回应。

在说的方面，1～2 年级学生学会“与别人交谈，态度自然大方，有礼貌”，同时“有表达的自信心”，“积极参加讨论，敢于发表自己的意见”。这也可以通过学生与别人交谈时的外显行为来表现，比如音量适度、语速适中，表情、动作、姿态符合表达场景和内容，不局促，不扭捏，尝试使用礼貌用语；在集体交流中主动发言，等等。当然，如果要求所有参与讨论的学生都能发言，那么讨论时大家要遵循一定的规则，比如一个人说完，另一个人再说。

如果二年级时学生在口语交际活动中已经达到以上要求，那么这个维度的目标就已达成，之后的学段不再以态度自然大方、有礼貌、积极参与等维度为中心。

第三学段的情感态度目标主要有三个方面。第一是“与人交流能尊重和理解对方”。对学生待人的态度和对他人需求及心理感受的推断和应对均有所要求。第二是“乐于参与讨论，敢于发表自己的意见”。比第一学段的要求提高了一些，需要学生能感受到讨论的意义和乐趣，从而自觉自愿地参与讨论和发表意见。第三是“能注意语言美，抵制不文明的语言”。要求学生依照一定的审美标准对语言的品质做出判断，对于不文明的语言不仅自己不用，而且要对他人的不当语言表示拒绝或提示对方调整。

(二)听话能力的教学要求

关于听话能力，第一学段的课程目标和内容是“听故事、看音像作品，能复述大意和自己感兴趣的情节”。听的材料主要是故事和音像作品，学生需要像阅读一样，提取所听材料里的主要信息，选择自己印象比较深的部分，用自己的话讲出来。

第二学段有两项要求。一是对话情境中“学会认真倾听，能就不理解的地方向人请教，就不同的意见与人商讨”。主要涉及根据所听内容积极应对。学生要在听的时候，对自己的理解情况做出判断，如听懂了哪些，还有什么疑问，对方的哪些意见和自己的想法一致，哪些地方存在分歧，接下来才能有针对性地请教对方或与对方商讨。二是“听人说话能把握主要内容，并能简要转述”。学生在听完别人讲述后，能兼顾文意理解和表达两方面要求。

第三学段的要求与第二学段第二项类似，“听人说话认真、耐心，能抓住要点，并能简要转述”。学生要像阅读理解一样，对听到的具体信息进行分析，进而从整体上概括主要内容，提炼别人说话的主旨，并用准确的语言进行表述，转述时还要注意人称转换。

(三)说话能力的教学要求

关于说话能力，第一学段的课程目标和内容有两项。其一是“学说普通话，逐步养成讲普通话的习惯”；其二是“能较完整地讲述小故事，能简要讲述自己感兴趣的见闻”。要求学生讲述的文本和内容有人物较少、情节较简单的小故事，以及学生自己的见闻，如观察到的周围事物的特征，同学们的游戏或手工制作过程，听过的音乐或看过的图书等。

第二学段要求学生“能用普通话交谈”，“能清楚明白地讲述见闻，并说出自己的感受和想法。讲述故事力求具体生动”。对说话的内容和语言表达都提出了一定的要求。内容方面，学生要将对客观事物的直接感受与他们自己的主观体验结合起来；语言表达方面，学生需将叙述与描写相结合，准确运用修饰性词语，把事件讲述得生动形象。

第三学段的要求有两项。一是“表达有条理，语气、语调适当”。这既是对学生语言的要求，也是对学生思维的要求。学生需要在头脑中厘清事物的逻辑联系，按照一定的顺序来表达。同时，学生还要把握多种语境对语气和语调的不同要求，根据具体语境用相应的语气和语调来说话。二是“能根据对象和场合，稍作准备，作简要的发言”。这对学生多方面的素养提出了要求。学生要能灵活运用有关交际对象和场合的知识，具备与多种主题相关的生活经验，能快速查询并整理资料，可以出口成章或即兴发言。

第二节
小学口语交际教学的实施要点

学习目标

掌握小学口语交际教学的实施要点。

《课程标准》的教学建议部分指出，“口语交际是听与说双方的互动过程。教学活动主要应在具体的交际情境中进行，不宜采用大量讲授口语交际原则、要领的方式”。口语交际教学要注意激发学生参与互动交流的愿望，引导学生开展多种形式的听说活动，在口语交际实践过程中学习方法，感悟交际规则，养成良好习惯。考虑到小学教育的奠基性，口语交际教学要发挥其对学生态度养成的积极作用，根据交际主题和学情精准确立教学目标，引导学生广泛参与口语交际实践。

一、发挥口语交际对学生态度养成的积极作用

人们在口语交际中的表现与其对自己、对他人、对生活的态度倾向密切相关。自信的人更容易大方自如地与人交谈，对自己充满怀疑的人则多犹犹豫豫、欲说还羞；懂得相互尊重的人会通过协商、谈判解决问题，自高自大的人则可能把一次普通的对话变成充满“火药味”的争吵；对生活充满热情的人常会说出催人奋进的豪言壮语，愤愤不平的人却往往唉声叹气或怨词詈语。小学口语交际教学需要通过精心设计的话题和教师指导对学生进行情感态度价值观方面引导。

（一）设置健康而有趣的口语交际活动主题

口语交际中的听和说，总是围绕一定的主题内容展开，学生听和说的过程也是对这些主题进行深入思考的过程。健康而有趣的话题不仅有助于激发学生参与口语交际活动的积极性，也为其接受情感态度价值观教育提供了机会。综合国内外口语交际教学的相关经验，小学的口语交际主题大致包括以下几种。

第一，关于人际交往的话题，比如商量、请教、劝说、有不同意见时怎么办等。这一内容既可以看作话题，也可以看作交际的情境，反映了日常交往中可能遇到的困境。学生通过相应的听说活动可以体会相互尊重、宽容待人的人际交往原则。

第二，关于自我成长的话题，可以回顾自己的有趣经历，也可以通过自己曾经遇到的困境总结教训或是谈一谈克服困难的办法，还可以对自己的未来提出设想。这些话题交流可以引导学生理性地认识自己的过去、现在、未来，有助于其健康人格的形成。

第三，重要的公共议题，包括家庭、班级、学校、社区等熟悉环境里发生的大事小情，以及地方、国家乃至世界发生的重大事件，等等。比如评论新闻、时事，向社区居民提建议等，这些讨论有助于培养学生关心时事，积极参与社会生活的态度。

第四，假想与预测性的话题，如对 10 年后的设想，假如“我”是老师，假如“我”是市长，如果“我”能“隐身”等。这类话题和想象作文一样，要求学生打开思路，展开想象。如在角色替换类的想象中，学生可以感受其他角色的行为规范，从与自己不同的视角思考现实问题。

（二）结合语言训练培养学生的人际交往能力

无论是日常会话还是集体讨论，人们不仅要想清楚自己要说什么，而且要考虑对方或听众的感受。一个人是否“会说话”，反映了他的情绪智慧或者说情商的高低。情

商高的人在人际交往中能快速而准确地把握对方的情绪状态，并以对方能接受的方式做出回应，且往往能给对方带来愉悦等积极的情感体验。口语交际教学中，教师需要结合具体语境对学生进行一些情绪识别和情绪表达的指导。例如，说话的音量可能影响听者的感受，音量太小对方可能听不清，音量太大则可能令对方心烦，所以我们需要根据具体语境来控制和调节音量。再如，在模拟争论的情境下，学生可以分别扮演持有相反观点的两方，互相对对方的观点表示否定或反对。活动结束后，教师可以组织学生交流角色扮演过程中的感受。学生可能会意识到，被别人直接指出错误会引发挫败感，导致心情不愉快。那么，学生期待别人如何指出自己的错误或不足呢？由此展开的讨论以及再一次的角色扮演，可以使学生学会用比较委婉和友善的方式来表达不同意见。

（三）营造宽松的交际氛围

口语交际教学会要求学生努力以大方自然的姿态与他人交流，大胆地向别人陈述自己的见解。如果学生真能在与人交往时表现出这样的姿态，那么他们至少看起来是自信的。心理学有研究表明，外显的动作和行为可以带来心理体验的改变，比如努力做出笑的样子，真的会使心情变得好一些。所以，口语交际教学对学生声音、表情、动作等方面的要求，在某种程度会影响到学生对自己形象的感知。比如，一个平时说话细声细气、略显柔弱的女学生在讲故事时，讲到主人公向河对岸的船夫喊话，她就需要放开音量，发出响亮而有力的声音。这样的尝试可能使这位同学慢慢感受到自己声音的力量。如果是一个平常说话嗓门就很大的学生，他可能通过类似的活动感受到如何在需要时能放低声音，用轻柔舒缓的方式说话。当学生体验到自己对声音的控制力时，他们的信心会有所提升。

在对学生进行口语交际训练时，教师往往比较重视让学生尊重别人，理解和接纳别人的不同意见。如果引导不当，就可能使学生产生误解，即为了表示对他人的尊重或者为了消除冲突而一味退让，从而轻易放弃自己的观点。教师需要对每一位学生尝试表达观点的努力给予充分的肯定，引导他们说明自己观点的由来，使他们认识到“求同存异”的重要性，能做到既尊重别人，又能合理地坚持自己的观点。

对于个性偏内向一些的学生，教师不要想着要“扭转”他们的个性倾向，让他们能向外向型学生那样，总是积极主动地要求发表意见。外向和内向只是人们性格的差异，没有好坏之分。但教师也不能因为学生内向，就不对他们提要求，不给他们实践的机会。对这部分学生而言，他们可以选择“只要有人说话，我就不说”或“不是非说不可，我就不说”等不够积极的状态，但必须和其他同学一样掌握口语交际的基本技能，以便将来在学习或工作需要的时候，能够从容大方地发表自己的观点，或与其他相关者展开讨论。

二、根据交际主题和学情精准确立教学目标

有些教师认为，口语交际教学相对于读写教学而言很简单，因为学生对于常见事物总是能说出些语句，关于日常会话的教学活动似乎可有可无；至于讲故事、演讲等，教师可以参照教材要求布置任务，让学生课下自己练习，最后请几位代表展示即可，似乎需要教师指导的地方很少。事实上，通过学生的课堂表现和日常交往能够看出，相当一部分学生在倾听习惯、听力理解、口语表达、交往应对等方面还有很大发展空间。小学口语交际教学要针对学生的发展需求，结合教材提供的主题和情境，确立具体的教学目标和指导重点。

(一)分析各类口语交际活动能力素养的具体要求

通常，学生在口语交际活动中的表现取决于一般交际素养和话题相关能力两个方面。一般交际素养包括语句通顺流畅、语气连贯、语速适中等，在每一次口语交际活动中都需要教师予以观察和评量。话题相关能力是指与每一次具体的口语交际活动有关的学习内容，教材设置的口语交际栏目会根据每次活动的特点给予提示。例如，统编教材二年级下册口语交际活动“长大以后做什么”的能力要求是“清楚地表达想法，简单说明理由；对感兴趣的内容多问一问”；六年级上册“演讲”活动的提示是“语气、语调适当，姿态大方；演讲时要利用停顿、重复或辅以动作强调要点，增强表现力”。

教材提出的要求描述了期待学生达成的学习目标，而这些口语表达或交流的外在表现还必须有相应的心理过程为支撑。以“长大以后做什么”为例，教材通过图画提示了四种职业，分别是消防员、教师、护士、厨师，说明这次的话题是未来的职业设想。那么，学生首先要有关于职业岗位的知识，不能局限于教材提供的样例，他们要知道有哪些职业以及每种职业工作的基本特点；同时，为了能“说明理由”，他们至少需要有两方面的经验，其一是自己所选职业的价值和意义。其二是自己与这种职业的关联，比如，有相关的特长，“跑得快，可以当消防员”，“学过武术，想当警察抓坏人”；再如，有特别的兴趣，“喜欢动物，将来要当动物学家”，“喜欢画画，将来要当画家”，等等。如果学生没有这些经验做基础，他们在这个话题的口语交际活动中很容易思路狭窄，只集中于几项最常见的职业，而且理由雷同。所以，这一次的教学目标中，“简单说明理由”这项目标可以进一步具体化，比如“能结合一种职业的特点和自己的特长或爱好简单说明理由”。目标明确，教学材料的准备和过程指导才能有明确的方向，学生也更有可能获得具体的进步。

（二）依据学情调研设置教学目标

口语交际教学的活动情境大都来源于学生熟悉的生活场景。在贴近学生情感经验的同时，容易出现学习要素过于简单，学生失去表达兴趣的情况。因此，为了使教学走在学生发展的前面，准确定位学生的最近发展区，制定适宜的学习目标，教师需要在课前对学生的学习需求和学习困难进行分析诊断，把握学生的真实学情。

这种诊断性评价不必对所有学生进行检测。为了了解整个班的大致情况，可以选取学业表现比较有代表性的几位学生进行调研，比如学习成绩特别好、中等、比较弱的三位同学。为保证学习诊断信息的效度，调研时要避免笼统提问，要尽量采用简单情境创设的形式。

以统编教材二年级上册“商量”口语交际活动为例。[①] 教材首先以“调换值日时间”这一贴近学生生活经验和情感经验的情境，引出交际话题，并结合示例情境，提出了商量的几点能力和态度要求，包括有礼貌地沟通，用商量的语气把自己的想法说清楚，意见不同时不勉强别人等。就商量本身而言，对学生口语交际应对能力的要求相对较高，需要重点关注学生拿不定主意或与别人意见不一致时，如何与对方进行有效的沟通。

这一课的课前诊断不宜直接询问学生：“你知道跟别人商量时需要注意什么吗?”教师可以尽量创设一定的情境：“今天是你好朋友的生日，你想去他家一起庆祝，但妈妈担心你无法完成作业。你会怎么跟妈妈商量呢?”访谈结果显示，学生在礼貌沟通、不勉强别人等态度方面没有太大问题，而在“把自己的想法说出来”方面存在的问题相对较多。特别是在教师追问时，学生的应对能力明显不足。于是，最终确立的教学目标有三条，其一，引导学生使用商量的语气与别人交流；其二，商量时，能说清楚自己的想法；其三，与别人意见不一致时，能合理应对。其中“商量的语气”进一步细化为使用礼貌用语、说话时态度诚恳等。

三、引导学生广泛参与口语交际实践

所谓熟能生巧，口语交际能力的提升需要足够的实践演练。《课程标准》提出的教学建议如下：“应努力选择贴近生活的话题，采用灵活的形式组织教学。重视在语文课堂教学中培养口语交际的能力，鼓励学生在各科教学活动以及日常生活中锻炼口语交际能力。”

---

① 梁荣、易进：《立足学习评价，促进交际发展——以统编语文教材二年级口语交际教学为例》，载《小学语文》，2019(12)。

(一)创设有意义的交际情境

口语交际的实践需要在一定的情境中进行。情境限定了交流的主题内容，以及交往各方的角色定位。独白类和集体对话式的口语交际活动主要表现为学生围绕某一个话题，各自讲述并相互交流。日常会话类的口语交际活动需要围绕某一种交际方式，为学生提供多种情境让学生练习，这些情境要取材于现实生活，且能被学生理解。如统编教材三年级下册关于“劝告”的口语交际板块，主要使学生学习劝告别人时“注意说话的语气，不要用指责的口吻；多从别人的角度着想，这样别人更容易接受”。教材的示例情境是高年级同学劝低年级同学不要坐在楼梯扶手上往下滑。另外提供了两个练习情境，一个是劝同学不要违反交通规则横穿马路，另一个是面对喜欢玩电脑游戏、一玩就是一整天的表哥如何劝告。有时候，教材会在建议的情境之外，提示学生联系生活实际来尝试练习。例如，四年级上册关于“安慰”的口语交际板块仅给出了三个安慰他人的情境，还提示学生“想想周围有没有需要安慰的人，怎么安慰他比较好”。

为了激发学生表达和交流的积极性，口语交际活动可以尝试“虚实结合”，以游戏或表演等形式模拟现实，让学生在假想情境中，承担某种角色，练习口语交际。这对于应对能力的训练显得尤为重要。在“商量”和“劝告”情境中，真正有挑战性的是当对方对“你”的提议或劝说没反应或不接受的情况下，“你”该如何应对。要进行这方面的练习，学生需要一个“对手”，作为商量或劝说的对象，且这个“对手”要对学生提出的意见表示拒绝。教师也可以自己去充当这个“对手”，加入学生的对话练习。但教师就一个，有限的时间内只能和几位同学一起练习。如果想以分组形式，让所有的学生都有机会实践，教师需要对情境做一些“加工”，至少对被商量或被劝告一方可能有的反应做一些说明。这样，学生分组练习时，一方按照角色的“规定话语”做出反应，另一方则需要自己想办法与对方协商或努力说服别人。

有时候，教师可以借助其他教师或学生的力量，创设近似现实的交际情境，对学生进行口语交际的指导。于永正老师在这方面有很多精彩的课例，下面是其中一例，学习的是转述通知。

教学案例 6-1①

转述“通知”

师：小朋友，在生活中，人们常常请人把话转告别人，这就叫“捎话儿”，也叫“转述”。转述应注意：转述别人的话，首先要听清，记准别人的话；转述的时候，要把原话说清楚，不然就会耽误事儿。

① 参见于永正、潘自由：《于永正小学“言语交际表达训练”作文实验》，52～58页，济南，山东教育出版社，2000。

(这时赵校长走进教室，问邓老师是否在这里听课)

师：上课前有人找她，她出去了，您找她有什么事?

赵：刚才接到中心校打来电话，通知邓老师明天上午8点，到中心校参加广播体操比赛。要求穿红毛衣、白裤子、白球鞋、白袜子，千万别迟到。等会儿邓老师来了，请您转告她，谢谢!

(这为学生语言交际训练提供了一个非常具体生动的情境)

师：好的。小朋友，等会儿邓老师来了谁能把中心校的电话通知转告给她?转告时，一定要把原话记住，说得清楚明白。想想，刚才校长是怎么说的?不要忙着举手，每个人先在心里说一遍。想不起来的，可以问问同位。

……

师：现在，我当邓老师，请小朋友先说给我听听，怎么样?不过，除了把通知的话说清楚外，还得有礼貌，说话态度要大方自然，说的声音要让老师听见，当然，也不要太响，因为只讲给一个人听。现在谁来试一试?

房：邓老师，您好!

师：有礼貌!

房：邓老师，刚才赵校长找您。他说，中心校打来个电话，请您明天上午8点到中心校参加广播操比赛。要穿红毛衣、黑健美裤、白球鞋、白袜子。

其他学生：房×传错了一句，人家要求穿白裤子。

师：是的。房×，你是不是觉得穿黑健美裤更美?(众笑)就是比白裤子好，也不能改。你想，人家都穿白裤子，只有邓老师一个人穿黑的，多不协调啊!

房：(点点头)邓老师，请您准时参加!

师：我一定准时出席!谢谢你!

房：不客气!

师：房×转得不错。基本把话说清楚了，而且自然大方，说话有礼貌。

独白式的口语交际活动需要学生围绕一个主题连贯地讲述一段话，互动性与对话或讨论有一定差距，比较容易出现只有部分学生在全班同学面前展示，其他学生较少实质性参与的情况。为了解决这样的问题，有的教师尝试用游戏化的情境，带动学生积极参与。例如，描述人物特点的口语交际活动，用“猜猜他是谁”的游戏，学生描述所选同学的样貌，其他同学认真听，猜他说的是谁。学生带着要让别人猜出来的目标，努力把同学的突出特征描述出来；其他同学则需要仔细倾听，才能根据描述猜到目标人物。再如，在“有趣的动物”话题交流时，有教师设计了“动物形象大使竞选”的场景，每一位同学自选一种动物，以第一人称发表竞选演说。教学中，教师首先以“变色龙”

为切入点，引导学生从外形、声音、生活习性等方面，有条理地分点叙述动物的有趣之处。之后通过“竞选”活动，请学生上讲台展示，每介绍完一种动物，教师都会组织学生进行点评，先复述这种动物的有趣之处，再提出自己感兴趣的问题或进行补充。[①]这样可以利用互评来有效地检测学生的倾听情况，也是培养学生良好倾听习惯的一个重要途径。

(二)集体教学与分组练习相结合

口语运用的练习不像读写那样，可以很多学生同时做，每人自己读自己写。口语交际是需要至少两个人进行互动的。像口头作文，如果只是自己说给自己听，那应该算不上口语交际。在班级授课制的背景下，如果采用集体展示的形式，请一个个学生或一组组学生到讲台上演示，往往难以确保每个学生都有机会展示。但从教学的角度，应该使所有学生都能通过实践演练得到能力提升。

为此，口语交际教学可以采用轮流展示的形式，在一定的时间周期内，使所有学生都有机会站到讲台前，向全班同学展示。一些语文教师每次上课都留出三五分钟，请学生轮流分享经验，或是讲述生活见闻，或是做新闻播报，或是讲成语故事，或是结合课文介绍作者或与主题相关的信息。虽然每次用时不多，但每位同学每学期都有两三次机会得到锻炼，这对于提高学生的口语表达能力很有益处。当然，集体交流需要教师根据学生基础和要交流的内容提前规划，确保每位同学都有展示的机会。

此外，每次口语交际活动都可以设置小组练习环节，根据交际情境和角色情况分组，各组学生同时在组内进行练习，还可以调换角色尝试。这时候教师可以巡回指导，针对每组表现的问题给予有针对性的反馈和指导，同时也把握学生练习中的普遍问题。随后请有代表性的小组展示，教师针对普遍性的问题进行集体讲评。

(三)结合日常交流和课堂教学进行口语交际指导

口语交际是小学语文课程教学的重要内容之一，以培养学生在一定的交际情境中流畅地表达情感、交流思想的能力为目标。口语交际训练不应局限于口语交际课，更应贯穿语文教学的各个领域，甚至校内外生活的各个方面。

首先，语文乃至其他学科的课堂教学组织就需要调动学生听的行为，所以一年级教师往往会用儿歌形式提示学生注意跟随教师，例如，教师说“小眼睛”，学生应“看老师”；教师再说“小耳朵”，学生应“认真听”。再有，教师可以对学生互相倾听提出明确的要求，比如“请大家认真听××同学发言，待会儿要评一评他说的怎么样”。学生首

---

① 梁荣、易进：《立足学习评价，促进交际发展——以统编语文教材二年级口语交际教学为例》，载《小学语文》，2019(12)。

先要听清楚同学说的内容，然后才能做出评价。或者“谢谢两位同学的发言。请同学们说说，他们的观点哪些相同，哪些不同”。学生需要听并记住两位同学说的内容，然后再比较异同。教师的课堂要求不仅能教会学生倾听和表达的方法，更能逐步激发学生进行口语交际的信心。

其次，教师要在日常教学中创造更多机会让学生连贯表达。在课堂上，教师要给予及时的反馈和肯定，当学生只用简短的一个字或一个词来回答问题时，教师可以根据情况引导学生用一句完整的话来回答问题。当学生在教师的引导和帮助下说出了一句完整的话时，教师要及时给予肯定，增强学生进行连贯表达的信心，强化学生对语言连贯性的体验。

最后，在具体教学中，教师要增强口语交际训练意识，自觉地将口语交际训练融入语文教学的各个领域。阅读教学中，学生朗读或复述课文，概述课文的主要内容，评说作者观点或写法，用课文里的词汇说句子，仿照文中句式或段落结构讲述自己的经验，以及与同学就课文的学习收获进行交流等，都属于口头表达范畴，教师需要从一般性口语交际技能角度提出一定的要求，比如音量适中、表达清楚、有条理、有礼貌等。有些教师要求学生在互相交流阅读感受时，按照一定的句式来说，如“请大家跟我一起看第××页”；“我们的汇报完毕，请同学们点评”；“谢谢你的评论”；等等。

写作教学也可以有很多学生互动交流，特别是在习作评价和修改环节，教师可以引导学生带着欣赏的眼光，先找同学作品里的“闪光点”，然后再从帮助对方写得更好的角度提出修改建议。这也有助于培养学生用别人能接受的方式进行对话。第一学段的识字与写字教学中，也可以结合对字词意思的理解进行说话练习，比如造句，或者请学生根据生字说出能联想到的场景或事件等。

第三节
小学口语交际教学活动的组织

学习目标

掌握各类口语交际教学活动的组织策略。

统编小学语文教材中，口语交际活动均匀地分布在每册教科书中。除六年级下册只有 3 次口语交际外，其余每册都安排了 4 次，整套书共编排了 47 次口语交际。根据交际类型，可以将口语交际分为对话类和独白类两种。对话类口语交际又可分为功能性交际和交流讨论类交际，前者可称为日常会话，多为两人之间的互动，如“打电话”，重在培养生活中实用的交往技能；后者多表现为多人互动，可以称为集体对话，如“请你支持我”，重在培养合作应对能力。独白类口语交际如讲故事、演讲等，主要训练学生当众有条理表达的能力。①

一、日常会话教学活动

人们在日常交往中，通过语言实现一定的交往目的，如请求、提问、告知、道歉、安慰、劝告、说服等，这些都是语言的功能性表现。统编教科书的口语交际栏目安排了一系列功能性对话的教学内容，见表 6-1。

表 6-1　统编教科书中功能性对话教学内容示例

年级	主题	训练要点
一上	我说你做/指令	大声说，让别人听得见；注意听别人说话
	我们做朋友/自我介绍	说话的时候，看着对方的眼睛
一下	请你帮个忙/请求	礼貌用语：请，请问，您，您好，谢谢，不客气
	打电话/约定、请假、接听	给别人打电话时，要先说自己是谁；没听清时，可以请对方重复
	一起做游戏/邀请	一边说，一边做动作，这样别人更容易明白
二上	商量	要用商量的语气；把自己的想法说出来
二下	注意说话的语气/商量、道歉、劝说	说话的语气不要太生硬；避免使用命令的语气
三上	请教	有礼貌地向别人请教，不清楚的地方及时追问
三下	劝告	注意说话语气，不用指责口吻；多从别人的角度想，这样别人更容易接受
四上	安慰	选择合适的方式进行安慰；借助语调、手势等恰当地表达自己的情感
四下	转述/通知	弄清要点、转述时不要遗漏主要信息；注意人称的转换
六上	请你支持我/说服	先说想法，再把具体的理由讲清楚；设想对方可能的反应，恰当应对

① 参见余琴：《统编小学语文教材口语交际编排特点与教学建议》，载《语文建设》，2019(16)。

日常会话类口语交际活动主要在第一学段进行，有的以交际功能为题，有的以交流讨论为题，都指向如何以恰当的方式实现生活中常见的交际意图。其中，“我说你做”的情境略微特殊一些，属于游戏性的场景，是一种口语表达和听力的基础训练，学生练习如何清楚地发出简单指令，以及如何认真听指令并做出相应的动作。

其他活动中，有一部分比较偏重说者的单向表达，如“我们做朋友”主要是向新认识的同学做自我介绍；“请你帮个忙”是向别人发出请求；“一起做游戏”是通过解释游戏玩法，邀请同学参加游戏；“注意说话的语气”主要是在商量、道歉、劝说等情境下如何表达；“安慰”是向遇事不顺而难过的人表达自己的关心之情；“转述”要仔细听并抓取通知的要点，然后再告知其他人。这些情境要求说者提前预想听者的需求和感受，进而选择合适的方式来表达。

另一部分注重听说双方的互动，特别是说者如何根据听者的反应进行有效的应对，包括打电话、商量、请教、劝告、说服等。其中，商量和劝告的互动与应对已在上一节谈到过。请教需要在别人解答后根据自己理解的情况继续追问；说服主要是寻求别人对自己提议的支持，需要在别人不接受提议的时候进一步阐述理由，争取赢得支持。打电话的情况比较多样化，包括给别人打电话、自己接电话、替别人接电话等不同情形，交谈内容可能是约事情，也可能是请教，还可能要询问、转达等。

各类功能性对话是学生在家庭或学校生活中可能经历的情境，因此，这一类教学活动需要联系日常生活来创设情境。教师可以请学生回顾自己与学习主题相关的经验，再结合这些经验来设计供学生练习的情境。以打电话为例，教材设置了三种情境，一是约同学一起玩，二是向老师请假，三是接听找父亲的电话而父亲不在。这三种情形都是学生在现实生活中可能会遇到的。当然，如果仅仅出示大多数学生都经历过的最常见的情境，那么学生会觉得练习的过程没意思。为此，教师需要参照教材提供的情境，结合学生实际情况，适当扩展交际场景。现实生活中，在教材情境之外还会有很多需要学生打电话的情形，教师可以请学生回顾和设想，比如接到找母亲的电话，要请对方稍等，再立即请母亲来接电话；再如，需要给父亲(母亲)单位打电话找父亲(母亲)说学校的安排，电话由他人接听，需要“先说自己是谁”时，就不能只说名字，而要说“我是××的儿子(女儿)”；此外，遇到特殊情况需要拨打紧急求助电话时，必须说明地点这一重要信息，等等。商量、劝说、说服等需要让学生感受到，自己提出意见后，对方不一定能马上接受，他们需要根据对方的反应调整说话方式，积极应对。这一点在上一节里已经讨论过。

二、集体对话教学活动

顾名思义，集体对话指多人围绕某个话题进行交流。其基本要求是参与者要紧扣话题发表观点并与他人互动。根据话题的性质，集体对话大致可以分为两种情况，一种是话题交流，另一种是合作研讨。

（一）话题交流

这一类集体对话可以引发多个角度的多种看法，不同的学生可以从不同的角度提出见解，并对彼此提出的见解做出回应。有些话题具有一定的争议性，比如“该不该实行班干部轮流制”；有些话题仅仅限定对话的领域，学生可以选择该领域的某一具体问题来发表意见，如“聊聊书法”。表 6-2 为统编教科书中话题交流教学内容示例。

表 6-2　统编教科书中话题交流教学内容示例

年级	主题	训练要点
三上	名字里的故事	把了解的信息讲清楚；别人讲话的时候，要礼貌地回应
三下	该不该实行班干部轮流制	边听边思考，想想别人讲的是否有道理；尊重不同的想法
五上	父母之爱	选择恰当的材料支持自己的观点；尊重别人的观点，对别人的发言给予积极回应
六上	意见不同怎么办/扮演各相关方	准确把握别人的观点，不歪曲，不断章取义；尊重不同意见，讨论问题时，态度要平和，以理服人；表达观点时，要简洁明了，要有根据
	聊聊书法	有条理地表达，如可以分点说明；对感兴趣的话题深入交谈
六下	同读一本书/读书会	引用原文说明观点，使观点更有说服力；分辨别人的观点是否有道理，讲的理由是否充分
	辩论	听出别人讲话中的矛盾或漏洞；抓住漏洞进行反驳，注意用语文明

在一些话题交流活动中，学生主要依据自己的经验或真实想法进行讨论，如互相介绍自己了解的名字里的故事，一起谈论一本书的内容和写法等。还有一些话题交流活动采用类似角色扮演的形式，学生按照角色的立场来进行交流。例如，“意见不同怎么办”要讨论的话题是有争议的事件，如“该不该实行班干部轮流制”，“该不该为修路而砍伐古树”等。学生要扮演这些事件的利益相关方，且需要从自己扮演的角色的立场来陈述观点并对其他角色的发言做出回应。

无论是交流个人想法，还是按角色特点进行互动，学生都需要提前了解相关背景材料，就表达内容做一些准备。例如，“名字里的故事”需要学生访问家人或朋友，了解他们姓名的来源，或者查阅书籍或网络上关于名人姓名由来的信息；“同读一本书”的读书会只有在大部分学生基本读完同一本书之后才能召开；“辩论”需要学生围绕所选辩题提前准备本方基本论点和论据。由于实际操作有一定的难度，1～2 年级较少安排此类活动。

话题交流对学生的说和听都有明确的要求。说的方面主要是有礼貌和有理有据、有条理地表达，能借助具体材料使观点更有说服力。听的方面强调学生对多种观点的理解和尊重，要认真听取别人的观点，思考他们提出这种想法的理由，并能对别人的观点积极应对。应对的方式可以是复述别人的观点，表示赞同或反对并说明理由。六年级学生需要在听的时候对别人的观点做出评价，分辨观点的合理性和论证是否充分，还能抓住别人讲话的矛盾或漏洞，以文明的方式提出反驳。

（二）合作研讨

合作研讨多会先采用小组研讨方式，待各组形成一定的讨论结果后，再组织全班范围的讨论，形成班级的讨论成果。讨论成果最好以书面形式记录下来，可以是文字和图、表配合的方式。一年级的文字记录可以由教师帮助完成。表 6-3 为统编教科书中合作研讨教学内容示例。

表 6-3　统编教科书中合作研讨教学内容示例

年级	主题	训练要点
一上	用多大的声音	有时候要大声说话，有时候要小声说话
二下	图书借阅公约	主动发表意见。轮流说，一个人说完，另一个人再说
三上	身边的“小事”	清楚地表达自己的看法；汇总小组意见，尽可能反映每个人的想法
三下	春游去哪里	说清楚想法和理由；耐心听别人讲完
四上	我们与环境	判断别人的发言是否与话题相关；围绕话题发表看法，不跑题
	爱护眼睛，保护视力	小组讨论时，注意说话的音量，避免干扰其他小组；不重复别人说过的话，如果想法接近，可以先表示认同，再继续补充
四下	朋友相处的秘诀	根据讨论目的，记录重要信息；分类整理小组意见，有条理地汇报
五上	制定班级公约	发言要控制时间；讨论后做小结，既总结大家的共同意见，也说明不同意见
五下	怎么表演课本剧	主持讨论时，要引导每个人发表意见；尊重大家的共同决定

合作研讨的话题可能是需要学生共同解决的问题，如“用多大的声音”，“春游去哪里”，“怎么表演课本剧”等；也可能是需要学生合作完成的任务，如制定“图书借阅公约”或“制定班级公约”，提出关于保护环境或“爱护眼睛，保护视力”的若干建议，列举“朋友相处的秘诀”，等等。这类话题讨论具有非常明确的价值导向，学生

的最终讨论结果要符合相应的规范和社会期许，或者能使一项集体问题找到正确答案。这一类的活动可以与同主题的班会活动整合进行。

从交际的角度，这类讨论同话题交流一样，对学生的听和说都有明确要求，如“清楚并且有理有据地表达自己的观点”，“认真倾听别人的观点及其理由”等。比较特殊的是，合作研讨特别需要学生从各自的发言中寻找共性的内容。有时候，不同的人可能持有相同的观点，但他们的表述方式却各不相同。这就需要参与讨论的人们进行更加充分的互动，如就不同的表述进行追问，了解各自的真实意思，然后把相同的观点以大家认可的方式进行表述。为了使最终形成的结论能够反映大家的共同观点，讨论过程需要有明确的规则，如每一位参与者轮流发表意见，或者陈述自己的独特想法，或者对其他人的想法表示赞同；对每个人的发言时长有所限制；分组讨论时有比较明确的人员分工，包括主持人、计时员、记录员、发言代表等。

三、独白类教学活动

独白有时也称讲述，主要训练学生连贯表达的能力。相应的教学活动比较侧重说话的训练，对听和应对方面的要求相对较少。根据听说的内容题材，大致可以分三种情况，分别是讲述介绍客观事物、讲述故事、表达个人经验。前两种与前面讲过的话题交流一样，往往需要学生提前准备材料，熟悉要讲的内容，并且对如何说有所规划。独白类教学活动同集体对话一样，需要集体教学和小组活动结合。只有采取小组内部展示的形式，才能保证每一位学生都能在课堂上进行讲述实践，并得到听者的反馈。

（一）介绍说明类讲述活动

这类活动往往需要学生以准确的语词，对事物的主要特征进行描述，以使听者能够清楚地了解该事物的基本特点，对口语表达的清晰度、条理性，以及信息的准确性等有所要求。学生可以介绍的事物有很多，包括他们熟悉或喜欢的动物、植物、图书、影视作品、游戏活动，身边发生的对他们有所触动的大事小情，以及通过观察、访问、阅读等途径所获得的周围人们的经历，等等。表 6-4 为统编教科书中介绍说明类讲述活动示例。

表 6-4　统编教科书中介绍说明类讲述活动示例

年级	主题	训练要点
二上	有趣的动物	熟悉要讲的内容；对感兴趣或有疑问的地方要礼貌地提问
二下	推荐一部动画片	注意说话的速度，让别人听清楚；认真听，了解别人的想法

续表

年级	主题	训练要点
四下	说新闻	准确传达信息；清楚、连贯地讲述
五上	我最喜欢的人物形象	分条讲述，把推荐理由说清楚；听人说话能抓住重点
五下	走进他们的童年岁月	认真倾听，交流时边听边记录；根据整理的记录有条理地表达
	我是小小讲解员	列提纲，按照一定的顺序讲述；根据听众的反应，对讲解的内容做调整

学生要想清楚地介绍某种事物，必须要先对这种事物有所了解并达到熟悉的程度，教师需要在讲述活动之前布置任务，并对学生的观察、调研进行一定的指导。比如“有趣的动物”要求学生事先收集有关动物有趣之处的资料；“我最喜欢的人物形象”需要学生对自己读过的书籍或自己观看过的影视剧中的人物形象进行选择和分析；“我是小小讲解员”要求学生根据自己所选的讲解主题，提前准备素材并列讲解提纲。

有些活动的准备环节本身也具有口语交际的性质，教师可以给予一些提示和引导。比如，“推荐一部动画片”要先观看动画片，这里需要对动画片中的对话进行理解和记忆；再如，“说新闻”大多也是通过听的途径了解新闻；又如，“走进他们的童年岁月”要求学生访问长辈，倾听并记录他们讲述的童年经历，再根据记录整理说话的要点。

介绍说明类的口语交际活动与读写的联系很紧密。特别是四年级之后，学生口头表达的内容篇幅加大，他们需要运用一些书面提示来辅助表达。有条件的学校还可以鼓励学生在准备讲述时用电脑制作幻灯片，或者在讲述时一边画示意图一边讲解。

（二）故事讲述活动

听故事和讲故事是小学生比较喜欢的活动。故事主要描述事件发展的过程，强调情节的生动性和连贯性。故事里的事件以虚构为主，少部分可能来自现实中很少但确实发生过的事情。故事是比较适合口头讲述的一种文学体裁。统编教科书要求学生练习讲述的故事大部分已有完整的情节，只有个别需要学生自己创编重要情节，如“小兔运南瓜”虽然是看图讲故事，但只提供了开头和结尾的图，学生需要自己想象小兔运南瓜的过程来完成讲述。表 6-5 为统编教科书中故事讲述活动示例。

表 6-5　统编教科书中故事讲述活动示例

年级	主题	训练要点
一上	小兔运南瓜/看图	大胆说出自己的想法
一下	听故事，讲故事/看图《老鼠嫁女》	讲故事的时候，声音要大一点，让别人听清楚；听故事的时候，可以借助图画记住故事内容
二上	看图讲故事《父与子》	讲清楚图意；吐字要清楚
三下	趣味故事会	运用合适的方法，把故事讲得更吸引人；认真听别人讲故事，记住主要内容
四上	讲历史人物故事	用卡片提示讲述内容；使用恰当的语气和肢体语言，可以让讲述更生动
五上	讲民间故事	适当添加信息，丰富故事的细节；讲故事的时候，可以配上相应的动作和表情
五下	我们都来讲笑话	避免不良的口语习惯；用心倾听，做一个好听众

1～5 年级的故事讲述活动体现了口语交际教学目标梯度递进、螺旋上升的特点，其中的听、说要求在延续过程中逐步提升。一年级“听故事、讲故事”要求比较简单，主要是一般性的听说行为，如讲的时候“声音要大一点，让别人听清楚”，听的时候注意借助连环画记住故事内容。二年级是看漫画讲故事，要求把图的意思讲清楚，并且做到吐字清楚。三年级之后开始提出讲故事的表达生动性以及对听众的吸引力和感染力方面的要求，并提示了相应的策略，如“使用恰当的语气和肢体语言”，“配上相应的动作和表情”等。四年级之后还提出了故事内容丰富性方面的要求及相应策略，如“用卡片提示讲述内容”和“丰富故事的细节”等。

故事讲述活动的基本教学内容是用连贯的语言把事情的基本要素讲述清楚，不是介绍性地说“事情的起因（或结果）是……”，而是直接陈述什么时间，在什么地方，什么人经历了什么。看图讲故事中，主要人物及其动作、环境等信息比较直观，教师要引导学生透过画面推断事件发生的时间、地点以及事件经过。其他故事讲述或是先听后讲，或是先读后讲，需要学生在听或读的时候抓取故事的上述基本信息，然后再以连贯的语言进行讲述。

在故事讲述活动中，教师还可以结合具体内容，引导学生感受笑话、历史故事、民间故事等各类故事的内容、结构、语言表达特点，并尝试在讲述时表现这些特点，如笑话中的幽默、历史故事中的智慧与勇气、民间故事里的神秘和夸张等。

（三）表达个人经验的讲述活动

个人经验包括个人经历、对事物的观感、对未来的期许等。这类讲述与学生的自我认知紧密相关，有较强的主观色彩和较浓烈的情感。表 6-6 为统编教科书中表达个人经验的讲述活动示例。

表 6-6　统编教科书中表达个人经验的讲述活动示例

年级	主题	训练要点
二上	我爱做手工	按照顺序说，可以用上“先……再……然后……”；注意听，记住主要信息
二下	长大以后做什么	清楚地表达想法，简单说明理由；对感兴趣的内容多问一问
三上	我的暑假生活	选择别人可能感兴趣的内容讲；借助图片或实物讲
四下	自我介绍	对象和目的不同，介绍的内容有所不同
六下	即兴发言	提前打腹稿，想清楚先说什么，后说什么，重点说什么；注意说话的场合和对象

在指导学生表达个人经验时，教师要提示学生考虑听众的经验与自己经验的异同，推断听众的需求。有时候可以选择“别人感兴趣的内容”来讲，有时候也可以选择对自己很有意义而对别人显得陌生的内容来讲。只是在讲听众不熟悉的内容时，需要对背景信息、人物关系、行动意图等做必要的说明和解释。四年级开始逐步学习根据讲述的目的、对象、场合选择讲述的具体内容、顺序安排、辅助手段等。

总之，口语交际教学要根据交际类型和话题的特点，基于学生的已有学习基础对教学目标、流程、手段等进行精心设计，有效地组织和指导学生的学习过程。

本章小结

广义的口语交际是以口语为载体，实现人与人之间交往的活动。狭义的口语交际是交际双方为了特定的目的，在特定的环境里，运用口头语言和适当的方式传递信息、交流思想、表达感情的双向互动的言语活动。学校口语交际教学以培养学生的口语交际能力为基本目标，对学生综合素养的发展具有重要意义。同时，口语交际教学在推广普及普通话方面也发挥着非常重要的作用。口语交际教学涉及语言基础知识、基本的口语交际规范、常见的口语表达方式、基本的口语交际策略等。《课程标准》对各学段学生口语交际的情感态度、听话能力、说话能力等提出了比较明确的要求。

小学口语交际教学要注意培养学生在表达和交流中的正确方式和友好态度，同时为学生形成积极的自我意识发挥作用。口语交际有不同的类型，语文教学要根据各类交际活动的特点，充分了解学生的学习起点，精准确立教学目标。小学口语交际教学要创设多种实践演练的情境，把课内练习与课外活动结合起来，让学生广泛参与不同类型的口语交际实践活动，从中锻炼和提升能力。

统编教科书设置了口语交际教学板块，主要包括三种类型的口语交际教学活动。日常会话教学活动需要联系学生已有的生活经验创设交际情境，通过分组活动的方式进行练习巩固。集体对话教学活动有两种情况，一种是话题交流，需要学生提前围绕话题收集一些资料，在集体讨论时既要积极发表意见，又要认真听取其他同学的见解；另一种是合作研讨，多会先采用小组研讨方式，待各组形成一定的讨论结果后，再组织全班范围的讨论，形成班级的讨论成果。独白类教学活动比较侧重说话能力的训练，往往需要学生提前准备材料，熟悉要讲的内容，并且对如何说有所规划，需要集体教学和小组活动结合。

关键术语

口语交际教学　日常会话教学活动　集体对话教学活动　独白类教学活动

章节链接

在这一章，你读到……	在其他章节中，你将发现相关的讨论……
小学口语教学内容和要求	第一章第三节 语文课程目标和内容
发挥口语交际对学生态度养成的积极作用	第一章第二节 工具性和人文性的统一 第二章第一节 语文能力培养与情感教育相统一原则
依据交际主题和学情确立教学目标	第二章第二节 教学目标的确立
口语交际训练融入语文教学的各个领域	第三章 识字教学与说话训练结合 第四章 阅读教学中的朗读、复述、概括主要内容等 第五章 先说后写，写作评改中的分享交流

体验练习

1. 运用思维导图或表格整理小学口语交际教学的主要内容和相应要求。

2. 观摩一次口语交际教学的课例，对照口语交际教学实施要点分析和评议其教学特点。

3. 在统编小学语文教科书中选择一项口语交际教学内容，分析活动类型和任务要求，并根据分析结果写出教学目标和教学重点、难点。

拓展读物

1. 王荣生．语文综合性学习教什么．上海：华东师范大学出版社，2014.

2. 梁荣，易进．立足学习评价，促进交际发展——以统编语文教材二年级口语交际教学为例．小学语文，2019(12).

3. 余琴．统编小学语文教材口语交际编排特点与教学建议．语文建设，2019(16).

第七章

小学语文综合性学习教学

本章概要

本章主要介绍小学语文综合性学习的含义、主要特点、教学内容和要求，以及小学语文综合性学习的教学实施要点。

结构图

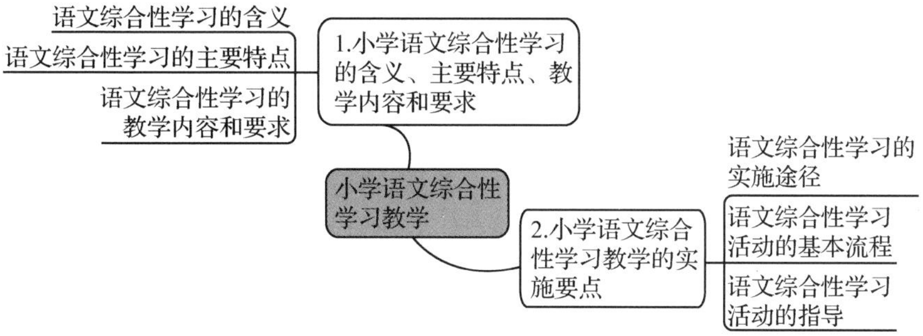

学习目标

1. 理解小学语文综合性学习的含义、主要特点、教学内容和要求。
2. 掌握小学语文综合性学习教学的实施要点。

读前反思

《课程标准》中综合性学习是与识字与写字、阅读、写作、口语交际并列的一个板块，请思考：综合性学习与其他四个领域之间的关系？

“综合性学习”是2001年教育部颁布的《全日制义务教育语文课程标准（实验稿）》中提出的一个名词，出现在“课程标准的设计思路”部分。《课程标准》中，这一部分的标题改为“课程设计思路”，其中第四条提出，语文课程的学段目标和内容从识字与写字、阅读、写作、口语交际四个方面提出要求。同时，“还提出了‘综合性学习’的要求，以加强语文课程内部诸多方面的联系，加强与其他课程以及与生活的联系，促进学生语文素养全面协调地发展”。

第一节 小学语文综合性学习的含义、主要特点、教学内容和要求

学习目标

理解小学语文综合性学习的含义、主要特点、教学内容和要求。

“语文综合性学习”的关键词是“综合性”，这个词在《课程标准》里出现过很多次。“语文课程性质”里提到语文是一门综合性、实践性课程；“课程基本理念”第三条“积极倡导自主、合作、探究的学习方式”对综合性学习的表现形式和意义做出明确说明：

> 语文学习应注重听说读写的相互联系，注重语文与生活的结合，注重知识与能力、过程与方法、情感态度与价值观的整体发展。综合性学习既符合语文教育的传统，又具有现代社会的学习特征，有利于学生在感兴趣的自主活动中全面提高语文素养，有利于培养学生主动探究、团结合作、勇于创新的精神，应该积极提倡。

随后，“课程设计思路”“学段目标和内容”和“实施建议”部分均有专门针对语文综合性学习的内容。

从《课程标准》的相关内容可以看出，综合性学习是在语文课程框架内提出的综合性学习。现阶段语文综合性学习具有两方面的含义，一是与识字与写字、阅读、写作、口语交际并列的一个学习领域，有确定的教学内容和要求，在教科书里设有专门的板块；二是一种教学理念或学习方式，在语文教学的各个方面都有所体现。

一、语文综合性学习的含义

综合性学习是现行课程倡导的一种学习方式，各个学科都要求加强学科内部各领域的联系，加强不同学科之间的联系，以及加强各学科与学生生活的联系。现行的基础教育课程方案还有专门设置的综合实践活动板块，与学科课程并列。在研究和讨论语文综合性学习时，时常有人会把它与综合实践活动混淆。这里需要做一下概念辨析。

根据2001年颁布的《基础教育课程改革纲要(试行)》，综合实践活动是自小学中高年级开始开设的，与语文、数学、社会、科学等学科课程并列的必修课程。“其内容主要包括：信息技术教育、研究性学习、社区服务与社会实践以及劳动与技术教育。强调学生通过实践，增强探究和创新意识，学习科学研究的方法，发展综合运用知识的能力。增进学校与社会的密切联系，培养学生的社会责任感。在课程的实施过程中，加强信息技术教育，培养学生利用信息技术的意识和能力。了解必要的通用技术和职业分工，形成初步技术能力。”

2017年教育部颁发了《中小学综合实践活动课程指导纲要》，对这门课程的性质、目标、内容和活动方式、规划与实施等做了全面的规定。在中小学的课表里，综合实践活动有单独的课时，有的地区小学课表上同时开设“劳动技术”“信息技术”“综合实践活动”三门课程。各地各校根据实际情况，有的会安排专任教师，有的则由其他学科教师兼任该课程教师。

语文综合性学习是属于语文课程内部的一项内容，由语文教师负责进行教学设计和实施，要符合语文课程性质，以语言文字运用的学习为主要内容，以综合提高学生的语文素养为根本目标。

尽管语文综合性学习的提法在21世纪初才出现，但相似的语文实践形态在此之前就已存在。20世纪后期的语文教学大纲在对识字、阅读、写作、听话、说话等方面提出教学要求的同时，还有专门的栏目就“语文课外活动”提出要求。2000年试用修订版语文教学大纲用的是“语文实践活动”的提法。这些要求与语文综合性学习有明显的相似性。其目的都是增进语文学习与其他学科乃至与学生生活的联系，加强语文的实践运用。

二、语文综合性学习的主要特点

根据《课程标准》的相关内容以及语文研究者的相关理论探讨，语文综合性学习具有综合性和开放性的特点。

(一)综合性

语文综合性学习自然是“综合的”。这种综合既体现为听、说、读、写诸方面语文知识与能力的综合，也体现为语文学习经验与其他学科学习经验、与学生生活经验的综合，还体现为语文知识与能力、情感态度与价值观等素养发展的综合性。综合性学习不是从某一篇或某几篇文章出发，也不是从某个具体的说写话题出发。学生主要围绕生活问题或社会问题收集资料、进行调研、展开讨论、参与和策划班级或校园活动，在尝试解决现实问题的过程中学会辨别是非善恶。学生需要对多种形式的信息进行认知加工，并以口头或图文等形式进行表达。就综合性学习的目标而言，《课程标准》的实施建议部分指出，综合性学习要“在实现语文学习目标的同时，提高对自然、社会现象与问题的认识，追求积极、健康、和谐的生活方式，增强抵御风险和侵害的意识，增强在与自然、社会和他人互动中的应对能力”。

前面几章分别探讨了语文课程四个主要方面的教学内容和教学策略，其中也有一些综合性学习的表现，如语文技能方面，识字教学与口语表达训练相结合，阅读和写作教学结合，口语交际与写作结合；学科联系方面，科技类或历史类课文的阅读教学会联想相关学科，话题交流类口语交际活动需要学生查阅其他学科领域的专业材料；联系生活方面，阅读理解经常会关联学生的已有生活经验，应用文写作和部分口语交际活动会结合相应的交际情境，等等。试想，当语文课程四个基本方面的教学都充分考虑与其他方面的联系时，也许就不需要单独提“综合性学习”的要求了。

那么，单独提出“综合性学习”要求，也许是为了强调语文学习的统整性。也就是说，以语文素养综合发展为目标，围绕生活实际或者其他学科的主题，采用不止一种语文实践形式进行的学习活动。有学者提出，语文综合性学习是一种合作性的言语实践活动，要在真实或接近真实的情境中展开，要整合听说读写四种基本要素中的至少两种。①

(二)开放性

语文综合性学习要求突破课堂空间的局限，广泛利用多种课程资源，组织学生观察自然和社会，参与多种形式的语文活动，尝试运用语文解决实际问题。无论是学习发生的场所，还是学习材料的来源和形式，以及学习的过程和结果等都具有开放性。综合性学习的主题可以围绕某个节日或某一节气，也可以围绕学校、社区、地方或国家的重大事件的纪念日等。空间上，学生可以走出课堂，甚至走出校园，基于对周围世界的观察提出要探究和讨论的问题。这必然使综合性学习在时间方面突破课上的局限。综合性学习的材料可以是口语形式或书面语形式，也可以是音频、视频，还可以是观察或活动中获得的直接感知经验；可以来源于语文教科书，也可以来源于课外读物，等等。综合性学习力求使学生通过自主实践活动发现问题、分析问题、解决问题，并在这一过程中锻炼其听说读写的能力，以及活动策划、实施、协调、合作等能力。语文综合性学习的活动形式可以是讨论、辩论、演讲，还可以是观察、调查、访问等。

---

① 王荣生主编：《语文综合性学习教什么》，73页，上海，华东师范大学出版社，2014。

三、语文综合性学习的教学内容和要求

《课程标准》就综合性学习的学段目标和内容提出了具体的要求，大致可以分为四个方面，一是问题探究，二是搜集和整理信息，三是策划和参与活动，四是沟通与表达。

专栏 7-1：小学各学段语文综合性学习的课程目标和内容

第一学段(1～2 年级)

1. 对周围事物有好奇心，能就感兴趣的内容提出问题，结合课外阅读共同讨论。

2. 结合语文学习，观察大自然，用口头或图文等方式表达自己的观察所得。

3. 热心参加校园、社区活动。结合活动，用口头或图文等方式表达自己的见闻和想法。

第二学段(3～4 年级)

1. 能提出学习和生活中的问题，有目的地搜集资料，共同讨论。

2. 结合语文学习，观察大自然，观察社会、用书面或口头方式表达自己的观察所得。

3. 能在教师的指导下组织有趣味的语文活动，在活动中学习语文，学会合作。

4. 在家庭生活、学校生活中，尝试运用语文知识和能力解决简单问题。

第三学段(5～6 年级)

为解决与学习和生活相关的问题，利用图书馆、网络等信息渠道获取资料、尝试写简单的研究报告。

策划简单的校园活动和社会活动，对所策划的主题进行讨论和分析，学写活动计划和活动总结。

对自己身边的、大家共同关注的问题，或电视、电影中的故事和形象，组织讨论、专题演讲，学习辨别是非、善恶、美丑。

初步了解查找资料、运用资料的基本方法。

(一)问题探究

问题探究包括发现问题、提出问题、讨论问题、尝试解决问题等方面。首先，学生们讨论的问题范围逐步扩展。1～2 年级主要尝试从周围事物中选择自己感兴趣的内容发现和提出问题，3～4 年级开始关注与学习和生活相关的问题，5～6 年级进一步拓

展为就大家共同关注的问题或影视剧中的故事和形象展开讨论。

其次，问题探究的层次和难度逐步提升。最初只是能提出问题来讨论，逐渐发展为“在家庭生活、学校生活中，尝试运用语文知识和能力解决简单问题”，进而能以解决问题为目标，系统地开展资料搜集、整理、分析等工作，并基于资料得出结论，撰写简单的研究报告等。

这方面的教学内容可以有提问策略、问题类型、问题解决方法等。比如，问题可以指向“谁”“什么地方”“什么时间”等具体而简单的信息，也可以指向“怎么样”“为什么”等比较复杂的内容。一般情况下，后一类问题比前一类问题更有讨论和研究的价值。面对习以为常的周围事物，可以结合事物的变化或事物间的差别提出“为什么”的问题。再如，在尝试解决问题时，需要先设想几种可能的对策，并逐一分析每种对策的合理性和可行性，最终根据实际情况选出最佳对策。

(二)搜集和整理信息

《课程标准》要求九年义务教育结束时学生能“初步具备搜集和处理信息的能力，积极尝试运用新技术和多种媒体学习语文”。小学语文综合性学习对此方面也有一定的要求。

1～2 年级主要是结合课外阅读来认识和讨论自己提出的问题。信息来源比较单一，也比较被动。需要教师对课外阅读的书籍进行推荐，并对从书中找寻什么信息提出具体的提示。经由这样的学习过程，学生可以慢慢了解问题与图书内容的关联性，逐步形成依据问题查找相关信息资料的意识。

3～4 年级要围绕问题，有目的地搜集资料。这要求学生对于资料来源有一定的经验，知道从哪里能找到可以帮助他们寻找问题答案的资源，而且知道哪些资源与问题有关系。初学阶段，教师可以提供与问题有关的部分资料，请学生分析资料的获取途径，知道从哪里可以找到相关信息；然后，根据对资料完整性的评估，判断还需要补充哪些材料；之后，再带着明确的目标自己去查询和搜集相关的材料。

5～6 年级要利用图书馆、网络等信息渠道获取资料，还要初步了解查找资料、运用资料的基本方法。为此，学生需要学习图书馆使用的常识，如常用图书的分类编码及摆放惯例、图书查询和借阅的工具和方法等。学生还需要了解适合他们使用的网站及其信息类型、安全的搜索引擎、资料数据库，掌握网络资料的检索、浏览、下载、编辑等基本技能。当然，学生还要学习按照一定的专题对资料进行分类整理等基本方法。

(三)策划和参与活动

根据语文综合性学习的要求，1～2 年级主要培养学生参与校园和社区活动的积极态度。这意味着，语文教师要关注学校和社区组织的各项活动，发现其中有适合小学生的项目，就要向学生提出建议或要求，引导他们参与到活动之中。这些活动可以是与语文紧密相关的，如诗词朗诵比赛、课本剧表演等，也可以是其他类型的学校常规活动，如春游、运动会、节日联欢会、社区志愿服务活动等。基本要求是学生积极参加活动，并且能用口语或图文表达活动中的见闻和体验。

3～4 年级要求学生能在教师的指导下组织有趣味的语文活动，在活动中学习语文，学会合作。这里特别限定了活动主题要与语文相关，可以进行语文基础知识的理解和运用，如汉字、诗词、楹联、某种文学体裁等；也可以尝试进行特定形式的语文创作，如编故事、撰写广告词、制作手抄报、设计同学录或成长记录册等。活动的设计和准备环节可以由教师指导学生进行，活动主持等可以由学生担任。活动环节的设置要考虑对学生的合作提出要求，需要设计小组合作学习任务，制定小组活动基本规则，指导学生进行分工协作，培养学生的合作能力。

5～6 年级对学生参与活动的自主性提出了更高的要求。学生要策划简单的校园活动和社会活动，并对所策划的主题进行讨论和分析，学写活动计划和活动总结。要想做好策划，学生首先要了解一项简单活动的基本要素，如目标、内容、时间、场地、参与人员、主要环节和基本流程、设备和材料等；还要基本把握活动可以调取的资源，评估举办活动的保障条件和阻碍条件等，之后才能就活动的准备、组织等提出切实可行的活动方案。方案一般包括六个部分：①活动主题；②活动的目的和要求；③活动的形式、内容及时间安排；④活动的任务分工及其具体要求；⑤活动的预期成果即呈现方式；⑥相关条件与保障。活动策划过程还需要多位学生合作研讨，共同协商。

（四）沟通与表达

在综合性学习中，问题探究、搜集和整理信息、策划和参与活动都要求学生共同讨论，并且形成一定的活动成果，学生需要以恰当的方式把这些成果展现出来。这便对学生的沟通和表达提出了要求。

沟通方面的要求主要体现为话题交流和合作研讨。3～4 年级要在问题探究中基于所搜集的资料展开讨论，还要在有趣的语文活动中进行小组合作。5～6 年级要在策划活动的过程中进行讨论和分析，还要围绕共同话题或影视故事、人物形象等组织讨论和专题演讲等活动。而且这些讨论需要最终形成一些共识，使大家通过讨论明辨是非、善恶、美丑。

在表达方面，1～2 年级的表达内容是自己的观察所得或在活动中的见闻和想法；表达的手段或是口语形式或是书面图文形式。3～4 年级的表达内容是自己对大自然或社会的观察所得；表达的手段是书面与口头结合，可以是借助提纲或幻灯片等书面提示辅助口头讲述，也可以是对写好的观察日记做简要的口头汇报。5～6 年级在书面表达方面提出了明确的要求，学生要在问题探究基础上，借助多种途径获取的资料，尝试写简单的研究报告，还要制订活动计划，并在活动结束后撰写活动总结。相应的教学内容涉及研究报告、活动计划、活动总结等几种特殊文本的写作指导，包括这些文本的功能、基本结构和内容要素、语言表达特点，以及完成这些文本写作所必需的工作流程等。比如，研究报告一定是完成整个研究之后才能写就，包括提出问题，查阅相关文献，确定研究目标和具体研究内容，编制研究工具并搜集研究资料，分析和整理研究资料，等等。研究报告所呈现的就是研究过程和由此取得的研究结果。

第二节
小学语文综合性学习教学的实施要点

学习目标

掌握小学语文综合性学习教学的实施要点。

根据综合性学习的特点，其教学实施需要与学生的生活实际、与其他学科联系起来，以学生自主活动为主，在教学时间和空间的安排上与常规语文课有所不同，在教学组织形式方面也有一定的特殊性。无论何种形式的综合性学习，都力求创设真实或接近真实的任务情境，让学生的言语实践活动有比较真实的对象、目的、成果。[①]

一、语文综合性学习的实施途径

虽然《课程标准》专门列出了综合性学习方面的要求，但并不意味着综合性学习的实施完全独立于语文教学的四个基本方面。综合性学习的很多要求要在识字与写字、阅读、写作、口语交际教学中落实。小学语文综合性学习的实施途径主要有三种：一是教科书中单独设置的综合性学习专项活动；二是其他语文教学中体现综合性学习特点的练习活动；三是与其他课程相结合的跨学科综合性学习。

---

① 王荣生主编：《语文综合性学习教什么》，50～51页，上海，华东师范大学出版社，2014。

(一)综合性学习专项活动

在《课程标准》提出综合性学习的要求之后，小学语文教科书就开始设计专门的综合性学习板块。统编教科书从三年级开始，每一学年教科书的下册均分别设置了一个综合性学习单元。每个综合性学习单元同其他单元一样，都设有单元导语，揭示本单元的人文主题和语文要素(详见表 7-1)。

表 7-1　统编教科书中综合性学习单元提示

年级	人文主题	语文要素
三下	深厚的传统文化，中国人的根。	了解怎么围绕一个意思把一段话写清楚。 收集传统节日的资料，交流节日的风俗习惯，写一写过节的过程。
四下	诗歌，让我们用美丽的眼睛看世界。	初步了解现代诗的一些特点，体会诗歌的情感。 根据需要收集资料，初步学习整理资料的方法。 合作编小诗集，举办诗歌朗诵会。
五下	横竖撇捺有乾坤，一点一画成文章。	感受汉字的有趣，了解汉字文化。 学习搜集资料的基本方法。 学写简单的研究报告。
六下	那些种在校园里长不大的记忆，那些留在岁月中忘不掉的纯真……	学习整理资料的方法。 策划简单的校园活动，学写策划书。

三年级和四年级的综合性学习单元在内容编排上与普通单元有些类似，主要由课文和课后练习组成，所以单元提示的语文要素也包含有阅读教学方面的内容。然而，与其他单元不同的是，从本单元第一篇课文开始，每篇课文后面都没有“活动提示”，按照综合性学习的步骤提出具体要求。整个单元学习期间，学生在这些“活动提示”的指导下围绕某一个主题持续地进行探究和研讨，最后分别以“中华传统节日”和“轻叩诗歌大门”为题，组织以展示交流为主的综合性学习集体教学活动。

五年级和六年级的综合性学习单元编排形式很特殊。开篇就分别以“遨游汉字王国”和“难忘小学生活”为题，提出综合性学习活动提示。随后穿插若干“阅读材料”和“活动建议”，持续推进综合性学习活动进程。

(二)语文练习中的综合性学习

教科书从三年级才开始设置综合性学习单元，但综合性学习并非从三年级才开始。1～2 年级可以结合字词和课文的教学，以及口语交际和写话指导组织简单的综合性学习活动。在整个小学阶段，口语交际和写作指导与综合性学习的联系都很紧密。结合真实交际情境，增强听说读写之间的联系，就可能使单纯的口语交际或写作转变为综合性学习。例如，合作研讨班级公约，以班级读书会形式进行图书交流，记录游戏过程或实验过程等，可以把语文学习与班级活动结合起来，如果在活动方面略微增强一些，就如同综合性学习。再如，一年级让学生运用所学的语句，尝试在新年里给家人写祝福的话；三年级让学生向同学推荐图书、文具或动画片。这种在真实场景中，运用语言文字完成真实的交往任务的活动，也符合综合性学习的要求。其实，从某种程度上说，上述综合性学习专项活动也可以看作特殊形式的口语交际或写作活动。比如以传统节日为主题的话题交流，或者学习研究报告、活动策划、活动总结等应用文本的写作等。

字词教学方面，结合字义归类识字的教学内容，可以引导学生由教科书创设的情境进行扩展，观察自然和社会生活并做相应的表达。比如，结合"春夏秋冬"识字教学，教师可以引导学生观察周围景物并结合照片、记忆等描述四季的景色；结合"动物儿歌"可以进行关于动物的探究活动，并把关于动物名称和习性的经验以口头语或图文形式展现出来；结合"操场上"可以围绕体育运动或重要赛事组织话题交流，等等。这样，识字教学与观察、口语或图文表达结合，教科书内容与学生经验联系，体现出综合性学习的特点。

"语文园地"的"字词句运用"栏目有一些练习也具有综合性学习的特点。例如，二年级有一项练习是"补充合适的词语，再说说你在春天里看到了什么，感受到了什么"，可以把语文知识练习与观察春天的活动结合起来，丰富学生的表达内容。再如，三年级有一项练习是"观察时主动思考、提出问题是个好习惯。读下面的句子，照样子写一写你的观察和思考"。教科书提供了两个范例，试图教给学生提问的角度和问题的表述方式，如基于观察提出猜测，对相近事物进行对比等。又如，三年级还有一项练习，要求学生组织棋类或阅读等兴趣小组，并尝试给自己的小组起有趣的名称，将词语运用与兴趣小组活动联系起来。

与课文教学相关的综合性学习可以围绕课文的主题内容展开，也可以围绕相关的语文知识进行。语文教科书里课文题材广泛，有关于自然风光的，也有关于社会生活的，还有关于科学技术的。教师可以选择其中与学生生活经验联系比较紧密的题材，从课文出发组织综合性学习。例如，二年级《找春天》课后有一道选做题："你找到的春天是什么样的？仿照第 4～7 自然段或第 8 自然段说一说。"学生需要先到周围去找春天的迹象，然后才能尝试仿照文中的句式进行表达。再如，学习反映科技发展的课文，课下可以搜集关于科技革新的其他资料，并进行汇报研讨。

（三）跨学科综合性学习

《课程标准》的实施建议指出："综合性学习的设计应开放、多元，提倡与其他课程相结合，开展跨领域学习。"语文教师可以与其他学科教师协作，组织以培养学生语文素养为主要目的的跨学科学习活动。活动主题可以参照语文教科书里的单元提示或课文主题，也可以来自学生生活实践，还可以结合地方传统和节日庆典等。例如，有学生发现学校周边河流存在垃圾污染问题，教师了解后，可以与道德与法治教师或科学教师合作，组织学生围绕垃圾处理展开综合性学习活动。再如，有的学校以中国传统的二十四节气为主题组织多学科结合的综合性学习活动，音乐课学唱节气歌，劳动技术课尝试农事劳动，数学课计算节气时间，语文课阅读相关资料和表达活动感受，等等。

此类活动往往需要比较灵活的时间安排，打破常规课表一节课上一门课的限制。这需要学校对一学期的课程安排做整体规划。北京市教委2015年颁发了“北京市实施教育部《义务教育课程设置实验方案》的课程计划(修订)”，明确提出，“各学科平均应有不低于10%的学时用于开设学科实践活动课程”，这为跨学科综合性学习活动的实施提供了时间保障。

作为语文课程组成部分的跨学科综合性学习，一定是以培养学生的语文素养为主要目的的，其活动内容和形式要使学生能充分地进行听说读写等方面的实践。

专栏 7-2

2015 年北京市实施教育部《义务教育课程设置实验方案》的课程计划(修订)

各学科平均应有不低于10%的学时用于开设学科实践活动课程，在内容上可以某一学科内容为主，开设学科实践活动，也可综合多个学科内容，开设跨学科综合实践活动；在学时上可与劳动技术、信息技术、研究性学习、社区服务和社会实践活动等统筹使用，也可以与地方课程、校本课程统筹使用。学科实践活动课程由区县、学校具体统筹安排，要做到因地制宜、灵活多样。

二、语文综合性学习活动的基本流程

每项综合性学习活动的教学大致可以分为三个阶段，第一阶段，教师布置任务和提出活动建议；第二阶段，学生自主开展活动；第三阶段，教师组织集体展示和交流。

以统编教科书三年级下册“中华传统节日”综合性学习为例。整项学习大约在一周时间内逐步完成。教科书分三次提出活动建议，第一，“自由组成小组，选定一些传统节日，采用询问他人及查阅资料的方式，了解相关知识，并自选形式记录下来”；第二，“小组内进行阶段性交流，并商议最后的成果展示方式”；第三，“写一写过节的过程，以小组为单位展示活动成果”。

教学可以分四次进行。第一次教学教师按第一次的建议布置任务，学生可以在课堂上分组并通过小组讨论选择本组要研究的几个传统节日。接着，学生在课下自主活动，包括询问他人、查阅资料、把相关知识做记录等。第二次教学可以组织学生分组交流，把自己记录的知识在组内分享，进而商议最后的成果展示方式。随后学生再次开展自主学习，按小组讨论的方案，为最终的展示做准备。第三次教学近似写作教学，主要是指导学生把过节的过程写清楚。第四次教学主要是进行本次综合性学习成果的集体展示和交流。一般是各组按照第二次教学后确定的展示形式，基于随后的自主准备，派代表向全班做汇报。同学们可以对各组的展示做出评议。教师则结合各组的汇报对整个综合性学习进行总结和反馈。

六年级下册的“难忘小学生活”综合性学习略显特殊。它由两次活动组成。第一次活动符合综合性学习的基本教学流程。教师布置任务后，学生自主开展活动，包括借助时间轴回忆和记录印象深刻的往事，与同学交流分享这些往事，制作成长纪念册。最后的环节是全班同学进行成长纪念册的展示和交流。第二次活动内容有两项，一是举办毕业联欢会，学写策划书；二是给老师、同学、母校或自己写一封信。这两项内容的成果形式很特殊，一是毕业联欢会，二是真正寄出的书信。

三、语文综合性学习活动的指导

《课程标准》的教学建议指出：“综合性学习应突出学生的自主性，重视学生主动积极的参与精神，主要由学生自行设计和组织活动，特别注重探索和研究的过程，要加强教师在各环节中的指导作用。”

（一）鼓励和支持学生的自主学习

教师要鼓励学生大胆尝试，积极投入自主学习，并对学生的努力给以充分的肯定。学生在自主性活动中可以充分发挥主观能动性，展示特长，逐步养成独立的主体意识和对集体、社会的责任感，同时得到语文素养的提升。综合性学习活动主要采用自主、合作、探究的学习方式，要保证学生自主学习阶段有足够的时间和丰富的学习资源。分组、讨论、合作等看似寻常的活动形式，小学生可能不了解其基本规则和运行过程。教师最开始提出这些活动要求时，需要就活动步骤和注意事项等对学生进行具体的指导。大部分综合性学习活动会要求学生观察周围事物，查询和搜集资料。但是小学生的信息资源和搜集信息的能力都有限，为此，教师要预见学生自主学习可能遇到的困难，提前做一些准备，如提供一部分与活动主题相关的资料，供学生查阅和筛选。

（二）为学生创设开放的学习环境

开放性是综合性学习的一个基本特征。综合性学习重视学生语文学习的生活化，学习时间不局限于课上，需适当调用学生的课余时间；学习空间可以从课堂走向课外，从校园走向校外，还可以从线下走向线上。借助网络，学生不仅可以按要求完成搜集信息的任务，而且可以根据他人策划和组织活动的经验，为自己设计和组织活动提供参考。此外，网络还可以形成一个展示交流平台，学生可以上传他们查到的资料，以及他们的活动视频，实现远程共享。

教师不仅要从时间和空间上创造开放的学习环境，还要注意学习内容、学习方式和评价方式的开放性。学生在自主学习过程中很可能形成一些颇具个人特色的认识，对同一事物表现出多样化的理解，教师要尊重和接纳学生学习过程和结果可能表现出的多样性，并且鼓励学生尝试用多种方式来展现其学习成果。

(三)针对学习难点恰当指导

强调让学生在开放的环境下自主学习，并不意味着不要教师的指导。现实中，的确有一些教师只负责布置任务和组织最后的展示交流，学生活动期间乃至展示环节，如果学生没有问题，则教师几乎不给予任何干预。然而这样容易使综合性学习活动流于形式，难以确保学生通过活动提升语文素养。

综合性学习中，教师要根据学生的实际情况，结合各活动环节的具体要求，对学生进行指导。在布置任务环节，教师需要让学生明确随后自主学习时所指向的学习目标，对学习的主要步骤做出明确的提示。如果活动要求学生最终完成的作品是学生不熟悉的形式，那么教师需要出示规范的样例，并指导学生分析和把握学习成果的具体要求，如诗集、研究报告、策划书等。

学生自主学习阶段，有时候是个人搜集资料，做记录，写总结；有时候是分组讨论、协商、合作准备展示材料。这个阶段，学生的很多活动是在课下自主安排。为了及时跟进学生的活动进程，教师可以利用上课时间安排一些中期交流活动，随时把握各组学生的学习状况，以便发现学生的学习难点并给予有针对性的指导。

成果展示交流阶段，学生将独立探究或小组合作取得的学习收获进行整理、加工和发表。成果发表的形式多种多样，可以是书面呈现，也可以是口头表达，还可以办展览、搞竞赛、出墙报、编刊物、制作网页等。这个阶段是对成果的检验阶段，也是成果的分享阶段，还是学生相互评价、自我反思的阶段。教师的指导主要表现为针对学生成果的内容和形式，汇报时的语言表达，其他学生的点评等做出评价和反馈。一方面充分肯定学生在已经完成的综合性学习活动中的努力，另一方面为学生今后的语文学习提出改进建议。

本章小结

综合性学习是现行课程倡导的一种学习方式。现阶段语文综合性学习具有两方面的含义，一是与识字与写字、阅读、写作、口语交际并列的一个学习领域，有明确的教学内容和要求，在教科书中设有专门的板块；二是一种教学理念或学习方式，在语文教学的各个领域都有所体现。语文综合性学习的教学具有综合性和开放性两大特点。语文综合性学习板块的教学内容大致可以分为问题探究、搜集和整理信息、策划和参与活动、沟通与表达四个方面。

综合性学习教学要与学生的生活实际、与其他学科联系起来，以学生自主活动为主。小学语文综合性学习的实施途径主要有三种，一是教科书中单独设置的综合性学习专项活动，二是其他语文教学中体现综合性学习特点的练习活动，三是与其他课程相结合的跨学科综合性学习。每项综合性学习活动的教学大致可以分为三个阶段：第一阶段，教师布置任务和提出活动建议；第二阶段，学生自主开展活动，第三阶段，教师组织集体展示和交流。综合性学习的教学要为学生自主学习提供支持和鼓励，为学生创设开放的学习环境，及时发现学生的学习难点并给予恰当的指导。

关键术语

综合性学习　综合性学习专项活动

章节链接

在这一章，你读到……	在其他章节中，你将发现相关的讨论……
综合性学习的含义	第一章第二节 语文课程的综合性
综合性学习的教学内容和要求	第一章第三节 语文课程目标和内容
综合性学习中的沟通与表达	第五章 写作教学的应用文写作教学 第六章 口语交际教学中的沟通与表达
语文练习中的综合性学习	第四章 阅读教学要依据教科书课后练习组织教学

体验练习

1. 运用思维导图或表格整理小学语文综合性学习教学的内容和相应要求。

2. 在统编小学语文教科书中选择一项综合性学习内容，分析任务类型和要求，并根据分析结果写一份教学设计。

拓展读物

王荣生．语文综合性学习教什么．上海：华东师范大学出版社，2014.

第八章

小学语文教学评价

本章概要

本章主要介绍小学语文教学评价的基本理论和实践要点，包括小学语文教学评价的主要类型和基本原则，小学语文学习评价的主要内容和小学语文课堂教学评价的设计与实施。

结构图

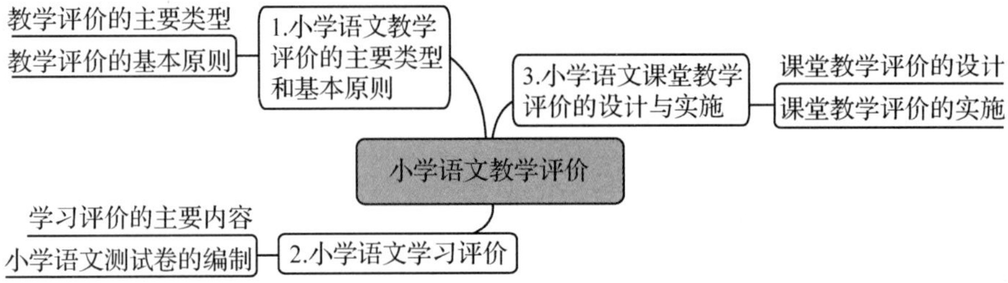

学习目标

1. 理解小学语文教学评价的主要类型和基本原则。
2. 掌握小学语文学习评价的内容。
3. 理解小学语文课堂教学评价的设计和实施。

读前反思

在前面章节学习的基础上，联系教育测量与评价的相关专业课程的学习经验，思考如下问题：

1. 一个人的语文素养高低，可以通过他的哪些表现来判定？
2. 小学语文教学评价和其他科目相比，有哪些特殊性？

教学评价是课程实施的一个重要环节。教学评价是依据一定的标准对教学质量做出判定的过程。教学评价可以包括两个层面，其一是对以一节课为代表的一次具体教学活动的评价，通常称为课堂教学评价，评价项目通常包括教师基本功、教学目标、教学内容、教学过程、教学效果等；其二是持续一段时间的教学结束后对学生学习成果的评价，评价项目通常包括某一学科的基础知识、基本技能，以及与该学科相关的情感态度、学习方法，等等。

第一节
小学语文教学评价的主要类型和基本原则

学习目标

理解小学语文教学评价的主要类型和基本原则。

小学语文教学评价要根据一定的标准对小学语文教学过程及其结果做出判断。评价的根本目的是促使教师改进教学，更好地提高学生的语文素养。评价标准和评价方式要符合语文课程基本性质，遵循学生语文素养发展规律。评价的基本路径是广泛搜集能反映教学成效的事实材料，包括有关师生课堂表现的记录、学生作业、对学生态度和感受的调研数据等，再按评价指标分类整理，对照标准做出判断。

一、教学评价的主要类型

小学语文教学评价可以根据评价目的、内容、方式、参照标准等维度划分为不同的类型。各种类型的评价存在一定的联系，每一次具体的评价活动需要根据实际情况确定评价类型。

（一）诊断性评价、形成性评价、总结性评价

这是根据评价的目的分出的三种类型。在教学情境下，主要表现为教师对学生学习状况的评价。

诊断性评价一般在教学之前进行，目的是判断学生的学习起点，为设计和实施教学提供依据，主要考查学生对于即将学习的内容有怎样的经验和能力基础，以及学习的态度倾向等。教师要根据测试或调查结果推断学生对随后学习的准备情况，确定哪些教学环节需要简化；哪些学习内容是难点，需要精心突破。

形成性评价是在语文教学过程中进行的，目的是对正在进行的教学活动进行监控，看看教学的成效与预期教学目标是否一致，学生是不是在逐步接近预期的学习目标。

教师依据形成性评价的结果决定是继续执行教学计划，还是要做相应的调整。

总结性评价往往是在教学结束时进行，目的是对教学的最终结果做出判定。对于已经结束的教学阶段而言，评价主要发挥鉴定的功能，常常和评优、奖励等活动结合。对于小学语文教学而言，绝对意义上的总结性评价只有小学毕业时的语文学业评价结果。其他的总结性评价都是相对某一个阶段而言，或者一个单元，或者一个学期，或者一个学年，或者一个学段。它们都可以算是某种意义的形成性评价，教师可以依据其评价结果来规划下一阶段的教学安排。

（二）标准参照评价、常模参照评价、自我参照评价

根据评价的参照标准，小学语文教学相关的评价可以分为三种，即标准参照评价、常模参照评价、自我参照评价。

标准参照评价是指以预先确立的教学目标为标杆，考查学生表现在多大程度上与目标要求一致。其评价结果多以等级方式呈现，从低到高至少可以分为两个等级，即达标和未达标。对已达标的学生，可以进一步提高要求，促使他们向更高水平发展；对于未达标的学生需要深入分析其未达标的原因，再根据学生实际适当采取补救性的教学辅导。

常模参照评价属于一种相对评价，一般是把个人的表现与某个群体的整体表现进行比较，主要反映个人在某个群体里的相对位置，多服务于甄别或选拔性的目的，比如升学考试、评优活动等。

自我参照评价是另外一种形式的相对评价，主要目的是揭示学生的变化，特别是学习的进步。其评价依据是学生某方面的能力相对于他自己之前的表现是否有所提升。这类评价可以发挥激励作用，使每个学生都能看到自己努力所取得的成就。

（三）自我评价和他人评价

根据评价者与被评价者的关系，可以分为自我评价和他人评价。自我评价是指评价者和被评价者是同一人。比如学生判断自己的字写得是否工整、美观，朗读是否流利、有感情，作文是否连贯，上课是否认真听讲，发言是否积极，等等。当事人的自我评价可以把个人目标与实际表现进行对比，满足其个性化的自主发展需求。学生的自评有助于学生深入理解教学目标，锻炼其自我认知和自我监控能力。教师对于课堂教学的自我评价属于一种专业性的反思活动，对其专业发展发挥着重要作用。

他人评价是指由外在的评价者对教师或学生的教或学进行评价，学校领导或其他教师通过听课、评课对某位教师的教学做出评判，包括教师对学生学习过程和学习结果做出的评定等。如果评价者具备一定的专业资质并能按照规范的程序开展评价工作，那么他们的评价结果会比较客观地反映教学的实际情况，为教学改进提供更为可靠的

依据。但是，他人评价有时候会忽略班级或学生个人的某些特殊情况，考虑不到被评价者的主观需求。为此，他人评价最好能吸纳自我评价的结果，以对教学实况做出更加全面的评判。

传统的教育评价一般采取一种十分单一的评价模式，比如教师评价学生、校长评价教师等，这种评价模式往往将评价对象置于被动的地位。小学语文教学评价将学生自评与他评结合，让评价对象参与评价过程，多角度、多方位全面地开展教学评价，在保持评价客观公正的同时促进评价对象的自我反思。

（四）单项评价和综合评价

从某一次评价的具体内容看，小学语文教学评价可以分单项评价和综合评价两类。单项评价有时候称为“单项验收”，即考查学生在某一领域是否达到相应的学习要求，或者是否取得该有的进步。如考查认字、写字、文段背诵情况，专门组织活动评判口语交际能力等。单项评价可以揭示学生在具体领域的学习状况，便于随后进行有针对性的干预，比较适合诊断性评价和形成性评价。

综合评价的目的是对学生的语文素养做出整体评判，多用于总结性评价，服务于选拔或评优。综合评价可以采用包含着语文基础知识、阅读、写作等多领域的综合性内容来测评，也可以按照一定的权重将各单项评价的结果进行整合。

二、教学评价的基本原则

《课程标准》对语文课程评价的总体建议是：“语文课程评价应准确反映学生的学习水平和学习状况，全面落实语文课程目标。应充分发挥语文课程评价的多重功能，恰当运用多种评价方式，注重评价主体的多元与互动，突出语文课程评价的整体性和综合性。要根据不同年龄学生的学习特点，按照不同学段的课程目标，抓住关键，突出重点，采用合适方式，提高评价效率。语文课程评价应该改变过于重视甄别和选拔的状况，突出评价的诊断和发展功能。”总体来说，小学语文教学评价有两条基本原则，第一是坚持以评价促学习的基本方向，第二是依照语文课程特点开展评价。

（一）坚持以评价促学习的基本方向

教学评价不同于以高考为代表的选拔性考试，其根本目的是改进教学和促进学生学习。为此，小学语文教学评价可以多针对具体的学习内容，采用标准参照的方式进行诊断性评价和形成性评价。同时，从鼓励学生学习的角度适当运用自我参照评价，及时发现和肯定学生的努力和进步。

首先，评价内容要兼顾学习过程和学习结果。教师在评价学生的学习时要注意搜集过程性的信息，并把学生的学习过程与其学习结果关联起来分析。比如学生阅读时是否围绕主要内容圈画批注；写作时从什么地方搜集了什么样的素材，又是如何对素材进行筛选和组织的等。结合这些过程性的信息，教师才能分析出为什么学生未能准确表述课文的主要内容；为什么写作内容缺乏新意，中心不突出等。

其次，随堂评价与阶段性评价结合。教学每天都在进行，促进学习的评价的一个关键策略是在课堂层面持续实施评价。① 也就是说，教师要在日常教学中随时了解和判断学生的学习状况，这是教师教学监控能力的一种表现。随堂评价基本是单项评价，主要针对本次教学的重点学习目标，通过学生在课堂教学中的参与情况、发言内容、作业表现等把握每个学生的学习状况，同时也可以对整个班级的总体情况有所评判，比如大约多少比例的学生掌握了本课所教内容。阶段评价一般在单元学习结束后，学期中或学期末进行，教师可以借助这些评价，了解所教学生语文素养的发展优势和弱项，以便后续给予针对性的指导。

最后，注重发挥评价的调节功能。这既表现在评价结果的应用方面，也表现在评价方式方面。评价的结果不是只笼统地给一个分数或等级。教师要结合评价结果深入分析带来这些结果的原因，一方面总结顺利达成教学目标的积极经验；另一方面反思导致教学效果不良的可能原因。同时，教师还要通过适当的课堂评语向学生提供反馈，描述学生学习的具体成效和现有不足，充分肯定学生已取得的积极学习成果，并针对不足提出改进的对策和建议。

评价的调节功能不是只能通过公布评价结果来发挥。在学习评价中，教师可以把教学目标和评价标准提前告知学生，使学生依照学习目标来自主规划学习；也可以提前把评价标准告知教师，使教师明确自己应该把课上成什么样。教学中还可以鼓励教师和学生按照相应的评价标准持续地进行自我评价，随时进行教与学的调整。

(二)依照语文课程特点开展评价

根据语文课程的性质和基本特征，语文学习具有综合性、实践性的特点。对语文学习的评价内容应该聚焦于学生语言文字运用的实际表现。而语言文字运用与个体经验紧密联系，具有明显的个性化和多样性特点。因此，语文学习评价的评量指标较少是具有唯一性的所谓正确答案，而多为以样例形式呈现的参考答案。

首先，语文学习评价中的主观题或开放性任务比较多，很多时候需要评价者进行多少带有主观性的评判。除了写作，阅读理解测评也多会要求学生写出文章的主要内容或者作者的写作意图。还有口语交际测评，需要对学生的表达内容以及在口语交流中的行为表现做出评价。即便是写字，书写正确可以有明确的标准，但是端正、美观

① 崔允漷：《促进学习——学业评价的新范式》，载《教育科学研究》，2010(3)。

等维度，也要依靠评价者的主观判断。

要保证开放性任务情境下的评价有客观公正的结果，就必须保证评价指标和等级标准符合一定的测量学标准，同时评价者具备足够的专业素养。如中考、高考等评价活动中，一般会采用多位评价者依据确定的评分标准“背靠背”评分的方式。比如，至少三位评价者，按照同样的评分标准，各自对同一篇作文打分，然后计算平均分。如果其中两个评分的差距过大，还需要另请一位资质更高的评价者来复核。虽然平常教学不需要如此复杂的过程，但是从真实把握学生学习状况的角度，教师可以引入多方评价这种方式，注意从多种渠道搜集评价信息。比如习作评价，可以邀请其他教师或家长志愿者来参与，还可以组织学生互评。最终教师再将各类评价结果进行汇总分析，全面把握学生作文的水平。

其次，语文学习评价要关注学生运用语言文字的实际表现。一方面，学生在日常生活和学习中时时刻刻都在运用语言文字，教师稍加留意，就可以通过观察获得很多信息，为评判学生的语文素养水平提供依据。另一方面，专门设计的语文学习测评活动不能只关注学生对语文知识的理解和记忆，而是要通过表现性任务引发学生运用语文知识解决实际问题或实现真实的交往。例如，不是简单地让学生说出比喻的概念，或者记叙文六要素的名称，而是给他们一个运用了比喻这种修辞手法的句子，让他们解释这个句子表达的意思是什么，或者能按照记叙文的基本要素概括文章的主要内容或在习作中把一件事的基本信息介绍清楚。

最后，语文学习评价需要综合运用多种测评方式，至少既要有书面测试，还要有口头测试。朗读、口语交际等方面的能力素养测评必须采用口头测评方式。就获取学生语文学习表现信息的具体方法而言，观察法、访谈法、测验法、问卷法、文本分析法等，都是语文教师可以采用的方法。观察法可以用于了解学生的课堂学习行为、日常学习习惯和态度，以及语言文字运用的具体表现，如写字姿势、口语表达积极性、倾听行为、语言理解的速度，等等。访谈法可以使教师了解学生对事物的态度和他们内在的思维过程，包括他们对课文主旨的理解情况，写作时的构思过程等。测验法是评价学生语文学习成效的常用方法，教师可以通过专业学习提升自己在测量方面的专业素养，根据本班学生实际编制适宜的测量表，对学生的语文能力进行测评。问卷法可以用于对学生的语文学习态度和习惯等进行调查，通过结构化的问题引导学生自我回顾和报告他们的语文学习进程和成效，如课外阅读情况调查等。文本分析法主要是对学生的课堂笔记、作业、日记、作文等文本材料分类整理，从中把握学生的学习状况。心理学和教育学的学术研究领域已经有大量关于学生语文素养发展的调查问卷或测评工具，教师可以根据实际需要学习和借鉴。

语文课程具有综合性的特点，指导学生学习语言文字运用必然涉及围绕语言文字所表达的内容展开分析和讨论，有时候是太阳、海洋等自然事物，有时候是科技产品或新技术，有时候是历史人物或社会事件，更多的时候是生活常识和人生哲理。因此，小学语文教学评价在教学目标和教学效果评价方面也要体现综合性的特点，兼顾语言文字运用和思想情感两方面。

第二节 小学语文学习评价

学习目标

掌握小学语文学习评价的内容。

学习评价的设计通常包括七个步骤。一是确定教学目标；二是针对每一条目标列出相应的学生预期行为，也就是说学生有怎样的表现就表明该目标已达成；三是明确能让学生表现出目标行为的情境；四是设计情境的呈现方式；五是设计在评价情境中观察和记录学生行为的方式方法；六是确定对学生行为做出评分的标准和计分方法；七是设计具体的测试材料，如用什么样的阅读材料，提什么样的问题。

关于语文学习评价，狭义上主要指与教学直接相关的各种评价活动，如随堂评价和阶段性的学业测评等，每一位小学语文教师都需要掌握这类评价的策略和方法。广义上的语文学习评价还包括教育质量监测以及国际学业成就测评等比较宏观层面的评价，它们往往会基于对语文素养结构的假设，通过科学规范的研究程序，编制出信度和效度较高的测评工具。教师通过学习和借鉴这类专业测评项目，可以更好地理解语文教学的素养目标以及研发测评活动的多种策略。

一、学习评价的主要内容

《教育部关于印发义务教育语文等学科课程标准(2011 年版)的通知》指出："要以课程标准为依据确定科学的评价标准，尤其要重视基础知识与基本技能、过程与方法、情感态度和价值观等课程目标的全面落实。"其中，学生与语文相关的情感态度价值观表现主要是在日常教学中，通过对学生行为的观察，以及对学生课堂发言或写作内容的分析来进行评价。过程和方法方面的评价要在学生完成各项语文学习活动的过程中进行观察和评价，比如阅读时有没有在文本里做批注，写作时是否用到了图表或提纲等思维工具等。基础知识和基本技能方面，根据现行语文课程标准关于课程目标和内容的规定，大致可以从识字与写字、阅读、写作、口语交际、综合性学习五个方面来设计。

(一)识字与写字评价

识字与写字的评价主要涉及对学生文字能力的测评，包括汉语拼音认读与运用、认字、写字、字词运用、查字典等。

汉语拼音的学习评价主要针对韵母、声母、整体音节等的认读，汉语拼音的拼读，以及掌握字母顺序表等。评价主要采用口头测试形式。在学生完成汉语拼音的学习之后，要求他们朗读声母、韵母、音节、汉字、短文等语言材料，依据其朗读表现直接评价学生的发音水平。测试可以采用游戏形式，如学生扮演不同的字母做自我介绍。关于汉语拼音的一些基础知识，在初学阶段可以采用书面形式进行测试。例如，按照字母顺序连线；再如，“把拼音送回家”，让学生对拼音进行分类，归入不同的组，如声母组、韵母组、整体认读音节组、三拼音节组，等等。

识字评价主要考查学生能否读准字音、认清字形、理解字义，能否在具体语言环境中运用汉字，以及能否正确使用工具书。测评的基本方式是出示音、形、义三者之一，请学生做出另一方面或另两方面的反应。一是根据字音或字义写字词。比如听写，教师读词语，这是给出字音，然后学生写出字形。类似地，可以是听词语，在形近字里进行选择；或者听词语，辨别其中的字是否正确等。再如，看拼音写词语，是通过书面符号提示字音，学生写出字形。这里识字与写字是统一的过程，写字的正确性也在考察范围之内。二是根据语境或字义选择字音或写出字形。如多音字选音填空，由词语或句子确定了字义，学生需要提取正确的字音。三是根据字形确定字义，如组词、造句、解释字义等。四是由字形确定字音，主要表现为认读、看字选拼音等。表 8-1 为识字评价的主要题目类型。

表 8-1　识字评价的主要题目类型

类型	主要题目类型
从字音到字形	听写、看拼音写字词
从字义到字形	词语填空、选字词填空
从字形到字音	见字选注音、字词拼音连线、字词认读
从字形到字义	字词释义、组词、造句，字词连线、词句连线

其中，“会认字”不要求学生正确书写，其考核方式需兼顾口头测试和书面测试。口头测试可以是把认字表里的字打乱顺序后，再一一出示让学生指认，教师做好记录。还可以请学生互相检测。书面测试往往与汉语拼音结合，基本原理是请学生判断某个

字的正确注音方式。目前《课程标准》对小学生没有汉字注音方面的要求，因此不能让学生直接看汉字写拼音。常用的测试情境是，出示一个词语或一个句子，其中某个生字出示两种相近的注音，请学生选择正确的一个；类似的题目还可以是汉字与注音连线、判断注音的正误等。

写字的评价，除了与识字联系在一起的正确书写之外，还有关注学生写字时的姿势是否端正，书写是否整洁，以及写字时态度是否良好等。另外，还应注意全面、综合地评价学生的写字水平，如可以通过档案袋或成长记录册的方式搜集学生各个时期的写字作业，重点考察其书写进步的情况。

（二）阅读评价

阅读评价要综合考查学生阅读过程中的感受、体验、理解和价值取向，以及学生的阅读兴趣、阅读习惯、阅读方法等。

首先，关于阅读的最常用评价方式是以书面测评的形式，考查学生在阅读短文后的认知反应，或者说阅读理解表现。题目形式可以是选择题，也可以是问答题。这也是国际阅读素养及学生阅读能力测评的基本项目。国际阅读素养进步研究有针对四年级学生阅读能力的测评，主要指标分四个维度，分别是直接提取信息、直接推论、阐释和整合、检验和评价。①

表 8-2　阅读能力各维度的评价内容

维度	阅读反应
直接提取信息	找出与特定的阅读目标有关的信息；找出特定观点； 搜寻字词或短语的定义；找出故事的情境，如时间、地点； 找出主题句或主要观点（文章有明确陈述）
直接推论	推断事件的前因后果；从一连串的议论推断出主要论点； 找出代名词所指的对象；辨识文本所做的归纳； 描述人物之间的关系
阐释和整合	识别文本的整体信息或主题；为角色设想另一套行为模式； 比较文本信息；推测故事中的情绪态度或气氛； 阐释如何在真实世界中应用文章的信息
检验和评价	评价文章所描述事件实际发生的可能性； 推测作者如何想出让人出乎意料的结局； 判断文本信息的完整性及清晰性； 找出作者在核心主题上的看法

① 祝新华：《促进学习的阅读与评估》，北京，人民教育出版社，2015。

表 8-2 里的评价内容可以结合课文的教学进行考核。教师可以按照上述各维度所检测的阅读反应来设计阅读教学的课堂提问，再根据学生的课堂回应了解其阅读能力。当然，教学中学生往往是以口头形式做出回应，教师需要下课后及时记录学生阅读反应的评价结果。

其次，关于朗读、背诵、默读等阅读方式的评价，需要在学生的阅读实践过程中进行。可以结合平常的阅读教学分散进行，也可以在期末抽取有朗读或背诵要求的课文全文或段落进行检测。朗读的基本要求是用普通话正确、流利、有感情地朗读课文，只能采用口头评价形式，评量指标主要是使用普通话、咬字准确、正常断句、连贯性、重音或节奏与课文内容情感相符等。背诵的检测既可以采用口头背诵方式，也可以采用默写或原文填空等书面形式。后者要保证学生需要写的是他们学过的字词。默读的过程性考核主要看学生阅读时是不是能保持不出声、不动唇、不指读的状态，同时还要注意记录学生的阅读时长，将阅读理解与阅读时间综合起来对其阅读速度做出判断。

最后，关于课外阅读的评价主要包含三个方面，一是课外阅读的习惯、态度等，可以采用问卷调查形式，也可以请学生随时记录课外阅读篇目、字数、时间分布等信息；二是实际的阅读收获，即对所读书籍文章内容的理解和感受，可以通过阅读记录、读后感、书评等形式呈现；三是阅读分享和交流方面的表现，多通过学生在教师组织的阅读交流中的行为来评价，可以采用自评、同学互评、教师评价三者结合的方式进行。

（三）写作评价

写话和习作评价重在考查学生的书面语言表达能力、写作能力、写作的态度和习惯等。书面表达能力的测评既可以采用常见的看图写话、命题写作或材料写作的形式，也可以通过单项习题来进行，如仿写句子或段落，修改病句或文段，句子排序，用给定的几个词语写一句或写一段话，给文章补充开头或结尾，看图写话，片段描写等。

写作能力评价多以学生已完成的作品为材料进行分析。评价的维度与写作过程一致，一般分审题立意、内容选材、组织结构、语言表达等几个方面。审题立意主要看写作主题是否与任务要求一致，是否有明确的中心意思；内容选材主要看素材与文章中心的匹配度，叙事要素是否完备；组织结构主要看写作的层次、详略、顺序等是否恰当；语言表达主要看语句是否通顺，用词和标点符号运用是否准确，等等。

写作态度和习惯的评价需在日常写作活动中进行观察，评价指标如写作时的情绪状态，修改的次数和修改符号的使用情况，向其他同学分享作品的主动性等，也可以通过问卷调查和访谈等方式进行评价。

(四)口语交际评价

口语交际评价主要是看学生听和说两方面的表现。听的方面主要是听后的应答反应，如根据指令做动作，提取所听材料的内容要点，对所听材料的内容或表述方式做出评议，根据对方的说话内容和方式做出相应的回应等。说的方面主要是把话说清楚，说明白，具体表现是意思明确、表达有序、方式恰当，根据交往对象或听众的反应及时调整说话方式，等等。

评价方式以教师对学生口语交际实际表现的观察和等级评定为主。上述各方面都可以采用等级评定的方式，将教师评价、同学互评、学生自评相结合(详见表 8-3)。

表 8-3　口语交际分项评价表示例

时间：　　年　月　日				
口语交际评价内容	自评	小组评	教师评	总评
能用普通话紧扣主题参加讨论，敢于发表自己的意见，并用恰当的材料支持自己的观点				
交谈中能认真、耐心倾听，能抓住对方说话的要点，并能简要转述				
交谈时表达有条理、语速恰当，音量适中，语气、语调恰当；用语符合情境要求，有礼貌				
交谈过程中尊重和理解别人，能做出恰当的回应				
能根据交流目的、对象和场合，稍做准备，做简单发言或交谈				
发言时想清楚先说什么，后说什么，重点说什么				
总评				
说明：空格里填写等级序号(1. 继续努力；2. 你做到了；3. 很好)				

(五)语文综合性学习评价

同口语交际相似，综合性学习的评价要在活动过程中进行，将教师评价、同学互评、学生自评三者结合。评价维度可以依据课程标准的学段目标和内容，以及教材安排的综合性学习任务来确定。例如，活动策划或组织类的综合性学习评价指标可以包括以下四个方面。

第一，能积极、主动参加活动，包括参加与活动策划和组织有关的讨论，参加关于活动主题的分享和交流，以及在活动中参与各项竞赛或表演项目等。

第二，能完成小组分配的任务。

第三，在小组活动中与同学真诚交流，协商确定小组工作方案，共同完成学习任务。

第四，能按要求完成本次活动的各项文本作品并用多种方式进行展示。

二、小学语文测试卷的编制

随着教育教学工作专业化水平的提升，小学语文教师已很少自己出试卷考查学生的语文学习状况。一方面与学生升学、评奖相关的评价已经由专业化的考试评价机构组织进行，另一方面市面上有多套教辅试卷资料供教师、学生与家长选择和参考。小学语文教师需要了解一些关于考试评价的专业知识，以便在纷繁多样的教辅资料中做出明智的选择，同时根据试题类型、结构、难度、区分度等信息对学生的学习进行全面分析，进而改进教学，促进学生全面发展。

（一）命题要求

《教育部关于印发义务教育语文等学科课程标准(2011年版)的通知》指出："改进评价方式和方法，注重过程性评价。严格按照课程标准命题，加强试题与社会实际和学生经验的有机联系，在注重对基础知识和基本技能考查的同时，特别重视对具体情景中综合运用知识分析和解决问题能力以及实践能力的考查。"

小学语文测试卷可以分为单项测试卷和综合测试卷。这里主要谈以评价学生语文整体素养为目标的综合测试卷。首先，试卷题目要覆盖所测阶段各方面的语文学习情况。测试内容要有代表性，测试的结果要能真实而全面地反映学生的语文学习水平。同时，还要考虑语文知识、能力的重点以及年级、学段的教学重点。其次，试题的表述要浅显易懂，写清楚每道题要学生回答什么，避免产生歧义。复杂的题目可以提供示范性的例题，帮助学生理解答题要求。再次，试题的难度和分量要适当。试卷的难度一般根据测试的目的而定，选拔性考试需要有较大的难度，以便加大区分度，把不同水平的考生拉开距离；标准参照测试的难度不宜太大，但也要具有一定的区分度，能把确实未达目标的学生筛查出来。除有关速度的测试外，一般的测试都应给学生足够的时间答题。时间的控制以一般学生做完全部试题并留有一定的检查时间为宜。最后，各个试题要彼此独立。上一题不可暗示或影响下一题；上一题目回答正误，不要影响后一题的解答。例如，前一题目是给文章分段，下一题目一般就不要让学生概括段落大意或列小标题，以避免由于分段的错误而导致概括段落大意或列小标题的错误。另外，评分标准要简洁、明确，避免主观性和随意性。

（二）命题步骤

编制测试卷的第一步是确定考试的目的，制定测试大纲。大纲内容包括四个方面：

一是试卷结构，包括测试时长、测试分几部分、各部分的内容和得分比例等；二是各部分的内容，逐个说明每个部分的题量、试题形式、得分比例等；三是对试题及答案的基本限定，如试题题干的长度、选择题的备选项数量和正确选项数量等；四是必要的附件，以样例形式说明试题的具体要求，以及列举各部分要考查的知识技能要点等。

第二步是编制知识技能与掌握程度的双向细目表，说明各项考点的题目数量和分值。测验的双向细目表就是一个二维表格。一个维度是语文学习的几个领域，书面测验一般分识字与写字、词语、句子、阅读、写作等。另一个维度是每个领域要达成的能力水平，一般按布鲁姆教育目标分类学的认知目标，依次分为识记、理解、应用、分析、综合、评价等(见表 8-4)。每个单元格里可以填写两个数字，一个是这类试题的数量，另一个是这类试题的分值，所有单元格的分值合计为整个试卷的总分。例如，“识字与写字”一行和“应用”一列交叉处的单元格，试题数为 3，分值为 6，就代表考查生字运用的题目(如形近字组词)分值为 6 分。双向细目表比较直观地显示了试卷所测的知识技能分布，以及所测的能力水平。如果教师想为学生挑选现成的试卷，可以按双向细目表对找到的试卷进行分析，判定试卷的覆盖面和难度是否合适。

表 8-4　语文测验双向细目表示例

	识记	理解	应用	分析	综合	评价	合计
识字与写字							
词语							
句子							
阅读							
写作							
合计							

第三步是编制试题并确定参考答案和评分标准。语文试题可以分为客观题和主观题两大类。客观题经常采用的有填空题、判断题、选择题、搭配题、改错题等，其优点是可以设置比较多的题目，因而能覆盖更多的知识技能；评分比较客观，判卷比较便捷。像单项选择题，现在可以借助现代信息技术，由机器替代人工阅卷，速度和准确率都有保证。客观题特别是选择题的主要缺点是存在猜测得分的情况，且不利于测试学生分析问题的能力、表达能力和创作能力。对于语文学科而言，关于阅读素养的高质量的选择题在题干和选项方面设计难度很大，需要非常专业的教育测量团队经过长期研究才能完成。

主观题有时也称开放题，最常用的是阅读分析题、问答题、作文题，其优点是可以使学生的语文学习成果真实地显现出来，使评价者有更多的资料可以分析；其缺点是学生答题和教师评分往往需要花费较多时间，而且评分结果容易受评价者个人主观想法的影响。主观题需要配置非常细致全面的评分细则，最好能根据学生可能出现的回答，结合典型样例说明评分标准。初拟试题后，可以让一些学生试做，再根据试做结果的统计分析进行修订。

一般在测试结束后，教师还要对测试情况进行讲评，使学生全面了解测试的意义。

专栏 8-1：统编教科书语文六年级下册期末水平测试卷示例①

陈　基

一、听写。(5 分)

(共 54 个双字词，2 个四字词)

给念词语的老师的提示如下：

注：应向学生说明词语与词语之间要空一格；每词读三次，听写完毕再完整读一次，以便学生检查。如学生感到疑惑，教师可以用短语或短句子说明，如“贺年”一词，可说：“‘贺年卡’的‘贺年’。”

二、读拼音，在括号里写上词语。(3 分)

(五个句子，需要学生看拼音写出 9 个成语)

三、读拼音，写字组词语。(5 分)

(36 个词语，每个词里有一个字需要看拼音写汉字)

四、比一比，组词语。(4 分)

(十组形近字，共组词 20 个)

五、默写《竹石》。(3 分)

六、阅读。(40 分)

(一)阅读短文《一夜的工作》，完成短文后的题目。

(短文略)

1. 用比较快的速度默读短文，然后概括出这篇短文的大意。(注意：概括大意要在 20 个字以内，含 20 个字)(4 分)

这篇短文的大意是____。

2. 为什么说周总理“多么劳苦，多么简朴”？请以短文有关内容分别说明。(6 分)

____

____

____

① 参见 https：//xiaoyu. pep. com. cn/xxsx _ 176803/xxsxwd/202007/t20200710 _ 1952527. html，2020-08-26。

3. 周总理审阅的是谁的报告记录稿？周总理是怎样审阅的？通过周总理审阅报告记录稿，你认为周总理是一个什么样的总理？（7 分）

____

____

____

4.“好像并没有因为多了一个人而增加了分量。”作者写这句话，是想告诉我们值班室的同志是增加了花生的分量，还是没有增加？作者这样写的目的是什么？（3 分）

____

____

5. 短文的最后两个自然段表达了作者什么样的情感？（2 分）

____

6. 短文用“一夜的工作”做题目恰当吗？请以短文内容说明。（2 分）

____

____

（二）阅读短文《灰尘的旅行》，完成短文后的题目。

（短文略）

1. 根据短文内容填空。（9 分）

①“灰尘的旅行”运用了______的说明方法，“灰尘的旅行”的意思是____。（2.5 分）

②从来源的角度分，灰尘有______灰尘和______灰尘；从质地角度分，灰尘有______灰尘和______灰尘。（2 分）

③短文的第 4 自然段，主要运用了______的说明方法，这里用这种说明方法的好处是______________________________。（2.5 分）

④这篇短文的中心意思是______________________________。（2 分）

2. 为什么“灰尘必须受人类的监督，不能让它们乱飞乱蹿”？（4 分）

____

____

____

3. 短文已经用“‖”划分成六个部分，请概括出第三、第五部分的主要意思。（3 分）

第三部分：______________________________

第五部分：______________________________

七、习作。(40 分)

六年的学校生活中，你一定有各种情感体验，选择一件你与老师或同学之间发生的自己深有感受的事情，给这位老师或同学写一封信。信中要写清事情的经过，分段叙述。要把深有感受的内容写具体，自然地表达真情实感；如情感有所变化，要把情感的变化也写清楚。注意书信格式，语气用词符合书信对象。写完后，用学过的修改符号修改自己的习作。

附参考答案和评分要求：

一、听写。

错一词扣 0.5 分，扣完为止。

二、读拼音，在括号里写上词语。

错一字扣 0.5 分，扣完为止。

三、读拼音，写字组词语。

错一字扣 0.5 分，扣完为止。

四、比一比，组词语。

错一词扣 0.5 分，扣完为止。

五、默写《竹石》。

错一字扣 1 分，扣完为止。

六、阅读。(学生答案只要求意思相同，不要求文字雷同)

《一夜的工作》

答案：

1. 这篇短文的大意是我看到了周总理一夜的工作，非常激动、自豪。(内容 3.5 分，语句通顺 0.5 分)

2. 说明“多么劳苦”应有内容要点：①一尺来高的文件；②用相当长时间审阅自己报告的记录稿；③工作到公鸡叫鸣，整整一夜。说明“多么简朴”应有内容要点：①室内陈设极其简单；②夜宵的花生可以数得清颗数，好像并没有因为多了一个人而增加了分量。(内容完整占 5 分，语句通顺连贯 1 分)

3. 周总理审阅的是他自己的报告记录稿。(1 分)周总理是这样审阅的：他一句一句地审阅，看完一句就用笔在那一句后面画上一个小圆圈。他一边看一边思索，有时停笔想一想，有时问我一两句。(2 分)通过周总理审阅报告记录稿，我认为周总理是一个工作认真、细致，一丝不苟的总理。(内容 3.5 分，语句通顺 0.5 分)

4.“好像并没有因为多了一个人而增加了分量。”作者写这句话，是想告诉我们值班室的同志是增加了花生的分量。(1 分)作者这样写的目的是说明周总理如果是

他自己一个人的话，花生米的分量会更少，表现周总理生活简朴的品质。(2分，一个要点1分)

5. 短文的最后两个自然段表达了作者对周总理崇敬、爱戴的情感。(内容1.5分，语句通顺0.5分)

6. 短文用“一夜的工作”做题目恰当。(0.5分)因为，周总理工作到公鸡叫鸣，工作了整整一夜，所以短文用“一夜的工作”做题目恰当。(内容1分，语句通顺0.5分)

《灰尘的旅行》

答案：

1. 根据短文内容填空。(9分)

①“灰尘的旅行”运用了打比方的说明方法(0.5分)，“灰尘的旅行”的意思是随着空气的动荡而飘舞，我们周围的空气处处都有它的行踪。(2分)

②从来源的角度分，灰尘有天然的灰尘和人工的灰尘；从质地角度分，灰尘有无机灰尘和有机灰尘。(2分，各0.5分)

③短文的第4自然段，主要运用了列数字的说明方法(0.5分)，这里用这种说明方法的好处是能让读者清楚无误地了解到不同地方的空气中灰尘的含量。(2分)

④这篇短文的中心意思是我们要控制灰尘的旅行，使它们不再成为人类的祸害，而为人类的利益服务。(内容1.5分，语句通顺0.5分)

2. 因为灰尘不但把我们的空气弄脏，还会弄脏我们的房屋、墙壁、家具、衣服以及手上和脸上的皮肤。灰尘里面夹杂的病菌和病毒，会引起伤风、流行性感冒、肺炎、结核等传染病。铅的灰尘会使人中毒；石灰和水泥的灰尘，会损害我们的肺，又会腐蚀我们的皮肤。花粉的灰尘会使人发生哮喘病。灰尘还会引起爆炸，造成严重的事故。所以“灰尘必须受人类的监督，不能让它们乱飞乱蹿”。(内容完整3分，语句通顺连贯1分)

3. 第三部分：灰尘在空中游荡对气象的变化产生影响。(1.5分)

第五部分：灰尘的旅行会对人类的生活产生危害。(1.5分)

七、习作。

内容占28分；书信格式占2分；分段写占2分；标点符号、修改符号各占1分；语句通顺连贯占6分。

第三节
小学语文课堂教学评价的设计与实施

学习目标

理解小学语文课程教学评价的设计与实施。

语文课程目标的达成要通过一节节语文课和一次次语文学习活动来实现。关于一节课或一次活动的质量的评判就属于小学语文课堂教学评价。课堂教学评价一般是以听课的方式进行，也可以称为课堂观察的方式。有条件的情况下可以通过录音录像等方式辅助记录课堂信息，还可以搜集相关的教学文本材料，为评价活动提供参考，如教师的教学设计文本、学生上课时完成的作业等。以改进教学为目的的课堂教学评价，评价的主体可以是学校领导和教育督导人员，也可以是授课教师的同事，还可以是授课教师本人。在对某位教师的课堂教学进行评价时，也可以听取上课学生和听课家长的意见。

一、课堂教学评价的设计

课堂教学评价的内容包含教学的各个方面，如教师的专业素质、教学目标和内容、教学过程、教学效果等。

(一)教师的专业素质评价

教师的专业素质有时候称为教师的教学基本功，具体表现在教学语言、板书、教态、信息媒介运用、课堂组织管理等方面。专业素质要求教师能够顺利地组织教学，清楚明白地说明学习要求，恰当运用各种媒介辅助教学。就语文教学而言，对教师语言文字素养的要求更高一些。首先，要求普通话语音标准，能够正确、流利、有感情地朗读，给学生做朗读示范；其次，要求能说会写，语言丰富，表达有感染力，能声情并茂地描述情境、讲述故事，引发学生对语言文字材料的学习兴趣；再次，要求语感敏锐，能及时发现和恰当地纠正学生口语或书面表达的不当之处等；最后，要求汉字书写规范、美观，能通过板书进行写字示范。

(二)教学目标和内容评价

教学设计包括对教材和学生相关经验的分析，教学目标的确立、教学环节和教学方法的规划等。教学设计的评价可以分别针对教学目标、教学内容或教材处理等方面进行，教学环节和教学方法的评价可以结合教学过程的评价进行。教学目标的评价要分两种情况。一种是对教学设计文本中的教学目标进行评价，另一种是根据实际上课的情况推断教学目标并对此做出评价。

对教学设计文本中教学目标的评价，首先要看目标与《课程标准》是否一致，是否全面，即是否依据教材要求和学生基础就语文学习的不同方面和其他一般性的发展提出相应的教学要求。例如，一般情况下，即使是小学高年级的课文教学，也会包含识字与写字的教学目标；以读写方法为主的教学也需要有思想认识或情感态度的目标。其次要看目标表述是否明确、具体、可检验，是否以学生为主语叙述学生在这一次教学活动中要达到的预期表现。这种预期表现中应该体现学生需要掌握的语文知识和技能。比如，如果教学目标提到“使学生能运用所学的阅读方法概括文章主要内容”，那么最好能对“所学的阅读方法”做进一步的阐释，说明具体指什么阅读方法。最后要看目标的难度要求是否恰当，若学生自己难以达成，在教学帮助下是否可以实现。

在评课者无法看到教学设计文本的情况下，教学目标的评价往往要和教学内容的评价整合在一起，主要看上课时教师对学生的指导重点在哪里。评量指标包括教师重点关注和指导的内容及学习要求与课程标准的学段目标和内容是否吻合；能否满足学生的学习需求；是否在遵循教材基本要求的前提下根据教学实际对教材内容进行恰当地调整；教学内容的组织安排是否符合语文学习心理的基本规律，等等。

（三）教学过程评价

对教学过程的评价，主要关注课堂上教师教与学生学的行为及师生互动、生生互动等。从教师教的角度，评价维度可以包括教学环节的设置、教学材料的呈现、对学生的提示和指导、教学反馈等。评价的标准主要是这些教学策略和方法与教学目标、教学内容以及学生学习状况是否匹配，以及对学生的学习实际发挥了怎样的作用。例如，各环节任务是否明确且相互关联，相邻环节之间过渡是否自然；能否在恰当的时机以适宜的方式运用板书、多媒体等教学手段呈现学习材料；提问或任务提示是否清楚，能否为学生自主学习指明方向并对学习过程和方法有具体的说明；能否随时把握学生的学习进程，能否对学习收获给予肯定，能否针对困惑和难点及时提供指导，等等。

从学生学的角度，教学过程评价要看学生的课堂参与情况，包括学生的参与面、参与方式，学生对教师指导的反应，以及学生之间的互动，等等。这方面的评价曾经长期受到忽视。目前，在倡导自主、合作、探究学习方式的背景下，小学语文课堂教学评价要特别关注对学生学习过程的评价。具体评量项目可以包括课堂上有多少学生表现出对教学内容有兴趣；有多少学生积极主动地想要发表自己的意见；有多少学生发表了自己的意见，并与同学进行了交流，面向全班发言或在小组里发言；学生的发言或生生互动的内容是否与教学内容一致，等等。

(四)教学效果评价

教学效果的评价主要是对学生语文学习水平和各方面发展变化的评价，主要看大部分学生的某一方面的语文素养是否有一些积极的变化。比如，朗读从磕磕巴巴逐步做到流利顺畅；生字书写从正确但歪歪扭扭变为正确且工工整整；概括课文主要内容从一开始啰里啰唆逐渐提升到语句精炼；等等。如果能看到教师最初设计的教学目标，要结合课堂上学生的实际表现判断各条目标的达成度。

上述各项目的评价都可以采用等级评定的形式，评课者需要一边听课一边记录上课要点，然后再对每个项目的水平做出评定。表 8-5 是一份小学语文课堂教学评价表的示例。

表 8-5　小学语文课堂教学评价表示例

日期：________　课题：__________　班级：________　执教者：__________

等级评定栏目在相应等级数字上画对勾，1 代表“非常差”，2 代表“较差”，3 代表“一般”，4 代表“较好”，5 代表“非常好”。

一级指标	二级指标	等级评定
教师方面		
基本素养	板书工整、书写规范、吐字清晰、语音标准	1——2——3——4——5
教学目标内容	语文训练目标明确、恰当	1——2——3——4——5
	教学适合学生的学习基础和学习能力	1——2——3——4——5
	教学重难点突出	1——2——3——4——5
	教学内容和教学过程与教学目标匹配	1——2——3——4——5
教学策略方法	设计有梯度，环节清晰，层次分明	1——2——3——4——5
	关注学生个体差异，因材施教	1——2——3——4——5
	注重联系现实生活和学生已有经验	1——2——3——4——5
	体现与其他语文学习内容或其他学科的关联	1——2——3——4——5
	为学生营造多样化表达的空间	1——2——3——4——5
	注重培养良好的学习习惯	1——2——3——4——5
	师生互动和生生互动充分	1——2——3——4——5
	对学生的自主学习要求明确，且有方法指导	1——2——3——4——5
	适时检测教学效果	1——2——3——4——5
	板书、投影等教学媒体对学习有辅助作用	1——2——3——4——5

续表

一级指标	二级指标	等级评定
教学反馈	针对学生学习做出具体而中肯的评语和总结	1——2——3——4——5
	评语和总结对学生的学习有引导作用	1——2——3——4——5
	评语和总结有助于落实教学目标	1——2——3——4——5
学生方面		
教学效果	大多数学生学有所得	1——2——3——4——5
	学生某方面的语文素养有所提升	1——2——3——4——5
	学生提出了一些比较独特的见解	1——2——3——4——5
课堂参与	学生课堂学习参与面广	1——2——3——4——5
	学生有充足的自主学习时间	1——2——3——4——5
	学生充分展示其学习过程和学习结果	1——2——3——4——5
备注：学生在课堂上的收获主要体现为：		

二、课堂教学评价的实施

其他人员对课堂教学的评价通常是通过听课、评课方式进行，教师对课堂教学的自我评价可以是上课之后，结合对课堂教学的回忆和反思进行，也可以借助科技手段回放上课的录像，进而做出评价。从学校的实际工作看，教师可以随时进行自我评价，其他人员的评价取决于学校的教学管理和科研等工作安排，听课、评课的具体方式会因工作目的的差异而有所不同。

小学语文教师需要持续地对自己的课堂教学进行自我评价，以便及时发现问题并在随后的教学中加以改进。这种教学反思活动有助于教师更加有目的有计划地开展教学工作。在此基础上，教师还可以针对比较常见的问题开展专题性的教学研究。围绕研究专题进行的教学评价可以聚焦上述评价内容的某一个或某几个方面。

听课是学校领导、教学研究者、其他教师等从课堂情境中获取教师教学和学生学习相关信息的活动。听课者可以借助一些辅助工具，如听课本、调查表、录音录像设备等。评课是指根据一定的教学理念和评价标准，对课堂教学的成败得失及原因做切实中肯的分析和议论，可以采用集体评议的形式，也可以采用评价者与被评教师个别交流的形式。

听课、评课的目的可以分为检查、辅导、交流、研究等。检查性听课、评课往往出于管理的需要，多是由学校领导或各级教研员担任评价者，要对某一阶段教师的教学质量做出比较全面的评判，包括其教学中贯彻语文课程标准的情况，教学理念、教学水平、教学态度等方面的具体表现，以及该阶段的教学效果等。辅导性听课、评课多是为了给新入职教师和教学有困难的教师提供指导。评价者多为有经验的教师或教学干部、教研员、培训者等。评价内容比较全面，评价时比较关注教师的专业素质以及教学中存在的问题，以便给予相应的辅导。交流性听课、评课主要是教师之间互相听课，为的是互相学习、共同提高。评价维度和内容可以由教师互相协商确定。研究性听课、评课是围绕特定的研究问题来听课和交流，评价维度和内容取决于研究主题。

在以检查或辅导为目的的评价工作中，教师多作为被评价者，需要虚心听取评价者的评论和指导，结合评价意见对自己的教学进行反思。如果对评价意见不是很理解或认同，要大胆地以谦虚的态度提出询问，阐述自己的教学意图，征询进一步的改进建议。

交流性或研究性的听课、评课活动以教师互评为主，评价者主要是上课教师之外的其他教师，评价内容不求全面，而是要突出重点。例如，有的教师关注阅读教学中的提问是否有助于提升学生的认知水平，那么就可以围绕教师提问来听课和评议。听课时重点记录教师提出的问题以及学生的回答情况。还可以按照学生答题需要调动的认知过程把提问分为事实性提问、推断性提问、评论性提问等类型，听课者在记录每一条提问时，都标注该问题属于哪一类。课后计算各类提问的频次，由此可以对教师提问引导学生思维的有效性做出评价。

教师互评最好以对话形式进行，围绕大家共同确定的主题充分交流。讨论各方要相互尊重，在别人发表意见时认真倾听。听课者要注意发现上课教师在教学中的积极尝试，给予充分肯定；对于教学存在的问题，可以通过询问、提建议等方式进行反馈。

本章小结

小学语文教学评价要根据一定的标准对小学语文教学过程及其结果做出判断。评价的根本目的是促使教师改进教学，更好地促进学生的语文学习以及语文素养的发展。小学语文教学评价可以根据评价目的、内容、方式、参照标准等维度划分为不同的类型。各种类型的评价存在着一定的联系，每一次具体的评价活动需要根据实际情况确定评价类型。小学语文教学评价有两条基本原则，第一是坚持以评价促学习的基本方向，第二是依照语文课程特点开展评价。

关于小学语文学习评价，与语文相关的情感态度价值观表现主要是在日常教学中，通过对学生行为的观察，以及对学生课堂发言或写作内容分析来进行评价。过程和方法方面的评价要在学生进行各项语文学习活动的过程中进行观察。基础知识和基本技能方面，识字与写字的评价主要包括汉语拼音认读与运用、认字、写字、字词运用、查字典等。阅读评价要综合考查学生阅读过程中的感受、体验、理解和价值取向，以及学生的阅读兴趣、阅读习惯、阅读方法等。写话和习作评价重在考查学生的书面语言表达能力、写作能力、写作的态度和习惯等。口语交际和综合性学习的评价要在学生的活动过程中进行，且要将教师评价、同学互评、学生自评三者结合。以评价学生语文整体素养为目标的测试卷，题目要覆盖所测阶段各方面的语文学习情况，试题的表述要浅显易懂，试题的难度和分量要适当。

小学语文课堂教学评价一般是以听课、评课的方式进行，也可以通过录音录像等方式辅助记录课堂信息，还可以搜集相关的教学文本材料，为评价活动提供参考。课堂教学评价的内容包含教学的各个方面，如教师的专业素质、教学目标和内容、教学过程、教学效果等。课堂教学评价结果的反馈要加强评价者与被评价者之间的交流互动。

关键术语

小学语文教学评价　语文学习评价

章节链接

在这一章，你读到……	在其他章节中，你将发现相关的讨论……
语文基础知识和基本技能的评价	第三章 识字与写字教学内容和要求 第四章 阅读教学内容和要求 第五章 写作教学内容和要求 第六章 口语交际教学内容和要求 第七章 综合性学习教学内容和要求
教学目标和内容的评价	第二章第二节 教学设计中教学目标的确立

体验练习

1. 运用思维导图或表格整理各种类型小学语文教学评价的实施要点。
2. 运用小学生语文学习评价的相关知识，对一份语文试卷进行分析和评议。

3. 围绕你关心的小学语文课堂教学问题，选择一个评价维度，设计相应的课堂观察记录和评价表，并对一个小学语文教学课例进行观察和评价，撰写评价报告。

拓展读物

1. 沈毅，崔允漷．课堂观察：走向专业的听评课．上海：华东师范大学出版社，2008.

2. 祝新华．促进学习的阅读评估．北京：人民教育出版社，2015.

参考资料

著作

1.［苏］阿莫纳什维利．孩子们，你们好！朱佩荣，译．北京：教育科学出版社，2002.
2. 陈丛耘主编．口语交际与人际沟通．重庆：重庆大学出版社，2010.
3. 陈琦，刘儒德主编．教育心理学．北京：高等教育出版社，2005.
4. 丛立新，章燕主编译．澳大利亚课程标准．北京：人民教育出版社，2005.
5. 崔峦，陈先云主编．斯霞、霍懋征、袁瑢语文教育思想与实践．北京：人民教育出版社，2003.
6. 戴汝潜主编．识字教育科学化与小学语文教育新体系探索．北京：教育科学出版社，1999.
7. 董蓓菲．语文教育心理学．上海：上海教育出版社，2006.
8. 董蓓菲．全景搜索：美国语文课程、教材、教法、评价．上海：华东师范大学出版社，2009.
9. 董蓓菲．语文学习心理学．北京：北京大学出版社，2015.
10. 董小玉，蒲永川，梁多亮．现代实用写作．重庆：西南师范大学出版社，2003.
11. 管建刚．我的作文教学革命．福州：福建教育出版社，2007.
12. 郭林，张田若．集中识字教学的理论与实践．北京：教育科学出版社，1991.
13.［美］华尔特·B. 科勒斯涅克．学习方法及其在教育上的应用．陈云清，译．太原：山西人民出版社，1981.
14. 季羡林．我的小学和中学．北京：外语教学与研究出版社，2009.
15. 教育部基础教育课程专家工作委员会．义务教育语文课程标准(2011 年版)解读．北京：高等教育出版社，2011.
16.［美］拉尔夫·泰勒著．课程与教学的基本原理．施良方，译．北京：人民教育出版社，1994.
17. 李吉林．李吉林文集(卷七)：我们去寻找美．北京：人民教育出版社，2006.
18. 李丽主编．口语交际学习论．北京：语文出版社，2013.
19. 林崇德．学习与发展——中小学生心理能力发展与培养(修订版)．北京：北京师范大学出版社，1999.
20. 林治金主编．中国小学语文教学史．济南：山东教育出版社，1996.

21. 叶圣陶．叶圣陶教育文集(第三卷)．北京：人民教育出版社，1994.
22. 刘济远主编．小学语文教学策略．北京：北京师范大学出版社，2010.
23. 刘曼华，周韫玉主编．北京景山学校语文课程教学改革 50 年(小学篇)．北京：人民教育出版社，2010.
24. 刘正伟．国际语文课程与教学比较．杭州：浙江大学出版社，2008.
25. [美]Marylou Dantonio，Paul C. Beisenherz. 课堂提问的艺术——发展教师的有效提问技能．宋玲，译．北京：中国轻工业出版社，2006.
26. 潘菽主编．教育心理学．北京：人民教育出版社，1980.
27.《人民教育》编辑部编著．新课程优秀教学设计与案例：小学语文卷．海口：海南出版社，2002.
28. 沈毅，崔允漷主编．课堂观察：走向专业的听评课．上海：华东师范大学出版社，2008.
29. 唐燕儿．儿童语言学习心理．广州：暨南大学出版社，2012.
30. 王策三．教学论稿．北京：人民教育出版社，1985.
31. 汪潮．语文学理——语文学习的心理学原理．杭州：浙江大学出版社，2013.
32. 王荣生．语文科课程论基础．上海：上海教育出版社，2003.
33. 王荣生主编．写作教学教什么．上海：华东师范大学出版社，2014.
34. 王荣生主编．语文综合性学习教什么．上海：华东师范大学出版社，2014.
35. 王宗海主编．小学语文课程与教学论．长春：东北师范大学出版社，2006.
36. 韦志成．现代阅读教学论．南宁：广西教育出版社，2000.
37. 吴立岗．引进、融汇、创新——吴立岗小学语文教育文集．上海：上海教育出版社，2007.
38. 吴忠豪．小学语文课程与教学论．北京：北京师范大学出版社，2008.
39. 吴忠豪．外国小学语文教学研究．上海：上海教育出版社，2009.
40. 夏慧贤．当代中小学教学模式研究．南宁：广西教育出版社，2001.
41. 夏家发，刘云生主编．小学语文教学研究．北京：教育科学出版社，2014.
42. 夏丏尊，叶圣陶．文章讲话．上海：上海文艺出版社，2001.
43. 辛涛，黄高庆，伍新春．小学语文教学心理学．北京：北京教育出版社，2001.
44. [美]Shirley R. Steinberg，Joe L. Kincheloe. 学生作为研究者——创建有意义的课堂．易进，译．北京：中国轻工业出版社，2002.
45. 杨九俊，姚烺强主编．小学语文课程与教学．南京：南京大学出版社，2013.
46. 杨跃．法国小学教育考察．南京：南京师范大学出版社，1999.
47. 杨再隋，雷实．当代中国小学作文教学风格．南宁：广西人民出版社，1988.
48. 易进．小学语文教学论．北京：高等教育出版社，2013.

49. 王崧舟．王崧舟讲语文．北京：语文出版社，2008.
50. 于永正，潘自由．于永正小学“言语交际表达训练”作文实验．济南：山东教育出版社，2000.
51. 张葆森．听说能力的培养．北京：北京教育出版社，1993.
52. 张鸿苓．语文教育学．北京：北京师范大学出版社，1993.
53. 张志公．传统语文教育教材论——暨蒙学书目和书影．北京：中华书局，2013.
54. 钟启泉，崔允漷，张华主编．为了中华民族的复兴　为了每位学生的发展　基础教育课程改革纲要(试行)解读．上海：华东师范大学出版社，2001.
55. 周元主编．小学语文教育学．上海：华东师范大学出版社，1992.
56. 朱作仁主编．小学语文教学法原理．上海：华东师范大学出版社，1988.
57. 朱作仁主编．小学作文教学心理学．福州：福建教育出版社，1993.
58. 朱作仁，祝新华．小学语文教学心理学导论．上海：上海教育出版社，2001.
59. 祝新华．促进学习的阅读与评估．北京：人民教育出版社，2015.

期刊论文

1. 陈先云．课程观引领下统编小学语文教科书能力体系的构建．课程·教材·教法，2019(3).
2. 陈小菊．三种不同方法识字的对比与思考．小学语文，2011(10).
3. 崔允漷．促进学习——学业评价的新范式．教育科学研究，2010(3).
4. 窦桂梅．小学语文主题教学实践研究．课程·教材·教法，2014(8).
5. 顾春明，丁俊．苏教版六(上)“祖国啊，你永远在我心中”．小学语文教学，2011(7).
6. 顾之川，顾振彪，郑宇．中小学写作教材改革设想．语文建设，2014(7).
7. 何捷．例谈统编本写话教学．语文建设，2018(11).
8. 江平．试析小学语文学科教育学的三个层次．课程·教材·教法，2012(12).
9. 梁荣，易进．立足学习评价，促进交际发展——以统编语文教材二年级口语交际教学为例．小学语文，2019(12).
10. 林爱娟．统编教材低年级写话教学的价值追求．教学与管理，2019(26).
11. 彭丹阳．语文S版与统编本教材习作内容比对研究．语文建设，2019(16).
12. 荣维东．交际语境写作：我国写作教学的发展方向．语文教学通讯：小学(C)，2013(4).
13. 王灿明．创新：情境体验的本质——对李吉林《桂花》教学案例的解读．中国教育学刊，2010(1).
14. 汪潮．统编教材习作编写特点及教学建议．语文建设，2019(20).
15. 魏小娜．国外“真实写作”的研究及启示．中小学教师培训，2010(8).
16. 温儒敏．“部编本”语文教材的编写理念、特色与使用建议．课程·教材·教法，

2016(11).
17. 温儒敏．如何用好“统编本”小学语文教材．课程·教材·教法，2018(2).
18. 吴勇．让学生在习作中富有“创造感”——想象类习作教学探究．小学语文教学(会刊)，2020(5).
19. 夏正江．试论中小学生语文阅读能力的层级结构及其培养．课程·教材·教法，2001(2).
20. 易进．论语文学习的价值．小学语文教学，2004(7).
21. 易进．漫谈语文训练——国外母语教学给我们的启示．小学语文，2009(6).
22. 易进．从学课文到用课文学语文——谈小学语文阅读教学的转向．小学语文，2011(3).
23. 易进．建构促进教与学的课堂学习评价．教育学报，2013(5).
24. 易进．语文课的阅读实践活动指导．小学语文，2018(6).
25. 易进．整本书阅读的多重含义与教学策略．小学语文，2019(9).
26. 余琴．统编小学语文教材口语交际编排特点与教学建议．语文建设，2019(16).
27. 于泽元，王雁玲，黄利梅．群文阅读：从形式变化到理念变革．中国教育学刊，2013(6).

关键术语表

术语	解释
“三百千”	古代识字读本的代表：《三字经》《百家姓》《千字文》。
国文	1913 年到 1920 年，我国的小学开设国文科，与今天的语文科相似，内容包括读法、书法、作法、练习语言。
国语	1920 年，在五四新文化运动影响下，北洋政府教育部颁布《国民学校令》，将小学“国文”科改为“国语”科。1923 年发布《小学国语课程纲要》，规定国语教学要培养听、说、读、作、写五种语文能力，包括四项教学内容，即语言、读文、作文、写字。
语文课程	语文课程是一门学习语言文字运用的综合性、实践性课程。
工具性与人文性的统一	工具性与人文性的统一是语文课程的基本特点。因为语言是一种具有人文性的交际工具。语言与个体的思想情感以及人际间的社会交往密切相关。人们在学习语言的同时也在感知广泛的知识、深邃的道理、动人的情感。
统编小学语文教科书	统编小学语文教科书由教育部组织编写，2016 年开始陆续由人民教育出版社出版。每个年级分上下两册，共 12 册。
语文要素	统编小学语文教科书用“语文要素”这一概念统整小学语文训练的基本元素，主要分阅读与表达两个系列，具体包括基础知识、基本方法、学习习惯等项目。全套教科书对各方面语文要素统筹规划，将之作为各单元语文训练的主线和明线。
文道统一	语言文字与其所表达的思想感情是紧密联系在一起的。语文教学常常为学生呈现多种形式的听读材料，这些材料无论是叙事、写人，还是状物、写景，都表达着一定的思想情感；听话、说话、阅读、写作等各项语文实践活动，无一不关乎一定的内容主题。因此，学生学习语言文字或尝试听说读写实践时，就会受到一定的思想情感教育，有可能因此提高思想认识，受到审美熏陶和情感陶冶。
定篇	语文教科书选文的一种类型。这些作品无论是内容还是语言表达都是精品，一般要求学生全面掌握课文的主要内容和读写特点。
例文	语文教科书选文的一种类型。主要是能集中体现某种语文知识的文本。其教学重点是将学生的注意力引向文本所例证的语文知识，引导学生通过比较归纳和总结其共同样式或共通法则。

续表

术语	解释
样本	语文教科书选文的一种类型。通常是学生正在读或将来要读和写的典型文本，其中不乏生活中可能遇到的“实物材料”。非连续性文本多属于此类。其教学重点是向学生示范读写的策略和方法，也就是用于教学生如何读以及怎样写。
用件	语文教科书选文的一种类型。选文讲究实用，有的向学生直接传递语文知识和技能，有的为学生提供听说读写的议题或所需的素材，力求由文本内容引发学生思考和讨论，扩展和深化学生的表达内容。
语文能力	语文能力是完成语文活动所必需的能力，可以分为一般能力和特殊能力。前者是多种活动都需要的能力，包括观察力、注意力、记忆力、想象力、创造力等。语文领域的特殊能力主要有识字能力、写字能力、听话能力、说话能力、阅读能力、写作能力等。
情境教学模式	情境教学模式由江苏南通师范学校第二附属小学李吉林老师创建。强调在教学过程中创设或选择富有美感的教学情境，激发学生的积极情感体验，促使学生带着情感色彩去观察、体验客观情境。在情感驱动下展开积极的思维和想象，激发表达的欲望。
读写结合模式	丁有宽老师根据长期实践经验归纳出若干读写对应规律和从读学写的教学序列。读写结合的具体教学流程可以是先读后写再评改，也可以是由尝试写开始而后读文和评改，还可以是读后写、评后再读、最后修改。对典范性的课文采取一文多次教多次练的方式，每一次集中突破一个重点，最终使学生全面领会和掌握课文。
主题教学模式	小学语文主题教学模式的代表是清华大学附属小学窦桂梅老师。这一教学模式注重充分发掘语文教学内容的教育教学价值，引导儿童在语言文字的理解与运用中生成主题，再围绕主题整合教学资源，通过综合性的活动促进儿童语言发展、思维提升、精神丰富，整体提升语文素养。
识字与写字教学	识字与写字教学主要包括汉语拼音教学、识字教学、写字教学三大部分。
识字工具	汉字基础知识包括汉语拼音和笔画、笔顺、偏旁部首、部件、独体字等字形结构知识，它们与查字典一起被称为三套识字工具。
会认字	识字教学中，有一部分生字的教学要求是读准字音，了解字在语境中的大致意思，不一定要求书写。
会写字	识字教学中，有一部分生字教学要求除了读准字音、了解字义外，还有能正确书写，并能在读写中运用。
集中识字	集中识字是我国传统的识字教学模式，表现为入学之初先用一段时间集中识一两千字，而后再开始学习读文。现代集中识字教学实验的基本特点是，先识字，后读书；识一批字，读一批课文；识字和阅读交替进行。识字教学内容的编排主要采用归类识字方式。

续表

术语	解释
分散识字	分散识字也称随课文分散识字或随文识字，主要表现为结合学词、学句、学文进行识字教学。
注音识字，提前读写	“注音识字，提前读写”，简称“注提”实验。该实验继承在阅读中识字的传统，同时充分发挥汉语拼音的作用，使学生在掌握了汉语拼音但识字很少的情况下，就能进行读写训练，从与学生口头语言和思维发展水平相适应的文章开始，通过有意和无意两种方式使学生熟悉和掌握汉字。
阅读教学	阅读教学的含义可以做不同层次的理解。狭义的阅读教学指以培养学生阅读能力为目标的语文教学。在小学语文教学实践中，阅读教学的含义比较广泛，包括教学生阅读的活动，也包括教师引导下的学生自主阅读活动，以及在读文过程中进行的语文综合训练。
阅读策略单元	统编小学语文教科书在3～6年级，每学年上册设置了阅读策略教学单元，组合若干篇课文集中学习某一种阅读策略，包括预测、提问、提高阅读速度、有目的地阅读等。
自下而上阅读模式	又被称为材料驱动模型，注重阅读中的解码过程，是初学阅读者常用的模式。表现为由字组合成词，再由词组合成句子，进而理解文章的内容。这一模式中，词义的理解和句式的掌握是阅读过程中的关键。
自上而下阅读模式	又称观念驱动模型，是指在阅读过程中，随时根据所读文字，运用头脑中已有的知识对下一步要读的内容做出预测，然后通过阅读来检验自己的猜想和期待是否成立。
相互作用阅读模式	阅读理解既受到阅读材料的制约，又取决于读者已有的知识经验和所采取的阅读方式。若对一篇文章的字词不理解，则关于阅读材料的已有经验可以帮助读者通过自上而下的模式理解；若读者缺少与读物有关的知识经验，则可以借由自下而上的模式，从字词理解逐步合成对文章的理解。
“红领巾教学法”	20世纪50年代与苏联专家研讨时形成的一种阅读教学法，对我国中小学阅读教学影响深远。这种教学法的教案编写和课堂教学都遵循组织教学、检查作业、讲述新教材、巩固新教材、复习和布置作业五大环节。教学主要运用谈话法和讲授法。
讲读教学法	讲读教学法曾是我国小学阅读教学中最普遍的做法，包括准备谈话、词汇教学、朗读和默读指导、课文内容和结构的分析、课文复述、总结谈话等环节；重视发挥教师对学生阅读学习的指导作用。其基本经验是“精讲多练”。
组合阅读教学	多文本组合阅读教学是根据一定的教学目标，将在主旨、题材、结构、语言风格等某些方面彼此联系的若干篇课文组织起来进行教学的一种方式。这种教学方式也称作群文教学、组文教学、单元整组教学等。
课外阅读	课外阅读主要表现为学生在课堂之外，阅读教科书或教辅图书之外的图式。所读书籍可以由学生自选，也可以由学校推荐或指定。

续表

术语	解释
写话	1～2年级的写作训练被称为写话，语文教科书安排有相应的栏目。写话是学生在教师指导下，根据知识基础和生活经验，将自己的对世界的观察和理解转化为文字的过程。
习作	3～6年级的写作训练被称为习作，是学生以语言文字为载体，通过对世界的观察和想象，将心理活动和口头语言转化为书面语言的过程。
真实写作	国外有一种写作教学理念叫作“真实写作”，重视写作环境的真实性，也就是写作要有真实的读者和真实的目的。
多就少改	有经验的教师总结出的一种对学生作文进行反馈和修改的方法。“就”表现为对学生写出的作品采取基本肯定的态度，教师可以透过学生的文本，推断学生最想表达的是什么，然后顺着学生的思路进行交流和反馈。“改”的侧重点就放在帮助学生将自己的想法以更加清楚和明白的方式表达出来上。
“放胆文”	要求学生努力把自己的想法写出来，不管内容是否扣题，不管意思是否连贯，不管语句是否通顺，更不管有没有错别字，只要一口气写下来。写作训练之初鼓励学生大胆尝试，想什么就写什么，注重保护学生的信心和兴趣，少做批改。
情境作文	李吉林老师提出情境作文是为了解决学生不知道写什么，以及难以把事物写得具体生动等实际问题。情境作文要求教师为学生提供一定的情境，让学生身临其境，为学生创设具体生动的语言环境。
素描作文	素描作文是指学生把观察到的事物如实地用文字记录下来。素描作文的写作前提是观察，训练形式是片段描写和简单篇章写作，旨在训练学生写作的基本功底，培养学生的观察能力和思维能力，激发学生的表达兴趣。
交际作文	交际作文即按照社会言语交际的实际需要进行写作训练。言语交际指人们运用语言相互交流思想感情、交流信息的听说读写活动。代表人物是于永正老师。
习作单元	统编教科书在3～6年级每册各安排了一个习作单元，聚焦习作能力发展的某一方面，加强习作在小学语文教学中的分量。习作单元中安排有单元导语、阅读课文、交流平台、初试身手、习作例文、习作六个板块，这些板块全部围绕本单元习作训练的语文要素展开，并形成由读到练再到写的逐层递进。
口语交际教学	口语交际教学以培养学生的口语交际能力为基本目标，对学生综合素养的发展具有重要意义。既包含以往的听话教学和说话教学，也包含指导学生运用口语进行交际互动。
日常会话教学活动	主要在第一学段进行，有的以交际功能为题，有的以交流内容或形式为题，都指向按照情境规范和交际惯例恰当地达成生活中常见的交际意图。教学侧重对听说双方的互动进行指导。

续表

术语	解释
集体对话教学活动	集体对话指多人一起围绕某个话题进行交流。其基本要求是参与者要紧扣话题发表观点并进行互动。包括话题交流和合作研讨两种情况。
独白类教学活动	独白有时也称为讲述，主要训练学生连贯表达的能力。相应的教学活动比较侧重说话的训练，类似口头作文。
综合性学习	现阶段语文综合性学习具有两方面的含义，一是与识字与写字、阅读、写作、口语交际并列的一个学习领域，有确定的教学内容和要求，在教材里设有专门的板块；二是一种教学理念或学习方式，在语文教学的各方面都有所体现。
综合性学习专项活动	小学语文教科书中安排的综合性学习板块所要求的综合性学习活动。
小学语文教学评价	即根据一定的标准对小学语文教学过程及其结果做出判断。评价的根本目的是促使教师改进教学，更好地促进学生的语文学习以及语文素养的发展。评价标准和评价方式要符合语文课程基本性质，遵循学生语文素养发展规律。
语文学习评价	语文学习评价，狭义上主要指与教学直接相关的各种评价活动，如随堂评价和阶段性的学业测评等，每一位小学语文教师都需要掌握这类评价的策略和方法。广义上的语文学习评价还包括教育质量监测以及国际学业成就测评等比较宏观层面的评价，它们往往会基于对语文素养结构的假设，通过科学规范的研究程序，编制出信度和效度较高的测评工具。

后 记

在北京师范大学给教育学专业的本科生讲授“小学语文教学论”课程已有二十多年，虽然课程名称不同于“小学语文课程与教学”，但授课内容是一致的。正是因为承担了这门课的教学，所以有需要也有意愿深入语文教育的理论园地和实践田野，不断地学习、研究，扩展与加深对小学语文课程与教学的认识和理解。与学生们的课堂互动和作业交流则推动了授课内容和授课方式的反思和调整。

关于小学语文应该教什么和怎样教，已有很多学者和优秀的小学语文教师进行过理论和实践探索，取得了很多有益的观点和经验，并经受了时间和实践的检验，可以为解决今日的教学问题提供参考。2016 年以来，随着我国基础教育课程改革的推进，小学语文课程、教材、教法领域涌现了一些新的理念和改革举措。特别是统编版语文教科书的出版和使用，对小学语文教师提出了很多新的要求。本书力图对反映语文教学规律的经典观点和实践探索经验进行梳理和总结，同时结合统编教科书的使用讨论小学语文教学的操作要点。

本书主要面向高等师范院校小学教育专业的师生、广大小学语文教师、各级小学语文教研员，以及其他对小学语文课程与教学感兴趣的实践者和研究者。

感谢王本陆教授牵头组织本套教材的编写和出版。书稿撰写前后用了几年时间。北京师范大学教育学部的多位硕士研究生曾协助进行资料搜集和整理工作。她们是目前课程论与教学论专业硕士查花蕾（前言、第六章）、孙一文（前言、第四章），全日制小学教育专业硕士刘畅（第三章）、史可（第五章），以及已经毕业参加工作的刘慧芳（第一、第六章）、伍肖（第二、第四章）、宋晗（第三、第七、第八章）、廖君（第五章）、宋甜甜（第五章）。在此一并表示感谢。

易 进

2020 年 8 月